중앙아시아 역사 문화 기행
문명의 실크로드를 걷다

중앙아시아 실크로드를 걷는 특별한 여행

어느 날 한국 주재 중앙아시아 국가의 한 외교관은 나에게 이렇게 말했다.
"카자흐스탄과 키르기즈스탄은 역사적으로 200~300년 전에 갈라져 나왔습니다. 우즈벡과는 500년 전에 헤어졌습니다. 투르크메니스탄과도 길게 잡아야 400년 전에 헤어졌어요. 그만큼 우리는 과거를 거슬러 올라갈수록 공통의 역사와 문화를 갖고 있습니다."
중앙아시아 현지에서 만난 어떤 역사학자는 주장했다.
"몽골과 중앙아시아의 투르크계가 갈라서기 시작한 것은 대략 기원후 7세기에서 11세기 사이입니다. 13세기 칭기즈 칸에 의해 몽골이 완전히 하나의 종족 집단으로 성장하여 뻗어 나갔습니다. 10세기 무렵에는 중앙아시아를 거쳐 아나톨리아까지 투르크계 일파가 진출하였고, 그 와중에 일부가 카프카즈 지역에도 정착하게 되었습니다."
중앙아시아 국가들은 오늘날에도 문화적으로나 역사적으로 상당히 유사한 부분이 있다. 더욱이 과거로 소급해 갈수록 더욱 친밀해지고, 이를 나눌 수 있는 요소를 찾기 힘들어진다. 여기에 한반도 문화와의 유사성을 더하면, 오늘날의 중앙아시아는 문화 교류의 결과가 낳은 국가들이 된다.
그러나 시간이 경과하면서 중앙아시아라는 큰 덩어리와 한반도의 관계는 점차 소원해졌다. 그래서 우리는 중앙아시아 어디를 가든 친근함을 느끼고, 한국식 인간미에 빠져 중앙아시아를 동경하게 된다. 심지어 한국에는 남아 있지 않은 우리 문화의 흔적을 중앙아시아에서 우연히 발견하고 중앙아시아를 찾는 한국인도 있다.
한국에 주재하는 중앙아시아 국가의 외교관들도 한국의 역사와 문화에 관심이 많다. 현대와 근대, 중세와 고대를 막론하고 자신들의 전통문화와 한국의 그것이 유사하거나 동일한 양상으로 나타나

중앙아시아 역사 문화 기행
문명의 실크로드를 걷다

장준희 지음

청아출판사

서문 • 중앙아시아 실크로드를 걷는 특별한 여행

기 때문이란다. 무엇보다 그네들이 한국에서 생활하며, 느끼고 만나는 한국 사람들의 '문화 유전자'에서 바로 자신들의 모습을 보기 때문이다.

나는 지난 16년간 카자흐스탄을 시작으로 중앙아시아를 공부하며, 중앙아시아와 우리나라의 역사와 문화에 대한 비교 연구에 골몰했다. 특히 중앙아시아 문화의 근원적 실체를 파악하는 동시에 한국 고대 문화와의 교류에 주안점을 두고 있다. 다만 이 책은 학술적인 근거와 상관관계 등에 대해 진지하게 접근한 책이 아니다. 단지 중앙아시아를 탐구하는 과정에서 이곳을 널리 알릴 필요성을 느끼고, 좀 더 다가가기 쉽도록 접근한 결과물이다.

우리는 문화를 이야기할 때, 흔히 역사를 간과하는 경향이 있다. 그러나 문화는 역사에 뿌리를 두고 있다. 역사를 알지 못한다면, 오늘날의 문화적 현상 역시 피상적인 분석이나 이해의 선을 넘지 못한다. 중앙아시아에 남겨진 고대 한반도와의 관련성에서부터 현재의 한류에 이르기까지 우리는 두 지역에서 나타나는 문화와 역사에 관심을 가져야 한다.

이제 어느 정도 친근해진 중앙아시아에 대해 우리는 아직도 모르는 것이 많다. 이 책이 중앙아시아에 대해 더 많은 것을 알 수 있는 계기가 되었으면 한다.

2012년 4월 장준희

일러두기

+ 이 책에서 사용된 중앙아시아 현지의 어휘들은 가능한 현지 발음을 존중해서 사용했다. 현재 우리나라에서 사용하는 중앙아시아 현지 어휘들은 1990년대 초반 제정된 외래어 표기법을 따르고 있어 현실에 맞지 않는 것이 많다. 따라서 이 책에서 표기한 용어나 지명은 현지 발음을 충실히 따르려고 노력했으며, 이것이 어떤 표준 기준을 제시해 주지는 못한다는 점을 밝힌다. 표기의 예는 다음과 같다.
  ex) 책에 사용한 표기(현행 맞춤법상 표기)
  꼴호즈(콜호즈), 꾸르간(쿠르간), 비쉬켁(비슈케크), 사마르칸드(사마르칸트), 쌍뜨 뻬쩨르부르그(상트페테르부르크), 아나똘리야(아나톨리아), 알마아타(알마티), 이식쿨(이식쿨), 카프카즈(캅카스, 코카서스), 키르기즈스탄(키르기스스탄), 타쉬켄트(타슈켄트)

+ 중앙아시아 국가의 이름은 민족 이름에 국가를 뜻하는 '—스탄'이 결합되었다는 것을 염두에 두어야 한다. 카자흐스탄의 경우 '카자흐'라는 민족 명칭에 국가를 뜻하는 '—스탄'이 결합된 이름이며, 키르기즈스탄, 우즈베키스탄, 타지키스탄, 투르크메니스탄 역시 이런 연유로 만들어졌다.

+ 중앙아시아 민족 이름을 문장에 맞게 다양하게 사용하였다. 이를테면 '카자흐', '카작' 등이 혼용되어 있으며, 이는 모두 같은 의미이다. 이것은 국가 이름을 쓸 때도 적용되어 '카자흐스탄'과 '카작스탄'은 둘 다 널리 사용하는 명칭이다. 타지키스탄 역시 '타지키스탄'과 '타직스탄'을 문맥에 맞게 선택적으로 사용하였다. 그러나 키르기즈 민족을 의미하는 경우 키르기즈로 통일해 사용하였고, 우즈벡 민족과 투르크멘 민족은 각각 우즈벡과 투르크멘으로 통일해서 사용했다.

서문 중앙아시아 실크로드를 걷는 특별한 여행
중앙아시아 전도

1장 우즈베키스탄
민속 마을의 풍요, 바이순의 전통문화

우즈베키스탄의 지리 환경과 문화

022 타쉬켄트
타쉬켄트 오아시스 • 국립 역사박물관 • 티무르 역사박물관 • 바락 칸 메드레세와 우스만 꾸란

040 페르가나
페르가나로 가기 위한 첫 관문 앙그렌 • 비단의 도시 마르길란 • 페르가나 시내와 페르가나 주립 역사박물관 • 푸른 호수의 땅 샤히마르돈 • 하나바드, 칸의 도시

060 사마르칸드
달빛을 머금은 아이다르굴 호수 • 지배자를 기리는 무덤 구르 에미르 • 모래의 광장 레기스탄 • 아미르 티무르가 가장 사랑한 왕비 비비하눔 • 지하 세계에 군림하다 아프라시압 언덕 • 살아 있는 왕 샤흐이진다 • 해마다 커지는 관 다니엘의 무덤

096 샤흐리샤브즈
아미르 티무르의 고향

102 수르한 다르야
불교의 정토 테르메즈 • 테르메즈 고고학 박물관 • 불교문화의 성지들 • 산으로 둘러싸인 독특한 아름다움 바이순

126 부하라
노디르 디반베기 앙상블 • 나스렛딘 호자 • 천 년 역사의 유대 인 공동체 • 동서양이 만난 곳 굼바스 • 마고키 앗타리와 울루그벡 메드레세 • 칼란 미나레트와 성원 • 미르 아랍 메드레세 • 차쉬마 아윱 무덤 • 이스마일 사마니드 영묘 • 에미르의 궁궐 부하라 성

162 히바 혹은 호레즘
태양의 땅 히바 • 이찬 칼라와 디샨 칼라 • 칼타 미나레트 • 주마 이슬람 성원 • 타직 민족의 섬 누라타

2장 카자흐스탄
사과마을 아저씨와 유목민, 알타이 문화의 계승자

카자흐스탄의 지리 환경과 문화
Tip 카자흐 민족과 쥬즈

193 세미레치에와 알마아타
알마아타의 역사와 문화 · 카자흐스탄 국립 중앙 역사박물관 · Tip 카자흐스탄 학술원 고고학연구소 · 카자흐 초원에 핀 바위꽃

214 이식
카자흐 선사 문화의 자부심 이식 꾸르간 · 발하쉬 호수 · 꼬레 사람들의 이주사 딸따꾸르간

228 잠불과 투르키스탄
무역의 도시 타라즈 · 잠불 역사박물관과 탈라스 성 · 중앙아시아 유일의 여성 영웅 아이샤 비비 · 아흐메드 야사비와 수피즘

244 변방의 고대 도시들
오래된 정착지 침켄트 · 고대의 찬란한 도시 오트라르 · 서부 접경 지역의 유목 문화 · 카자흐 민족과 말

265 아랄 해와 카스피 해
1937년 한인 사회의 중심 크즐오르다 · 악따우와 카스피 해 · 우랄스크와 아띠라우 그리고 러시아

280 아스카멘
카작 알타이의 위용 아스카멘 · 아스카멘 주립 민족학 박물관과 민족학 공원 · 자연 속의 알타이 천국 리데르 · 알타이 산속으로 · 베렐 계곡 · Tip 아스타나 꾸르간

3장 키르기즈스탄
천상의 정원 호수, 키르기즈 이식쿨의 신비

키르기즈스탄의 지리 환경과 문화

318 비쉬켁과 추이
비옥한 초승달 지역 비쉬켁 • 시선 이태백의 고향, 딱목 혹은 똑목 • 고대 도시 부라나

334 이식쿨
청정 호수 이식쿨 • 어부의 마을 발륵치 • 별이 빛나는 암각화 마을 촐판아타 • 중앙아시아의 전통 말 놀이 콕 보루 • 붉은 사암이 만들어 낸 전설 제티 오구즈 • 매사냥 • 고대 민족의 거주지 코라콜

366 송쿨
여행자의 길목 코치코르 • 마지막 호수 송쿨 • Tip 유목민의 여름집 유르타 • 사이말루 타쉬 암각화

380 나린
가장 춥고 가장 무더운 도시 • Tip 유목민의 음식 문화 • 악 춘추크 동굴 암각화 • 대상의 휴식처 타쉬라밧 • 토르갓 고개

398 탈라스
탈라스 계곡 • 마나스의 고향 • Tip 전통 혼례와 보쌈, 신붓값 • 탈라스 전투

413 오쉬
오쉬와 오쉬 계곡 • 술레이만의 뚜 • 잘랄라바드

4장 타지키스탄
파미르의 페르시아 문화, 타직의 정열과 순수

타지키스탄의 지리 환경과 문화

430 두샨베
중개 지역의 거점 두샨베 • 바흐쉬 계곡의 보물 아지나 떼빠

436 판지켄트
중앙아시아의 심장

443 후잔드
가장 동쪽에 위치한 알렉산드리아

445 파미르
풍요로운 천국 파미르 고원

5장 투르크메니스탄
사막의 한혈마 아할테케, 투르크멘의 정수

투르크메니스탄의 지리 환경과 문화
Tip 투르크멘과 말 문화

460 아쉬하바드
사막 속 사랑의 도시

462 마리
사막의 오아시스 실크로드

465 투르크멘바쉬
카스피 해의 항구 도시

466 꾼야 우르겐치
호레즘 왕국의 중심

469 니사
파르티아 왕국의 수도

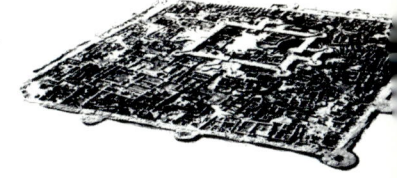

1장 우즈베키스탄

+ 타쉬켄트 *Tashkent*

+ 샤흐리샤브즈 *Shakhrisabz*

+ 수르한 다르야 *Surhandar'ya*

♦ 페르가나 *Fergana*　　　　♦ 사마르칸드 *Samarqand*

♦ 부하라 *Bukhara*　　　♦ 히바 혹은 호레즘 *Khiva or Khorezm*

우즈베키스탄

Uzbekistan

민속 마을의 풍요, 바이순의 전통문화

중앙아시아의 중앙에 위치한 우즈베키스탄은 강을 따라 형성되었다. 천산에서 발원하여 장장 1,437킬로미터를 흘러가는 아무 다르야와 2,136킬로미터를 내달려 비옥한 강변의 역사를 다듬어 온 시르 다르야가 그 중심이다. 그래서 우즈베키스탄의 역사와 문화는 북부의 시르 다르야와 남부의 아무 다르야 사이에서 형성되었다고 할 수 있다. 우즈베키스탄에서는 이 두 강 사이를 '마베른나흐르'라고 불렀다. 마베른나흐르 지역은 강변의 전형적인 자연환경을 가져 중앙아시아에서 유일하게 농경 및 정착 문명이 발달했고, 오아시스 도시 문명을 발전시키면서 교역을 통한 상업 활동 또한 활성화되었다. 이로써 동서 문화의 형성, 왕래와 전파에 있어 우즈베키스탄이 지리적 연결 고리 역할을 했는데, 이러한 소통과 교류의 통로를 우리는 '실크로드'라고 부른다. 중국을 지나 우즈베키스탄의 타쉬켄트, 사마르칸드, 부하라, 투르크메니스탄의 메르브, 니샤푸르를 지나 이란을 거쳐 터키 이스탄불까지 이어지는 길이다.

우즈벡이란 명칭은 14세기 카스피 해 북안을 지배했던 우즈벡 칸에서 처음 등장했고, 16세기 전후를 기점으로 오늘날의 우즈베키스탄 영토로 남하한 민족이 우즈벡을 민족 명칭으로 확정했다. 우즈는 '자기 자신', '중심', '진짜', '순수함'을 뜻하며, 벡은 '백부장' 혹은 '장'을 뜻한다.

수도 타쉬켄트
정부 공화정
민족 우즈벡 인(80%), 러시아 인(5.5%), 타직 인(5%), 카작 인(3%), 카라칼팍 인(2.5%), 타타르 인(1.5%)
종교 이슬람교(88%), 러시아정교(9%)
공용어 우즈벡 어
면적 447,400㎢
인구 26,851,195명(2005년 기준)
통화 숨(Soum, UZS)
건국
· 1747년 부하라 한국
· 소련 합병 1920년
· 소련으로부터 독립 1991년 12월 8일

호레즘
타쉬켄트
나만간
페르가나
부하라
사마르칸드
샤흐리샤브즈
수르한 다르야

우즈베키스탄의 지리 환경과 문화

중앙아시아 중앙에 위치한 우즈베키스탄은 강을 따라 형성된 문화와 역사를 갖고 있다. 흔히 중앙아시아를 드넓은 초원에 펼쳐진 사막과 반사막의 비정주 문명으로 간주하는 경향이 있다. 그러나 우즈베키스탄은 중앙아시아 국가 중에서 가장 비옥한 농경 지역을 갖고 있다. 천산天山에서 발원하여 장장 1,437킬로미터를 흘러가는 아무 다르야江와 2,136킬로미터를 내달려 비옥한 강변의 역사를 다듬어 온 시르 다르야江가 그 중심이다. 우즈베키스탄의 역사와 문화는 북부의 시르 다르야와 남부의 아무 다르야 두 강 사이에서 형성되었다.

이 두 강 사이를 중앙아시아 사람들은 '강 건너편'이라는 의미의 아랍 어 마베른나흐르 Maverannakhr라고 부른다. 영어권에서는 고대 마케도니아의 알렉산드로스가 트랜스옥시아나 Trans-Oxsiana라고 명명했고, 페르시아 어권에서는 호라산 너머의 투란 Turan*이라 불렀다. 오늘날 이란 이슬람 공화국의 '이란'에 대응되는 지역적·문화적 개념이 포함된 용어이기도 하다. 마베른나흐르는 중앙아시아에서 유일하게 농경과 정착 문명이 발달한 곳이다. 예나 지금이나 이 지역은 전형적인 강변의 자연환경을 갖고 있기에 농경과 상업이 발달했고, 오아시스 도시 문명을 발전시키면서 교역을 통한 상업 활동이 활성화됐다. 강물을 이용한 관개수로 역시 일찍이 발전했다. 이처럼 우즈베키스탄의 역사와 문화적 토양은 강과 함께한 '강변의 문화'였다고 할 수 있다.

세계 4대 문명 발상지 중의 하나인 이라크의 티그리스, 유프라테스 강에서 북동쪽으로 그렇게 멀지 않은 곳에 우즈베키스탄의 아무 다르야와 시르 다르야가 자리 잡고 있다. 티그리스·유프라테스의 문명이 아람 문자를 만들고, 아람 문자를 근간으로 한 미디야 Midiya 문자가 만들어졌으며, 미디야 문자는 기원전 4세기경 우즈베키스탄의 오아시스 정주 지역인 호레즘 Khorezm.

---

* 투란은 기원전 3세기까지만 해도 아시아와 유럽을 가르는 분명한 접경 지역이었다. 11세기 십자군 전쟁 이후 아시아는 서쪽 아나톨리야 반도까지 확장되었다.

박트리아Baktria, 소그드Sogd를 중심으로 발전하였다. 이미 기원전 10세기 전후부터 우즈베키스탄 지역에 형성되어 있던 오아시스를 통해 문자를 받아들이면서 관개 농업은 더욱 발전했다. 기원전 4세기를 전후하여 오아시스와 오아시스를 연결하는 교류가 시작했다. 동서가 만나고 문화가 형성, 교류, 전파되었다. 이를 위해 우즈베키스탄이 지리적 허브가 되야 했고, 마베른나흐르와 오아시스 도시 문명이 중추적 역할과 기능을 했다. 이러한 소통과 교류의 통로를 우리는 실크로드Silkroad라고 부른다. 몇 년 전부터 한국 항공사가 우즈베키스탄에 새로운 공항을 건설하고 자유경제 지구를 조성하고 있는 것은 이러한 역사적 배경과 맞닿아 있는 '항공 실크로드'라고 할 수 있다.

마베른나흐르 지역에도 변화의 바람이 불기 시작했다. 기원전 2세기에 이곳으로 월지月支라고 알려진 유목 민족이 들어왔다. 이들은 기원전 1세기에는 우즈베키스탄 남부 수르한 다르야 지역 넓은 영토에 쿠샨Kushan 왕조라는 불교 국가를 건립했다. 수르한 다르야를 비롯해 아프가니스탄 중북부 지역, 파키스탄 북부 지역을 중심으로 형성되었던 쿠샨 왕조는 당시 로마와 중국 당나라에 이어 제3대 세계 제국으로까지 성장했다. 이 쿠샨 왕조의 중심지가 바로 우즈베키스탄의 남부 테르메즈Termez 지역이다. 아무 다르야 강 북안에 위치하고, 수르한 다르야를 비롯한 강과 그 지류들이 천산과 산악 지대에서 남하하여 아무 다르야에 합류하는 아름답고 비옥한 지역이다.

마베른나흐르 지역으로 유입된 유목 민족들은 토착민들과 지속적인 경쟁과 교류 관계를 형성하면서 우즈베키스탄의 고대 문화 형성에 큰 영향을 미쳤다. 당시 오늘날의 민족 개념이나 민족과 기원을 같이 하는 종족적 특성은 미약했으나, 이때 정주 문명과 유목 문화가 상호 교차와 교류를 통해 공존할 수 있는 기틀이 마련되었다. 종교적으로도 조로아스터교拜火敎, 불교, 네스토리우스교景敎, 마니교摩尼敎 등이 유입되어 번영을 구가할 수 있었다. 또한 훗날 이슬람교가 유입되어 토착 종교였던 샤머니즘, 천신 신앙天神信仰 텡그리와 결합하여 우즈베키스탄만의 독특한 수피즘을 발전시켜 나갔다.

그래서 우즈베키스탄의 마베른나흐르 문화를 종교적·문화적으로 혼성 문화混成文化라고 부

르기도 했다. 이러한 문화적 전통은 오늘날까지 우즈베키스탄의 민족적·문화적 전통과 함께 면면히 이어져 오고 있다. 정주 문명을 이루었던 페르시아의 상업적 전통과 유목 문화의 전통을 계승한 투르크 문화, 여기에 상호 왕래와 교류를 통해 태동한 전통이 큰 흐름을 형성하고 있다.

오늘날 우즈벡 사람들의 전통문화는 변화의 위협을 받고 있다. 하지만 한국처럼 일본 제국주의 식민화 경험과 근대 국가로 태동하는 과정에서 보여 준 전통문화와의 단절과 같은 변화는 없을 것으로 보인다. 소비에트 시절을 거치면서도 살아남은 관습법 우위의 전통이 오늘날까지 재편되어 전승되고 있기 때문이다. 특히 지방으로 내려가면 소비에트의 공권력이 무색하게 느껴질 정도로 우즈벡의 전통이 살아 있는 것을 발견하게 된다. 소비에트가 성립되면서 전통적인 지배층은 소비에트의 영향력이 미치는 곳을 떠나 터키나 유럽으로 떠나거나 잠적했다. 그 과정에서 일부는 계급 사회의 지위를 잃기도 했고, 소비에트 사회를 통해 새로운 체제의 지배 계급으로 등장하는 가문들도 등장했다. 시대와 대상자만 달라졌을 뿐 우즈벡의 사회를 구조화하고 유지하는 전통은 그대로 유지되고 있다.

+ 천산 이서 지역 험준한 고산 지대에서 발원한 나린 강이 흘러내려 우즈베키스탄의 페르가나 계곡 안디잔 주와 나만간 주에서 검은 강 코라 다르야를 만나 시작된 강이 시르 다르야이다. 시르 다르야는 페르가나 계곡, 후잔드, 타쉬켄트를 거쳐 카자흐스탄으로 들어갔다 아랄 해와 합류한다. 또 아무 다르야는 타지키스탄의 파미르 고원에서 시작해 우즈베키스탄 남부와 아프가니스탄 북부 지역을 관통하면서 국경선을 따라 서쪽 방향으로 흘러 결국 꾼야 우르겐치에서 아랄 해에 다다른다.

타쉬켄트 Tashkent

타쉬켄트 **오아시스**

타쉬켄트는 치르치크 강이 시르 다르야를 만나기 직전에 드넓게 형성된 해발 480미터의 오아시스 지역에 자리 잡고 있다. 이들 지역은 동부의 천산산맥 지류와 북부의 카자흐 평원으로 이어지는 축축한 늪지대를 형성하고 있기 때문에 '타쉬켄트 오아시스'라고도 불린다. 타쉬켄트 오아시스 지대는 북쪽 유목 지대와 남쪽 농경 지대의 경계로, 일찍이 동서 무역의 통로로 경제적 번영을 구가해 왔다. 이러한 입지 조건은 정치적 격변기에 주요 장이자 중개 무역의 교차 지역으로 그 역할을 톡톡히 해 왔다. 또한 대상 무역의 교역로로써 중요한 역할을 수행하면서, 도시들이 지속적으로 창건되었다. 이 지역의 도시들은 대개 광활한 중앙아시아의 한 지역을 거점으로 작은 왕국 혹은 도시 국가로서의 역할을 수행하며 성장해 온 것이다.

타쉬켄트는 치르치크 강을 중심으로 발전했다. 치르치크는 천산산맥 서쪽에서 형성된 크고 작은 지류들이 우깜 계곡을 형성하면서 남류해 생긴 작은 지류들이 만나서 생긴 강이다. 치르치크는 투르크 어로 '빠르다', '소용돌이치다'라는 의미이다. 당초 치르치크는 하늘이란 뜻의 '파락'에

✛ 키르기즈스탄에서 발원한 코라 다르야와 나린 강이 페르가나 계곡 나만간 주에서 만나 시르 다르야가 시작된다. 장장 2,136킬로미터를 흘러가는 시르 다르야는 타지키스탄을 지나 타쉬켄트 남쪽에서 약 60킬로미터 떨어진 지역을 비스듬히 북상하면서 타쉬켄트 오아시스를 지나며 크고 작은 사이川들을 온몸으로 받아들인다. 치르치크, 살라르, 샤바즈사이 등등 이름조차 생소한 무수한 지류들이 시르 다르야로 흘러들어 간다. 진주빛으로 빛나 주강珠江이라 불리기도 하는 시르 다르야는 타쉬켄트 오아시스의 어머니와 같은 강이다.

서 파생되어 치르치크, 치르 등으로 불리다 현재의 치르치크가 되었다. 지금도 치르치크를 두고 치르라 칭하는 지역 주민들을 심심찮게 만날 수 있다. 중세에는 타직 어로 오브초치水石라고 불리기도 했다.

우즈베키스탄에서 열 번째로 긴 강인 치르치크는 155킬로미터를 흘러가며 타쉬켄트의 자연환경에 가장 많은 영향을 준다. 천산에서 흘러내리는 눈 녹은 물과 치르치크로 합류하는 물길들은 타쉬켄트 여름의 따가운 뙤약볕에도 푸른 녹지를 적신다.

투르크 어로 '돌의 도시'란 의미를 갖고 있는 타쉬켄트는 한때 중국 문헌에 자설국赭舌國, 자시赭時, 척지拓支, 석국石國 등으로 나타난 지역이다. 석국으로 잘 알려진 지금의 타쉬켄트와 과거의 석국이 정확히 일치하는 지역에 존재했다고 말할 수는 없으나 오늘날의 타쉬켄트 구시가지 지역이 석국과 어느 정도 부합되는 지역이었다고 볼 수 있다. 타쉬켄트는 당초 자드, 차치赭舌켄트, 사쉬켄트, 빈켄트 등으로 불렸으며, '타스켄트'란 이름이 처음 등장한 것은 11세기 아부 라이한과 카쉬가르 마흐무드의 저서이다.

타쉬켄트가 돌石과 인연을 맺게 된 계기는 금은金銀 세공업의 발달과 관계가 있다. 8세기 중반 압바스 왕조의 이슬람이 중앙아시아에 세력을 미치기 직전까지 조로아스터교를 신봉한 사마르칸드, 발흐와 더불어 차치는 소그디아나의 동서 교역 도시로 몽골 남부 알타이 산맥에서 생산되는 금을 사다 가공해 팔았다. 즉 당시 차치의 무역은 금 생산지로서가 아닌 금은 세공업을 중심으로 했다. 8세기 중반 실크로드의 판도가 서서히 바뀌어 가는 상황에서도 이 지역은 금은 세공업 중심지의 역할을 충실히 했다.

중앙아시아 사막에 산재하는 오아시스를 연결하여 이루어진 동서 교류의 통로, 즉 오아시스로(路)의 북도(北道)는 중국 낙양 혹은 장안에서 출발해 안서에서 남도와 갈라진 후 이오, 고창, 언기, 구자를 지나 카쉬가르에서 파미르 고원을 넘는다. 이어서 타쉬켄트, 사마르칸드, 부하라, 투르크메니스탄의 메르브, 니샤푸르를 지나 이란을 거쳐 터키 이스탄불까지 이어진다. 오아시스로는 기원 전후부터 16세기 지리상의 발견으로 실크로드의 역할이 약화될 때까지 가장 많이 이용되었다. 타쉬켄트가 중계 무역으로 번영할 수 있었던 것에는 이러한 지리적 이점이 크게 작용했다.

국립 역사박물관

우즈베키스탄 국립 역사박물관은 우즈벡 국내에서는 제일 규모가 큰 박물관이다. 소비에트 시절 국립 레닌 역사박물관으로 불렸으나 독립 후 국립 역사박물관으로 바뀌었다.

국립 역사박물관의 선사 시대 전시는 우즈벡의 선사 문화를 이해하는 데 중요한 흐름을 일목요연하게 보여 준다. 또한 박물관 수장고에는 우즈베키스탄에서 가장 많은 유물들이 소장되어 있다. 주로 1층과 2층에 마련된 전시관에는 별도의 설명이 필요 없을 정도로 해설이 잘 되어 있다.

그중에서 주목할 만한 것은 실크로드의 전성기를 확인시켜 주는 동전들이다. 동전은 상업이 활발하게 진행되던 시기의 가치 있는 유물이다. 우즈벡에서는 동서 여러 국가들의 동전이 발굴되어 이 지역이 당시 동서 문화의 활기 넘치는 교류지였다는 것을 잘 보여 준다. 이 때문에 현재 우즈벡 고고학에서 가장 많이 연구되는 분야가 바로 동전에 대한 것이며, 여러 차례 동전에 관한 연구 보고서들이 발표되었다. 그러나 아쉽게도 동전들은 전시 공간이 부족하여 많이 전시되어 있지 않다.

실크로드 시대의 동전들
8세기 중엽 이후 이슬람 도래 시기의 것으로 동서 문물 교류의 증거이다.

우즈벡 국립 역사박물관

티무르 역사박물관

중세 유라시아의 패자 아미르 티무르는 봉건 영주였으므로 소비에트 시절 당시 타파해야 할 대상이었다. 그러나 우즈벡이 소비에트 연방에서 독립한 후 새롭게 각광받기 시작했고, 국민 정체성을 확립하려는 정치인들의 정통성 회복 노력에 힘입어 1994년 그와 관련된 박물관이 세워졌다. 바로 티무르 역사박물관이다. 이곳은 그와 그의 시대를 기념해 국민 교육의 현장으로 활용되고 있으며, 특히 건축학적 전성기를 구가했던 100년간의 티무르 시대를 여실히 보여 준다.

그러나 이곳은 티무르 시대의 영광을 완벽하게 보여 주기에는 한계가 있다. 유목적 성격이 강했던 탓에 티무르 시대의 유물은 남아 있는 것이 많지 않으며, 유물과 유적에 대한 조사가 충분히 이루어지지 않아 전시 유물 확보에도 어려움이 많다.

1 티무르가 고향 샤흐리샤브즈에 세운 악 사라이 궁전 앞의 거대 입상
2 사마르칸드의 티무르 좌상

1 티무르 역사박물관
2 아미르 티무르의 궁전 정치를 보여 주는 대형 벽화
3 중앙에 정좌하고 앉은 아미르 티무르는 유라시아를 호령하던 기세등등한 모습 그대로이다
4 박물관 2층의 거대한 샹들리에
5 티무르와 톡타미쉬 전쟁 상상도
6 티무르 시기 사마르칸드 시장 풍경
7 인도 북부에 무굴 제국을 건설했던 바부르 왕자

울루그벡 메드레세(좌측)
에메랄드빛 둥근 지붕과 사면체 모양을 띤 거대한 건축물은 멀리서 보면 보다 웅대하게 느껴진다. 이처럼 한두 개의 둥근 지붕을 가진 건축물은 마베룬나흐르 건축 양식의 전통으로 자리 잡았다.

하지만 유목 문화 속에서 정착 문화의 우수함을 꽃피웠던 유목민들의 시대정신과 강력한 문화 정체성은 충분히 느낄 수 있다. 더구나 티무르의 개방성과 관용성이 제국을 가능하게 한 이유였다는 사실도 알 수 있다. 비비하눔 모스크나 울루그벡 메드레세 같은 건물은 이전 중앙아시아에서는 찾아볼 수 없는 것으로, 아미르 티무르가 정복을 통해 새로운 건축 문화를 수용하면서 우즈베키스탄에 발현된 건물 양식이다. 티무르 박물관의 전시품이 건축물 일색인 것은 티무르가 건축술과 건축물을 특히 좋아했기 때문이다.

몽골 침략자로부터 벗어난 마베룬나흐르의 문화는 두 시기로 나누어진다. 13세기 중반부터 14세기 후반까지 도시 건축 양식이 부활했고, 지방에는 건축 학교가 부흥했다. 15세기 후반부터는 이 경향이 궁정, 모스크, 사당, 신학교 건물에 반영되었다. 여러 건축물에서 전통적인 상태를 유지하면서 새로운 이상을 추구한 당시의 건축 양식을 확인할 수 있으며, 티무르 제국의 위엄 또한 느낄 수 있다.

외부 양식뿐 아니라 내부 양식도 주목할 만하다. 이슬람 건축 양식의 화려함은 아치형으로 표현되어 예배 공간의 권위와 경건함을 한층 강하게 하였으며, 내부에는 금빛의 화려한 색상이 다양한 문양의 타일을 치장했다. 이러한 내부 양식 역시 중세 초기 이슬람 양식을 대표하며, 가장 선진적인 양식으로 간주되었다.

이 시기의 또 다른 특징은 타일과 같은 토기 및 자기류를 건축 장식에 활용하기 시작했다는 것이다. 유약이 칠해진 벽돌과 타일을 모자이크 방식으로 짜 맞추어 건축물 표면을 장식했는데, 이러한 방식이 당대 널리 유행하였다. 따라서 티무르 제국 시기의 도시 건축, 복구, 리모델링 양식 등이 우즈베키스탄 동부 지역 건축에 총체적으로 반영되었다.

티무르의 건축물 사랑도 그가 죽으면서 막을 내렸다. 티무르가 죽은 후 제국은 후손들에게 분할되었다. 티무르 가*의 왕위 쟁탈전이 오랫동안 이어졌으며, 결국 티무르의 네 번째 아들 샤흐 루^{1409~1447}가 권력을 잡았다. 샤흐 루는 헤라트^{Herat}에 중심을 둔 호라산^{Khorasan}을 통치하였고, 샤흐 루의 아들 울루그벡^{Ulugbek, 1409~1449}은 사마르칸드를 지배하였다.

학자적 군주 울루그벡
울루그벡은 천문학과 자연과학에 관심이 많은 학자적 군주로, 당대의 최고 수학자와 천문학자들을 사마르칸드로 소집하여 신학교를 짓고 천문대를 건설하여 연구하게 했다.

바락 칸 메드레세와 우스만 꾸란

우즈벡 정부는 지난 2005년부터 구시가지 바락 칸 메드레세가 있던 지역에 유적 정비 작업을 진행했다. 2년 뒤인 2007년 모습을 드러낸 이슬람 유적 지구는 타쉬켄트 이슬람의 역사와 문화가 숨 쉬고 있는 곳이다. 이곳에서 가장 유명한 것은 바란 칸 메드레세와 우스만 꾸란이다.

바락 칸 메드레세는 타쉬켄트 구시가지에서 우즈베키스탄 이슬람 협회가 자리 잡은 건물이다. 16세기 샤이바니 조(朝)의 바락 칸이 건립한 것으로 알려져 있으며, 이슬람 신학교 역할을 하던 곳이었다. 바로 앞에 바락 칸 이슬람 성원이 있고, 안쪽 맞은편에 이슬람 최고의 경전 꾸란을 여러 권 보관하고 있는 서고가 있다.

서기 646년, 압바스 조(朝)의 중심지였던 이라크 바그다드에서 총 네 부의 꾸란이 필사되었다. 이슬람 제국 제3대 칼리프 우스만의 명령에 의한 것이었다. 필사된 꾸란은 각각 터키 이스탄불, 이집트 카이로, 사우디아라비아 메디나, 이라크 바스라로 보내졌다.

그리고 14세기 후반, 중앙아시아의 패자가 된 아미르 티무르는 페르시아를 공격하고 바그다드까지 정복한 후 돌아오는 길에 이라크 남부의 바스라에 들렀다. 이곳에서 이슬람 최고의 꾸란, 즉 우스만 꾸란을 보고 사마르칸드로 가져온 그는 호자 아흐메드 성원(聖院, 비비하눔 성원)에 꾸란을 보관하게 했다. 지금도 비비하눔 성원 안뜰에는 당시의 우스만 꾸란을 전시해 두었던 커다란 대리석이 있다.

제정 러시아 장군 카우프만은 1869년 사마르칸드에 들러 우스만 꾸란

1 우즈베키스탄 이슬람 협회
2 바락 칸 메드레세 정문
3, 4 바락 칸 모스크

+ 16세기 바락 칸이 세운 바락 칸 메드레세는 원래 이슬람 신학교였으나 현재는 우즈베키스탄 이슬람 학회가 자리 잡고 있다. 메드레세의 바로 앞에는 바락 칸 모스크가 있는데, 금요일이면 예배를 드리려는 신자들로 가득 찬다.

에 관한 이야기를 듣고, 이를 제정 러시아의 쌍뜨 뻬쩨르부르그로 가지고 가 에미르따지 박물관에 보관하게 했다. 카우프만 장군은 쌍뜨 뻬쩨르부르그에서 다시 우스만 꾸란을 총 50부 필사하게 해 절반인 25부는 판매했고, 나머지 25부는 유명 인사들에게 선물로 주었다. 그중 한 부가 현재 바락 칸 서고 중앙 진열대에 보관되어 있다.

1923년 레닌의 제2차 공산당 선언 이후 우스만 꾸란은 마침내 중앙아시아로 돌아와서, 타쉬켄트 구시가지에 위치한 철수 바자르 옆의 쿠켈다쉬 메드레세로 옮겨졌다. 1945년에는 소비에트 우즈벡 공화국 레닌 역사박물관으로 이관되었다가, 1989년 우즈베키스탄이 구소련에서 독립하기 직전 지금의 장소로 옮겨져 보관되고 있다.

현재 꾸란의 총 네 장 중 일부인 1장만 보관되어 있는데, 나머지 세 장은 구소련 때 소실되었다고 한다. 또한 1장도 온전한 것이 아니라 일부는 유실된 상태이다. 현재 바락 칸 성원의 서고에 보관된 우스만 꾸란은 총 338페이지이다. 우스만 꾸란은 1998년 유네스코 세계문화유산으로 지정되었다. 이슬람 세계의 귀중한 문화유산이자 인류의 문화유산인 우스만 꾸란은 필사된 이래 중앙아시아의 역사와 함께 고난의 역경을 헤치고 중간 기착지인 이곳 우즈베키스탄에 안착해 있다.

우스만 꾸란을 보관한 서고
우스만 꾸란은 동일한 사람에 의해 쓰였다고 할 만큼 동일한 서체로 4부가 필사되었다. 얇게 만든 사슴가죽 위에 나무 펜으로 수액(樹液)을 사용하여 글을 썼는데, 어떤 종류의 나무와 수액을 사용했는지는 불분명하다. 한편 우스만 꾸란의 서체는 그 유명한 쿠파체이다. 쿠파체는 압바스 왕조의 수도 바그다드에서 가장 발달한 아랍 어 서체이자 가장 아름답다고 공인된 신성한 서체였다.

+ 한때 우스만 꾸란이 전시되었던 비비하눔 성원의 안뜰은 중앙아시아의 샤머니즘과 함께 기복祈福 신앙의 성소로 자리 잡았다. 꾸란이 놓였던 대리석 밑에 난 길을 기어서 걸어가면 아들을 낳는다, 병을 고친다 등 여러 이야기가 전해 온다. 지금도 비비하눔 대리석을 찾는 사람들은 주변을 돌며, 그 밑으로 난 작은 통로를 통과하면서 복을 기원한다.

페르가나 Fergana

페르가나로 가기 위한 **첫 관문 앙그렌**

타쉬켄트 주 동부에 위치한 마지막 도시는 앙그렌Angren이다. 타쉬켄트에서 페르가나 계곡 쪽으로 가는 길목에 위치한 공업 도시이며, 지리적으로 키르기즈스탄, 타지키스탄과 맞닿아 있는 접경 지역이다. 때문에 키르기즈 인이나 카작 인, 타직 인이 많이 살고 있으며, 소비에트 시절에는 러시아 인이 많이 살았다.

이곳에 가기 위해 자동차로 한 시간 조금 넘게 달리면 먼저 시골 도시 알마릭을 만날 수 있으며, 알마릭에서 좌회전하여 북상하면 드디어 앙그렌에 다다른다. 앙그렌은 우즈베키스탄의 알타이*라고 할 수 있을 만큼 금은 광산이 많은 곳이다. 한때 타쉬켄트가 금은 세공으로 유명한 것은 앙그렌 금광에 힘입은 바가 컸다.

우즈벡에서 페르가나로 가기 위해서는 반드시 앙그렌을 경유해야 한다. 이곳을 지나 꾸라민 산맥을 넘기 직전부터 이미 페르가나 계곡에 해

사과가 많이 나는 알마릭
알마릭은 카자흐스탄의 수도 알마아타처럼 알마(사과)가 많이 나는 산비탈에 세워진 산촌 같은 시골 도시이다. 타쉬켄트에서 페르가나로 가는 길목에서 사과 좌판들을 볼 수 있다.

---

*알타이는 몽골 오이라트계 언어로 '황금'이란 뜻인데, 알타이 산맥에서 황금이 많이 생산되었기 때문에 이런 지명이 붙었다. 천산 자락에 있는 우즈베키스탄의 앙그렌에서도 금이 가장 많이 생산됐으며, 금은 세공 기술이 발달했다. 또한 앙그렌은 알타이 산맥처럼 자연풍광이 아름답다. 그래서 앙그렌은 '우즈베키스탄의 알타이'란 별칭을 갖게 되었다.

당하기 때문이다. 앞으로 보게 될 페르가나 계곡은 우즈벡 농산물의 40퍼센트 이상을 생산하는 중앙아시아에서 가장 풍요로운 곳이다. 그러나 그 이름과는 달리 실제로 물이 흐르는 계곡은 아니다. 차라리 분지나 평지라고 하는 것이 더 정확할 정도이며, 그 면적은 가로 300킬로미터, 세로 170킬로미터가 넘는다. 우즈벡과 키르기즈, 타지키스탄에 포위된 비옥한 땅이다.

✤ 앙그렌을 지나 아한가란 강을 건너면 페르가나 계곡에 들어선다. 여기서부터 또다시 검문이 시작된다. 아한가란 강은 앙그렌과 알마릭을 지나 시르 다르야로 합류한다. 천산산맥의 지류인 꾸라민 산맥에서 시작되는 강이다. 아한가란 강의 다리를 지나서 검문소를 통과하면, 페르가나로 가는 협곡을 만난다. 돌고 돌아서 가는 이 길은 중앙아시아에서는 보기 드문 산골짜기에 난 길이다. 중국과 중앙아시아의 대형 트럭들은 이 길을 따라 중앙아시아를 지나 서쪽으로 들어갈 수 있다.

비단의 도시 **마르길란**

페르가나 계곡의 도시 마르길란^{Margilan}은 '비단의 도시'라고도 한다. 마르길란에서는 오늘날까지 전통적인 방식으로 누에고치에서 실을 뽑아내기 때문이다. 또한 옛날 중국에서 토르갓 고개를 넘어온 상인들이 오쉬를 지나 꾸라민 산맥을 넘기 전 한숨 돌리며 비단을 추가로 매매한 곳이기도 하다. 그래서 마르길란은 우즈베키스탄이 실크로드의 길목에 위치했다는 것을 보여 주는 상징적인 도시이다. 2006년은 마르길란이 창건된 지 2천 년이 되는 해였으며, 고고학적 발굴을 통해 공식적으로 페르가나 계곡에서 가장 오래된 도시로 인증받았다.

'비단의 도시'라는 상징과는 달리 도시 이름에는 다른 유래가 전한다. 마르길은 지방 고어 '무르그'에서 파생된 단어로 '닭'을 의미하며 란은 '빵'이란 뜻이니, 마르길란은 '닭고기와 빵'이란 뜻이다. 이에 관련된 것인지, 알렉산드로스가 마르길란 지방에 도착했을 때 지역 주민들이 닭고기와 빵을 선물했다는 이야기가 전해 온다.

마르길란 비단 시장

한번은 이곳에서 비단 공장 요드고르릭을 방문하여 비단을 생산하는 광경을 볼 수 있었다. 먼저 누에고치를 모아 입구를 칼로 잘라 낸 다음, 끓는 물로 가득한 가마솥에 넣는다. 누에고치가 이내 풀리면, 그 풀린 누에고치를 하나하나 방적기에 놓고 실을 뽑는다. 목화에서 실을 뽑는 방식과 비슷하다. 다음 공정은 이렇게 만든 비단실을 염색하는 것이다. 형형색색으로 물을 들이면, 다른 한쪽에서는 이 비단실로 비단을 짜는 작업을 한다. 이렇게 만들어진 비단은 수요가 많은 편은 아니지만, 마르길란의 상설 시장에서 판매를 한다.

우즈벡 사람들은 이렇게 생산된 비단을 가지고 직접 옷을 짜 입으며, 특히 명절이나 축제에 비단 옷을 즐겨 해 입는다. 비단은 우즈벡 사람들에게 부와 아름다움의 상징이자 여성의 전유물이다. 여성다움의 극치를 비단 옷 한 벌로 나타낸다. 마르길란 비단 시장에 가서 비단옷감을 한 벌 사오는 전통은 사마르칸드를 방문하는 사람들이 니뽀쉬까^{둥근 빵, 논(난), 우즈벡 민족의 주식}를 사오는 것과 비슷하다.

마르길란 비단 공장에서 비단을 생산하는 과정

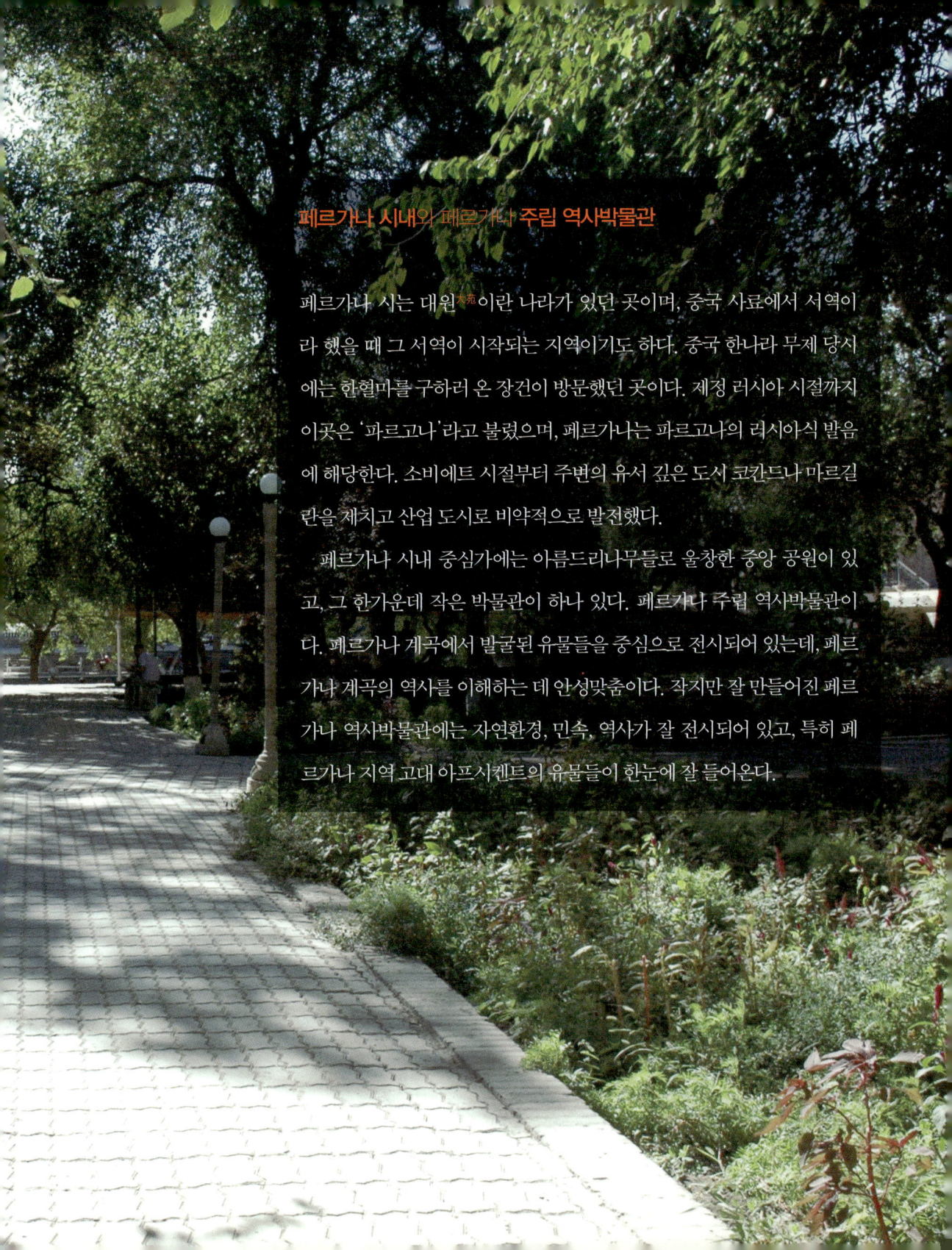

페르가나 시내와 페르가나 주립 역사박물관

페르가나 시는 대원(大宛)이란 나라가 있던 곳이며, 중국 사료에서 서역이라 했을 때 그 서역이 시작되는 지역이기도 하다. 중국 한나라 무제 당시에는 한혈마를 구하러 온 장건이 방문했던 곳이다. 제정 러시아 시절까지 이곳은 '파르고나'라고 불렸으며, 페르가나는 파르고나의 러시아식 발음에 해당한다. 소비에트 시절부터 주변의 유서 깊은 도시 코칸드나 마르길란을 제치고 산업 도시로 비약적으로 발전했다.

페르가나 시내 중심가에는 아름드리나무들로 울창한 중앙 공원이 있고, 그 한가운데 작은 박물관이 하나 있다. 페르가나 주립 역사박물관이다. 페르가나 계곡에서 발굴된 유물들을 중심으로 전시되어 있는데, 페르가나 계곡의 역사를 이해하는 데 안성맞춤이다. 작지만 잘 만들어진 페르가나 역사박물관에는 자연환경, 민속, 역사가 잘 전시되어 있고, 특히 페르가나 지역 고대 아프시켄트의 유물들이 한눈에 잘 들어온다.

푸른 호수의 땅 **샤히마르돈**

우즈베키스탄에서 비경을 세 곳 꼽는다면 그 가운데 으뜸을 차지할 정도로 아름다운 곳이 샤히마르돈^{Shakhimardan}이다. 더구나 우즈베키스탄의 유일한 역외 영토* 이기도 하다. 샤히는 '왕' 혹은 '군주'를 뜻하는 어휘이고, 마르돈은 '광장'이란 의미로, '왕의 땅'이란 뜻을 갖고 있다. 인구 5천 명의 작은 산촌이지만, 풍요와 인간미를 가진 사람들이 자신의 심성에 딱 맞는 지역에 살고 있다.

샤히마르돈 안쪽으로 들어가면 시원하고 맑은 물들이 계곡과 계곡 사이를 따라 흐른다. 한여름에도 시원한 바람이 계곡과 개천을 따라 불어온다. 그래서 페르가나 계곡에 사는 우즈벡 사람, 키르기즈 사람, 타직 사람, 카작 사람 모두 샤히마르돈을 즐겨 찾는다. 샤히마르돈에서는 여름 내내 곳곳에서 축제가 열린다. 서커스 공연을 비롯해 민속 공연으로 샤히마르돈의 중심지는 연신 흥얼거린다.

샤히마르돈은 페르가나 계곡 전체에서 가장 아름답기로 이름난 자연경관 지구이지만, 아픈 역사 또한 간직하고 있다. 우즈벡 민족 시인이자 작곡가, 드라마 작가였던 함자가 순교한 곳이기 때문이다.

함자는 페르가나 지역을 중심으로 각종 계몽 운동을 펼친 선각자였다. 1920년대에 우즈벡 민족이 외세로부터 벗어나기 위해서는 계몽 운동을 해야 하며, 터키처럼 개혁 개방을 통해 선진문물을 받아들여야 한다고 그

샤히마르돈
함자 기념탑과 무덤. 이곳은 성소로 여겨져 지역민들이 복을 기원하러 모이는 곳이다.

---

* 샤히르마돈은 우즈벡 영토와 떨어져 키르기즈스탄 영토에 포위당한 형태의 역외 영토이다. 따라서 샤히마르돈으로 들어가기 위해서는 우즈베키스탄 영토를 벗어나 키르기즈 영토를 지나 다시 우즈베키스탄 영토로 들어가야 한다.

✚ 샤히마르돈 정상에는 푸른색을 발하는 호수가 있다. 그래서 '푸른 호수의 땅'이라는 별칭을 갖고 있기도 하다. 이렇게 아름다운 이름과는 달리, 샤히마르돈의 푸른 호수에는 물고기가 살지 않는다. 물이 너무나 차갑고 석회질이 많이 함유되어 있기 때문이라고 한다. 정상으로 올라가려면 리프트를 이용하면 된다. 정상으로 향하는 리프트에 앉아 샤히마르돈의 이모저모를 살펴볼 수 있다.

우즈벡의 아름다운 산촌 샤히마르돈

는 강조했다. 그는 우즈벡 전통에 남아 있는 각종 폐습, 이를테면 종교적 봉건 풍습인 신분제 타파, 구체제 폐지, 신학문 교육, 차도르 폐지, 여성의 사회 참여 등을 주장하며, 이를 시나 노래, 시나리오 등에 담아 무대에 올리곤 했다. 이렇게 여성 해방과 계몽 운동에 힘썼으나 1929년 그만 암살당했다. 오늘날 샤히마르돈 중심지 언덕 산비탈에 함자의 기념관이 자리 잡고 있다.

하나바드, 칸의 도시

페르가나 계곡 내에서 나만간과 안디잔 주는 페르가나 주와 여러모로 비교되는 지역이다. 아름다운 자연환경뿐만 아니라 지역 갈등, 지역 패권 등에서도 우열을 가리기 힘들다. 나만간은 키르기즈뿐만 아니라 카자흐스탄, 타지키스탄과도 국경을 접하고 있으며, 페르가나 계곡 내에서 서편 즉 왼쪽에 속하는 지역이다. 오른쪽에는 안디잔이 자리 잡고 있다.

안디잔 주에 있는 작은 도시 하나바드Khanabad는 키르기즈스탄과 불과 3킬로미터를 앞두고 국경을 맞대고 있다. 하나바드 시 뒷산에 있는 놀이동산에 올라서면, 저 멀리 북쪽으로 키르기즈의 도시 잘랄라바드가 시야에 들어오고, 이웃 도시 술탄나바드도 보인다. 안디잔에서 키르기즈스탄으로 가기 위해서는 하나바드, 혹은 오쉬 시를 꼭 통과해야 한다. 접경 지대라는 특징 때문인지 이곳에서는 소비에트 시절부터 러시아 인이 많이 살았다.

예부터 하나바드에는 코칸드 왕국의 칸이 머물던 별장이 있었다. 주변의 경관도 아름답지만, 환상적인 날씨가 이곳 칸의 마음을 움직였기 때문이다. 그래서 하나바드는 '칸의 도시'란 뜻을 갖고 있다.

도시에서 그리 멀지 않은 곳에 거대한 안디잔 저수지가 있다. 한쪽의 길이가 반 킬로미터나 되는 이 저수지에서 시르 다르야의 발원지 중 하나인 검은 강 코라 다르야가 생겨나고, 페르가나 주까지 쭉 뻗어 나가는 힘찬 페르가나 운하가 시작된다.

그 길이만 270킬로미터가 넘는 페르가나 운하는 우즈베키스탄의 복덩

페르가나 운하
소비에트 공권력의 위대함을 건설로 승화시킨 대표적인 건축물이자 페르가나 계곡에는 비옥함을 선사한 주인공이기도 하다.

어리인 동시에 골칫덩어리이다. 페르가나 계곡 주민 16만 명을 동원하여 불과 한 달 보름 만에 완성했고, 이렇게 완성된 운하는 페르가나 계곡에 비옥함을 선사했다. 그러나 한편으로 주민들의 노동력을 착취하여 만든 대가로 시르 다르야의 노여움을 샀는지, 물이 운하를 흐르는 동안 40퍼센트나 유실되는, 이른바 고장 난 운하였다. 운하는 건조한 중앙아시아의 샘물과도 같았던 아랄 해를 고사시키는 출발점이 되었다.

사마르칸드 Samarqand

달빛을 머금은 호수 아이다르굴

시르 다르야 주를 지나 지작 주를 넘어서 달려가다 보면 커다란 달빛을 머금은 물 무리, 아이다르굴 호수를 만나게 된다. 페르가나 계곡에서 발원한 시르 다르야의 강줄기가 남서쪽으로 흘러들어 만든 호수이다.

키질쿰 사막까지 이어진 아이다르굴은 '달빛 호수'라는 뜻을 가진 아름다운 호수이며, 지금도 매년 1~2센티미터씩 성장하고 있는 '젊은 호수'이다. 또 염분이 소량 함유된 사막 한가운데의 담수호이다. 아직까지는 풍부한 식물군을 이루지 못하였으나 호수 주변으로 커다란 목초지가 형성되고 있는 중이다. 또한 수심은 깊지 않지만 깨끗하고, 수량은 매일 늘어나고 있다. 그야말로 담수욕을 위한 천혜의 조건을 갖추고 있다. 호수의 면적이나 수량은 아직까지 지도상에 구체적으로 나타나지 않지만, 아이다르굴의 존재를 머지않아 확실히 알릴 수 있을 것이다.

중앙아시아에서 아름다운 자연경관을 가진 지작 주는 아이다르굴 덕택에 더욱 비옥한 자연환경을 갖추게 되었다. 저녁 무렵 뜨거운 여름의 열기를 식히려는 사람과 동물들이 호숫가를 맴돈다. 주변에 서식하는 사막 식물들도 더없이 잘 자라고 있다.

시르 다르야에서 발원한 젊은 호수 아이다르굴

그럴 때면 제일 먼저 마주치는 것이 사막의 식물 싹사울 나무이다. 기껏 자라 봐야 1.5미터 정도인 싹사울 나무는 샤슬릭*을 구울 때 사용하는 최고의 땔감이다. 싹사울 나무로 샤슬릭을 구워야 제맛이 난다고 한다. 싹사울 나무는 사막의 식물답게 나뭇가지보다 뿌리가 훨씬 발달했고, 굵고 긴 뿌리가 수맥을 찾아 깊숙이 뻗어 나간다. 이 뿌리를 태우면 타는 냄새가 구수하며, 향긋한 향기가 뿜어 나온다.

또한 우즈벡에서 빵을 굽는 화덕인 탄드르에 싹사울 가지를 태워 니뽀쉬까를 만들면, 향과 맛이 매우 좋다고 한다. 싹사울 가지는 탄드르에서 양고기를 찔 때에도 사용한다. 원래 탄드르 케밥**은 유난히 맛이 좋은 음식인데, 싹사울 가지로 만들었으니 맛이 오죽하겠는가. 그래서 탄드르 케

키질쿰 사막의 싹사울 나무

---

* 양꼬치 구이. 양고기에 약간의 양념만 곁들어 달구어지지 않는 철제 고치에 끼워 싹사울 나무나 석탄에 구은 것이다.
** 탄드르에 구워 기름기를 완전히 뺀 양고기에 감자, 양배추 등을 같이 먹는 음식이다.

중앙아시아에서 길을 찾다

밥을 먹어 본 사람은 되돌아서기가 무섭게 금방 또 생각난다고 한다.

반건조 사막 지역에는 싹사울 나뭇가지를 모으는 여인도 있다. 나뭇가지를 모아서 샤슬릭 집에 파는 게 하루 일과다. 사막에 홀로 이리저리 서성이는 사람들은 대부분 싹사울 나뭇가지를 모으는 사막의 여인들이다.

샤슬릭 굽기

니뽀쉬까 만드는 과정

지배자를 기리는 무덤 구르 에미르

1941년 6월 어느 날, 구소련의 고고학 학술조사단은 구르 에미르$^{Gur\ Emir}$ 무덤의 주인이 누구인지 밝혀냈다. 구르는 타직 어로 '무덤'이고, 에미르는 '지배자'이니, 구르 에미르는 '지배자의 무덤'이란 뜻이다. 일종의 영묘靈廟이다.

구르 에미르는 1403년부터 이태 동안 아미르 티무르가 가장 사랑했던 손자 무함마드 술탄을 위해 지은 무덤이다. 무함마드 술탄은 1403년 페르시아 원정에서 전사했는데 이를 기리기 위한 것이다. 원래 구르 에미르가 있던 자리에는 무함마드 술탄이 건립한 신학교인 메드레세와 숙소인 호나코가 있었다. 그러나 현재의 구르 에미르에서 그 전에 있었던 메드레세와 호나코는 찾아볼 길이 없고, 대충 그 터만 짐작할 수 있을 따름이다. 구르 에미르 앞쪽에 있는 건물은 아미르 티무르의 스승 중 하나였던 루하바드의 무덤이다.

구르 에미르에는 무함마드 술탄의 무덤만 있는 것은 아니다. 아미르 티무르 자신의 무덤도 있다. 중국 명나라를 공격하기 위한 행군 중 아미르 티무르가 급사했다. 그때가 1405년으로, 티무르는 이미 우리 나이 70을 바라보는 늙은 군주였다. 고향 샤흐리샤브즈에 묻히길 원했던 아미르 티무르의 유해는 손자와 같은 자리에 묻혔다. 이어서 훗날에는 아들 샤 루흐와 그의 아들 울루그벡이 구르 에미르에 자리 잡았다. 여러 무덤 가운데 정면 중앙에 자리 잡은 흑녹색 연옥이 아미르 티무르의 관이다. 북쪽이 아미르 티무르 스승의 관이고, 오른쪽에는 무함마드 술탄, 앞쪽에는 울루

1 구르 에미르 무덤군
아미르 티무르가 손자 무함마드 술탄을 위해 지은 무덤으로, 티무르의 스승과 자손들이 같이 묻혀 있다.
2 루하바드의 무덤
3 구르 에미르 가족 무덤
가운데 아미르 티무르의 관을 중심으로 동서남북에 각각 손자 무함마드 술탄, 아들 샤 루흐, 울루그벡, 아미르 티무르의 스승의 관이 자리하고 있다.

그벡, 왼쪽에는 아들 샤 루흐의 관이 있다. 아미르 티무르의 관을 중심으로 사이좋게 나란히 놓여 있는 가족무덤이다. 그 외 몇몇 관이 더 안치되어 있다.

한편 흥미로운 사실은 구소련 고고학 학술조사단이 실제의 아미르 티무르 무덤을 발굴한 결과, 중세 유럽 인에게 경외의 대상이었던 아미르 티무르의 다리가 부자유스러웠다는 것이다. 울루그벡 역시 목이 잘려 죽었다는 결과가 나왔다.

현재의 구르 에미르 본체는 1917년 볼셰비키 혁명 직후에 복구된 것이며, 1996년에 구르 에미르 내부 수리가 완료되었다. 내부를 둘러싼 화려한 금빛 문양에 금가루 5킬로그램을 섞어 더욱 화려하고 경건하게 치장했다. 조명등 하나 없이 어두운 그곳에서 금색으로 빛나는 벽은 관람객의 손때를 탔음에도 빛난다. 무덤 내부의 돔 천장에는 금색과 청색으로 적절히 채색한 이슬람 문양이 아름답게 펼쳐져 있다. 돔의 외관에도 꾸란의

구르 에미르 내부

경구가 문양처럼 펼쳐져 있는데, '알라는 위대하다'라는 문구 위로 계속되는 푸른 돔에는 세로로 무수히 많은 홈이 조각되어 있다. 돔 천장 꼭대기에서는 화려한 샹들리에가 어두운 무덤 내부를 비춘다. 돔의 골격은 64개의 나무로 보강되어 있고, 그것을 토대로 에메랄드빛 타일이 회반죽으로 붙여져 있어 더없이 아름다운 둥근 모양을 하고 있다. 이러한 건축 기법은 아미르 티무르 시대에 창안된 양식이라고 한다.

모래의 광장 레기스탄

광장 북쪽을 흐르는 운하 주변에는 원래 모래가 많았다고 한다. 그래서 붙여진 지명이 레기스탄 Registan이다. 레기는 타직 어로 '모래', 스탄은 '땅, 나라'라는 의미이다. 따라서 레기스탄은 '모래 땅광장'이다. 현재의 레기스탄은 칭기즈 칸 시대에 사마르칸드의 중심지로 주목받기 시작했다. 이곳에서 칸의 알현식, 사열식 등이 열렸으며, 때론 제국의 중대 사항을 논의한 장소였다. 칭기즈 칸 이후 아미르 티무르 시대에도 노천 시장으로 활용되었다. 레기스탄 광장 한쪽에는 당시의 시장 모습을 담은 풍경화가 전시되어 있다.

❋ 울루그벡 메드레세

울루그벡은 1394년 3월 22일, 지금의 이란 술타니야에서 아미르 티무르의 아들인 샤 루흐의 첫째 아들로 태어났다. 원래 그의 이름은 무함마드 타라카이이며, 울루그벡은 어린 시절 이름이다. 티무르가 죽은 후 아버지

레기스탄 광장
울루그벡 메드레세, 시르 도르 메드레세, 틸랴 카리 메드레세가 모여 있는 레기스탄 광장은 칭기즈 칸 시대 사마르칸드의 중심지였다.

천문학을 논의하는 울루그벡과 학자들

샤 루흐는 헤라트를 수도로 하는 호라산을 다스렸고, 울루그벡은 그의 나이 열다섯 살 때 사마르칸드를 중심으로 하는 국가를 다스리기 시작했다.

1409년부터 1449년까지 트랜스 옥시아나를 통치했던 울루그벡은 사마르칸드를 문예 부흥의 중심지로 만들었다. 그의 궁전에는 세속적인 학문, 수학, 역사, 천문학, 문학 발전을 위한 환경이 조성되었다. 티무르 시대처럼 울루그벡 시대에도 메드레세를 비롯해 천문대, 굼바스 등 많은 건축물이 세워졌다.

1420년에는 레기스탄 광장에 메드레세를 세웠다. 현재 레기스탄 광장을 마주보고 왼쪽에 위치한 메드레세가 울루그벡 메드레세이다. 조부가 기념비적인 마스지드와 영묘로 기억된다면, 학자 군주 울루그벡의 유산은 교육이다. 당대 최고 학자들의 지도 아래 학생들은 그의 메드레세에서 이슬람 신학과 세속 학문을 공부했다. 당시 100명이 넘는 학생들이 메드레세에서 기숙하며 공부했다고 한다. 울루그벡은 메드레세를 건축한 다음 이곳에서 손수 이슬람 신학, 수학, 철학, 천문학 등을 강의하기도 했다. 정치보다 학문에 더 큰 비중을 두었던 울루그벡은 메드레세에 '학문을 연마하는 것은 무슬림의 의무이다'라고 기록해 자신의 의지를 나타냈다.

울루그벡은 특히 천문학에 남다른 조예가 있었던 것 같다. 천문대를 세웠을 뿐 아니라, 35미터 높이의 피쉬탁*에 그의 천문학에 대한 열정을 반영

---

* 피쉬탁은 이슬람의 종교 건축에서 정면에 배치하는 건물 양식을 일컫는다. 특히 우즈베키스탄의 종교 건물이나 가정집 건물에 이와 같은 구조로 배치하는 경향이 있다. 건물의 외관이 화려하고 웅장하게 보이기 위해서다.

하여 정문 위쪽 벽면에 푸른 별자리를 연출했다. 또한 메드레세에는 아랍어로 '이 장려한 외관은 하늘 높이와 무게의 두 배로 지구의 중심축을 흔들 것이다'라고 적혀 있다. 메드레세의 외관은 우아하며, 세라믹 타일로 균형이 잘 잡혀 있다. 또 땅 빛의 황적색 배경에 초록색, 청록색, 노란색, 밝고 어두운 푸른색을 강조했으며, 모자이크와 마졸리카 패널로 꽃 모양의 주제와 아랍 어 필법을 꾸몄다.

그러나 정작 부각되는 것은 기하학적 기리흐 양식과 정문 양쪽에 벽을 타고 솟아나 있는 미나레트에 있다. 두 미나레트는 33미터 높이로 솟아나 벌집 모양의 무콰르나 장식으로 끝맺는다.

울루그벡 메드레세는 1994년 울루그벡 탄생 600주년을 경축해 복원했기 때문에 사마르칸드의 전성기 시절 건축과 한껏 닮아 있다. 피쉬탁 정문을 지나면, 네 개의 커다란 둥근 아치 모양의 아이완스 기둥과 50개의 이층짜리 학생 공부방인 후즈라를 가진 사각형의 안뜰이 나온다. 돔 아래에는 드넓은 강의실인 다르스호나가 위치해 있다.

❋ 시르 도르 메드레세

1619년부터 1639년 사이, 지방 통치자 얄랑투쉬 바하지르에 의해 건축된 레기스탄의 두 번째 메드레세, 즉 시르 도르 메드레세를 이렇게 칭송한다.

1 울루그벡 메드레세
2 울루그벡 메드레세의 안뜰
아치 모양의 아이완스 기둥과 이층짜리 공부방 후즈라.

상상력이라는 밧줄을 기어오르는 사고에 숙련된 곡예사는 결코 금지된 미나레트의 정상에 오르지 못할 것이다.

시르 도르 메드레세 정면의 길이는 양쪽 미나레트로부터 똑같이 51미터이다. 피쉬탁 옆의 긴 홈은 한때 울루그벡이 그랬듯이 다르스호나 앞을 둘러 팠다는 것을 암시한다. 구조적으로 성원이 없고, 다르스호나가 뒤쪽에 있으며, 측면에 보조 입구가 있다는 차이가 있다. 벽면은 풍부한 색감의 기하학적·금석학적 양식으로 덮여 있다.

정면 피쉬탁의 아치 위에는 두 마리의 흰 사슴과 그를 쫓는 사자의 숨막히는 추격전이 나선형 포탄과 꽃들 속에서 펼쳐진다. 여기서 시르 도르 메드레세의 명칭이 나왔다. 시르 도르는 '용맹한 사자'란 뜻이다. 줄무늬가 있는 네발짐승은 오히려 호랑이를 닮았고, 그들 뒤로 사람 얼굴 모양의 태양이 떠오르고 있다. 이것은 이슬람의 조형 미술에 대한 금기를 깨는 것이라고 설명되기도 한다. 이슬람에서는 추상적이거나 상상력이 포함된 문양이 아닌 현실적인 존재를 사실적으로 묘사하는 것이 금지되어 있기 때문이다. 강력한 라이거_{사자와 호랑이의 혼혈}와 태양은 이웃나라를 정복한 얄랑투쉬 바하지르 자신을 나타낸 것이라고 생각된다. 그것도 아니라면 동물과 태양은 이슬람 이전 시대 조로아스터교의 태양 상징주의를 고집한다고 볼 수도 있다.

전설에 의하면, 시르 도르 메드레세의 건축가는 자신의 이단적인 건축에 대해 책임을 지고 죽었다고 한다. 그러나 17세기에 건축된 다른 메드레세를 보면 거의 유사하게 장식되어 있음을 알 수 있다. 사마르칸드와 부하라에 노디르 디반베기에 의해 지어진 메드레세들이 그렇다.

1 시르 도르 메드레세
2 피쉬탁 아치의 라이거와 태양

메드레세 내부의 천장

❁ 틸랴 카리 메드레세

레기스탄 광장 앞쪽에서 보았을 때, 정면에 있는 메드레세가 틸랴 카리 메드레세이다. 얄랑투쉬 바하지르는 세 번째 메드레세가 기존 메드레세와 경쾌한 조화를 이루면서 레기스탄 광장을 둘러싸기를 원했다. 그는 건축가들에게 메드레세의 외관이 75미터가 되게 하라고 주문했고, 그리하여 세 번째 메드레세는 1646년에서 1660년 사이에 완공되었다. 메드레세 모퉁이의 작은 탑은 미나레트를 대신하며, 외관에 꾸며진 모자이크는 기운찬 태양을 상징한다. 또한 시르 도르 메드레세와 유사한 꽃무늬 주제가 겹겹이 빛난다.

일반적으로 메드레세 외관의 양쪽 얇은 벽감壁龕은 창문이 없는 것이 특징이다. 그러나 틸랴 카리 메드레세에는 회반죽으로 통풍구를 만든 2층짜리 후즈라를 배치해 종교적 목적으로 지어졌음을 나타내고 있다.

메드레세의 화려한 내부는 이른바 군달 양식이라는 황금 나뭇잎金葉으로 감싸져 있다. 여기서 틸랴 카리라는 명칭이 나왔다. 틸랴 카리는 '황금을 입힌'이라는 뜻이다. 대리석 미흐랍 위에는 꾸란의 경구와 종유석이 역시 금빛으로 빛나며, 양탄자 모양의 벽과 천장의 섬세한 나뭇잎과 꽃들은 무한정 순환하듯이 반짝인다.

1, 2, 3, 4 틸랴 카리 메드레세

아미르 티무르가 가장 사랑한 **왕비 비비하눔**

사마르칸드 도심의 타쉬켄트 거리를 따라 내려오다 보면 좌측 중간에 높게 치솟은 에메랄드빛 돔이 아름다운 건물을 만날 수 있다. 이 건물이 바로 비비하눔 Bibi Khanum 성원모스크이다.

　1398년 12월 어느 겨울날, 인도 델리 원정에서 노획물을 잔뜩 갖고 돌아오던 아미르 티무르는 이슬람 세계에서 가장 웅장하고 화려한 이슬람 성원을 짓겠다고 다짐했다. 자신의 권력을 표현하는 수단이 한 시대를 황폐하게 만들었음에도, 아미르 티무르가 남긴 비비하눔은 환상적인 규모와 낭만적인 전설로 방문객의 발길을 붙잡고 있다. 아미르 티무르의 계획을 실현하기 위해 제국 최고의 전쟁 포로 장인들이 동원되었고, 대리석을 가득 실은 사륜마차를 끌기 위해 인도에서 95마리의 코끼리가 별도로 수입되었다.

　1404년 10월 사마르칸드를 방문했던 에스파냐의 외교 사절 루이 곤잘레스 드 끌라비호는 비비하눔 성원을 "가장 숭고한 것"이라고 격찬했으나 아미르 티무르는 정문이 너무 낮다고 생각해 속히 다시 건축하도록 했다. 그는 성원을 건축하며 가장 높은 것이 가장 훌륭하다고 주장했다. 인도 원정에서 대체 어떤 영감을 얻은 것일까?

　아무튼 그는 매일 아침 작업 현장으로 달려가 대부분의 시간을 공사장에서 보내며 현장을 관리 감독했다. 그는 공사 현장의 장인들이 충분히 먹을 수 있을 만큼의 고기를 직접 가져다주기도 했으며, 장인들이 균등하게 먹을 수 있도록 배려하기도 했다. 장인들이 만족스럽게 일을 할 때에는 이따금 주화鑄貨를 포상으로 주기도 했다.

비비하눔 모스크는 35미터에 달하며, 직경 18미터 높이의 아치를 이루고 있다. 정면 모퉁이의 미나레트도 높이가 50미터나 된다. 안뜰은 대리석으로 포장되었으며, 가로 167미터, 세로 109미터의 직사각형을 이루고 있다. 모퉁이에는 미나레트가 자리 잡고 있으며, 400개의 대리석 기둥이 떠받치고 있는 400개의 둥근 천장 갤러리도 있다. 성원의 남북 방향에는 홈이 파인 돔이 있으며, 예배 장소인 정문 동쪽은 40미터 높이로 솟아 있다. 실내는 화려한 대리석과 유약을 바른 다양한 형태의 모자이크 테라코타로 치장됐다. 궁정 역사가들은 '성원의 돔은 하늘의 그것과 같은 유일한 것이며, 성원의 아치는 은하수의 그것과 같은 독특한 것이 되도록 했다'라고 기록했다.

1974년 소비에트가 비비하눔 성원을 보존하기 위해 복구를 실시하기 전까지 제정 러시아 관리들은 성원을 마구간이나 목화 상점으로 사용하기도 했다. 그러나 복원이 완료된 뒤 재현된 세 개의 돔의 빛깔은 청록색과 황갈색 벽돌로 하늘과 땅의 고전적인 사마르칸드와 묘한 대조를 이룬다. 엷은 청색으로 씌워진 중앙의 구면체 돔 아래에는 꾸란의 경구가 수직적으로 쓰여 있어 비문이라기보다는 기하학적이라는 느낌을 준다. 이러한 디자인은 성원이 복합적으로 하늘을 향해 솟아나고 있다는 것을 상징한다. 정문 탑 역시 끝이 점차 가늘어지며, 모퉁이의 미나레트 또한 호리호리하게 높이 솟아 있다.

성원의 안뜰 중앙에는 울루그벡이 증정한 회색의 몽골 대리석으로 만든 대형 설교대가 설치되어 있다. 이곳 대형 설교대에는 1미터에 이르는

직사각형의 우스만 꾸란이 놓여 있었다. 이것은 7세기의 보물로 아미르 티무르가 가지고 온 것이다. 그러나 1875년 제정 러시아는 기도실이 위험하다는 이유를 들어 설교대를 레닌그라드^{현 쌍뜨 뻬쩨르부르그}로 옮겨 놓았다. 그후 다시 볼셰비키에 의해 설교대는 타쉬켄트로 돌아왔다. 들려오는 바에 의하면, 설교대 밑 아홉 개의 다리 사이를 세 번 기어가면 아이를 못 갖는 여자도 아기를 가질 수 있다고 한다.

❋ 하눔의 무덤

비비하눔 정문 길 건너편에는 푸른빛 돔이 하나 있는데 이것은 1397년에 만들어진 하눔*의 무덤이다. 이 하눔이 바로 비비하눔이라는 이야기가 전해 온다. 중국에서 시집온 하눔은 아미르 티무르가 가장 사랑했던 왕비였다. 그래서 비비하눔 모스크의 원래 이름은 아미르 티무르 모스크였으나 18세기부터 비비하눔에 관한 전설이 덧칠해져 비비하눔 모스크라 불리고 있다. 여기에는 페르시아 출신의 젊은 건축가와 비비하눔의 슬픈 사랑 이야기가 전해진다.

비비하눔을 사모하는 페르시아 젊은 건축가는 성원 건축을 재촉하는 비비하눔에게 자신의 사랑을 고백했다. 그러자 비비하눔은 건축가에게 푸른색이 나는 물이 담긴 잔과 맹물이 담긴 잔을 보여 주며 마시게 했다. 외모는 달라도 여자는 모두 다 같다는 것을 알려 주려는 의도였다. 비비

1 비비하눔 성원
2 비비하눔 미나레트

---

* 하눔은 고귀한 집 처자를 일컫는다. 즉 귀부인이란 뜻이다. 아미르 티무르가 살았던 시대에는 왕비에 대한 특별한 호칭이 없었던 것으로 보인다. 이때 왕비나 공주를 비롯하여 결혼한 높은 지위의 부인을 하눔이라고 호칭했는데, 이러한 전통은 지금까지 어느 정도 남아 있다.

하눔은 건축가에게 말했다.

"물의 색깔은 다르나 물맛은 두 잔 모두 같습니다."

이에 건축가는 맑은 물 두 잔을 비비하눔에게 보여 주며 마시게 했다.

"눈으로 보기에는 두 물잔 모두 맑은 물이지만, 하나는 설탕물이고 하나는 맹물입니다. 외형이 같다고 모두가 같을 수는 없습니다."

결국 비비하눔은 젊은 건축가의 사랑을 받아들여 볼에 키스를 하도록 허락했다.

이 운명의 키스는 흔적을 남겼다. 아미르 티무르가 돌아와 이 사실을 알게 되자 두 사람의 사랑은 끝나고 말았다. 비비하눔은 높이 솟은 미나레트에서 떨어져 죽임을 당했고, 페르시아 젊은이는 하늘을 나는 카펫을 타고 페르시아로 달아났다.

+ 비비하눔 모스크 건너편 푸른빛의 돔이 아름다운 건물이 하눔의 무덤이다. 이 무덤의 주인공이 바로 비비하눔이라고 하며, 그녀는 아미르 티무르가 가장 사랑했던 왕비이자 미나레트에서 떨어져 죽임을 당한 슬픈 왕비이기도 하다.

지하 세계에 군림하다 **아프라시압 언덕**

기원전 6세기부터 기원후 1220년까지 아프라시압^{Afrosiab}은 사마르칸드의 동북 지역 중심지 역할을 했다. 그러나 몽골 군의 침략으로 아프라시압의 도시 기능은 마비되었고, 그 옛날의 화려했던 시절은 사람들의 기억 속에서 잊혔다. 1950년대 어느 날 한 목동이 벽화를 발견하면서 이곳이 아프라시압의 영광이 구현되었던 바로 그 지역이란 사실이 밝혀지지 않았다면, 아직까지도 아프라시압은 땅 속에 묻혀 자신의 찬란했던 문화를 드러내지 못했을 것이다.

아프라시압이란 말의 어원은 전설적인 왕 투란과 관련이 있다. 그는 피르다우시의 페르시아 서사시 〈샤흐 나마^{왕의 책, 왕에 대한 기록}〉에서 용맹하고 현명한 왕으로 묘사되기도 하고, 반역자의 이미지로 그려지기도 한다. 투란은 마베른나흐르의 왕이었고, 마베른나흐르의 지역 왕은 아프라시압이었다.

지금의 사마르칸드를 구성하는 사람과 아프라시압 시대의 사람은 구성 주체가 서로 달랐다. 당시의 소그드 인은 페르시아의 냄새가 짙게 묻어나는 민족이었고, 문화적 색채 역시 페르시아적이었다.* 상업적·문화적 두 구역으로 나누어진 동과 서 사이, 설익은 벽돌로 만들어진 성벽 뒤에 소그드 인이 살았다.

아프라시압 역사박물관

---

* 지금의 사마르칸드는 우즈벡 민족과 타직 민족이 주를 이룬다. 타직 민족은 페르시아계에 속하여 이들이야말로 소그드의 후예라고 일부에서는 주장하고 있다. 아프라시압 시대의 소그드 인은 투르크의 영향을 거의 받지 않았다.

성벽 안에는 회랑과 기다란 틈새들이 있었고, 방수를 위한 갈대와 지진을 방지하기 위한 곱향나무들이 자라고 있었다.

❋ 아프라시압 역사박물관

1880년대 제정 러시아 고고학자들이 폐허를 답사하기 전까지 아프라시압은 역사 속에 묻혀 있었다. 이들이 발견한 것과 훗날 소비에트 고고학자들이 발견한 유물을 아프라시압 동남쪽 기슭 대리석 박물관에 모아 두었다. 지금의 아프라시압 역사박물관이다.

박물관의 첫 번째 홀에는 발굴 장면을 담은 사진들과 통치자가 살았던 도시의 남쪽 지역을 보여 주는 전경 지도가 있다. 두 번째 홀에서는 아프라시압이 여러 세기를 거치는 동안 어떻게 발전해 왔는지 전시물과 복원된 유물을 통해 보여 준다. 초기의 도자기류와 건축물은 그리스 박트리아 시대까지 거슬러 올라가는 미학적 가치를 지니고 있다. 은전銀錢, 검, 칼을 포함한 알렉산드로스 대왕의 동방 원정 기념품들도 있다. 쿠샨 시대의 조로아스터교는 불의 제전을 위해 태양을 상징하는 벽돌과 죽은 자의 뼈로 장식한 제단을 쌓았다. 유골은 새나 짐승의 먹이가 되고 깨끗하게 남은 것이다. 토속적인 신앙 역시 번성했다. 아무 다르야에 신성성을 부여한 물과 다산의 여신 아나히타의 테라코타 조상彫像도 발견되었다. 아나히타는 속이 꽉 찬 석류를 갖고 있는데, 이는 곧 풍요로움을 상징하는 증거이다. 5세기부터 시작된 실크로드의 번영은 금은보석, 화장품, 동전, 뼛조각 등에 잘 반영되어 있다.

아프라시압에서 발굴된 유물들

아나히타 여신

살아 있는 왕 샤흐이진다

사마르칸드에서 가장 신성한 장소는 대영묘大靈廟 무덤군으로, 티무르 제국의 수도 사마르칸드의 구시가지 동북쪽 언저리에 비스듬히 자리 잡고 있다. 무덤군 위쪽으로는 고대 아프라시압의 남쪽 경사가 펼쳐져 있다. 이 지역은 14~15세기 중앙아시아에서 유일하게 도예술陶藝術을 예찬하는 건축학적 실험 현장으로 발전했다. 그래서 이 피안彼岸의 언덕은 사마르칸드의 도시 경관 중에서 시각적으로 가장 매력적인 장소가 되었다.

전설은 역사 시대를 거슬러 올라가 676년에 이른다. 선지자 무함마드의 사촌 쿠쌈 이븐 압바스는 조로아스터교를 믿던 소그디아나 사람들을 이슬람으로 개종시키기 위해 사마르칸드에 도착했다. 쿠쌈 이븐 압바스의 설교가 성공하자 일단의 조로아스터교 맹신자들이 반발했고, 급기야 그들은 기도 중인 그의 목을 베어 버렸다. 그러자 이상한 일이 벌어졌다. 사마르칸드에 와 본 적이 없는 듯한 아랍 사람들이 나타나 쿠쌈을 안장시키고, 샤흐이진다Shah-i-Zinda*에 대한 의식을 행했다. 이러한 의식은 아마도 이슬람이 도래하기 이전 시대의 신화적인 왕, 지하 세계의 죽음 위에 군림하던 아프라시압이 채택했던 것으로 생각된다.

계단을 타고 영묘의 막다른 곳에 이르면 살아 있는 왕의 무덤이 나온다. 계단은 마치 피안의 세계로 가는 다리처럼 긴 여정으로 느껴진다. 급

샤흐이진다 대영묘 무덤군

---

* 샤흐이진다는 '살아 있는 왕'이란 뜻이다. 선지자 쿠쌈이 죽었다가 다시 살아나 일시적이나마 왕으로 군림했다는 이야기이다. 이때부터 이 지역은 샤흐이진다라고 불리기 시작했다.

아프라시압 언덕으로 가는 통로

경사진 계단을 타고 올라가면 또다시 좁은 길이 기다린다. 티무르 제국의 다양한 왕족, 귀족 무덤 좌우로 주변에 보이는 것은 신성성이 부여된 대리석 무덤들이다. 샤흐이진다의 문에 들어서기 전, 방문객은 기도를 대행해 주는 젊은 무슬림이 암송하는 꾸란의 경구를 들을 수 있다. 발원發願을 하는 참배자들은 저마다 묵언의 기도를 드리며, 축원의 경구를 듣는 참배자들은 엄숙하기만 한다. 이윽고 축원이 끝나면 경계의 문을 열고 들어선다.

    건물 안쪽으로 쭉 들어가 오른쪽으로 다시 어둡고 좁은 통로를 지나가면 흙으로 빚어진 널찍한 방이 나온다. 예배소의 돔은 푸른색으로 채색되어 높다란 하늘을 향해 푸른빛을 발하고 있다. 참배자들이 찾는 방을 지나면, 쿠쌈 이븐 압바스의 묘지석이 나온다. 무슬림들은 이곳을 참배하기를 원하는데, 세 번을 참배하면 이슬람의 성지 메카를 순례한 것이나 다름없다고 생각한다.

예배소 가는 길

해마다 커지는 관 **다니엘의 무덤**

아프라시압 언덕의 폐허는 건조한 황토 지역으로 300에이커나 뻗어 있다. 그나마 좁은 골짜기에 의해 황토 지역이 끝나지 않았다면 더 넓게 펼쳐졌을 것이다. 이 중 가장 인상적인 것은 통치자가 살았던 성의 잔해들이다. 성은 동북쪽에 위치해 있어 자랍샨에 속한 시압 강을 조망할 수 있다. 두꺼운 성벽은 지하 깊숙이 뻗은 2층으로 되어 있고, 왕이 사는 홀과 방, 회랑으로 나누어져 있다.

사마르칸드 아프라시압 역사박물관에서 걸어서 15분 거리, 시압 강의 남쪽 둑에서, 혹은 아프라시압 북쪽 벽에서 접근해 가면 사자의 동굴이라는 곳에 다니엘^{도니요르}의 전설적인 무덤이 나온다. 다섯 개의 돔 아래에 걸쳐진 길이가 무려 18미터나 되는 거대한 대리석관이다. 전하는 바에 의하면, 아미르 티무르가 페르시아에서 유대 인 성자를 데리고 왔는데, 그가 죽어 묻힌 곳이라고 한다. 이곳 물라^{이슬람 성직자}들은 다니엘이 죽은 후 매년 1인치씩 대리석 관이 자라고 있다고 말한다. 그래서 다니엘의 관은 해마다 커지고 있는 것이다. 이 사실이 알려지자 무슬림, 유대 인, 러시아정교 순례자들이 이곳으로 몰려들고 있다고 한다. 이들에게 성소^{聖所} 참배의 계기가 된 것이다. 페르시아와 중앙아시아 지역을 여행하다 보면, 유대 인 성자 다니엘을 자주 만날 수 있으며, 이와 관련된 전설과 이야기도 전해들을 수 있다.

1 울루그벡 천문대 내부의 시간 측량기
2 사마르칸드 촐판아타 언덕의 천문대 유적
3 울루그벡 천문대 복원도
4 해시계
5 울루그벡과 학자들

샤흐리샤브즈 *Shakhrisabz*

아미르 티무르의 **고향**

샤흐리샤브즈는 14세기 전반에 걸쳐 중앙아시아를 지배한 아미르 티무르의 고향이다. 당시에는 케쉬^{Kesh}라고 불렸고, 사마르칸드에서 남동쪽으로 두 시간 걸리는 곳이었다. 오늘날 샤흐리샤브즈에는 악사라이^{Ak Sarai}라는 거대한 건조물과 아미르 티무르의 커다란 청동 동상이 서 있다. 우즈베키스탄 전역에서 하나밖에 없다는 거대한 청동 입상이다. 사람들은 이곳을 성소로 생각해 결혼이나 축하할 일이 있으면 찾아와 축복을 기원한다.

악사라이에서 악은 '희다', 사라이는 숙박하는 곳을 뜻하니 우리말로 직역하면 '하얀 숙박집'이다. 그러나 사라이는 단순한 숙박업소가 아니며, 경우에 따라서는 왕의 숙소를 포함한다. 따라서 악사라이는 하얀 궁전이라 해야 하며, 아미르 티무르의 궁전이라 할 수 있다. 샤흐리샤브즈 악사라이 궁전 앞뜰에 서 있는 아미르 티무르의 거대한 청동 입상은 마치 악사라이 궁전을 호위하는 듯하다.

샤흐리샤브즈 인근에는 아미르 티무르의 출생지 표지석이 있다. 목화밭 사이에 덩그러니 나 있는 표지석을 통해 14세기 중앙아시아 지배자의 영광을 떠올리기는 힘들다. 그것도 2000년대에 들어와 조성된 작은 표지

거대한 왕의 궁전 악사라이

거대한 아미르 티무르 청동 입상
눈이 내리는 한겨울에도 축복받기 위해 사람들이 모여 있다.

석일 뿐이다.

샤흐리샤브즈에는 아미르 티무르와 관련된 문화유산들이 몇 곳 더 있다. 가장 눈에 띄는 것은 제2차 세계대전에 소비에트가 참전하기 직전까지 아미르 티무르의 무덤으로 여겨지던 굼바스 성원이다. 굼바스 성원 주변에서 파는 카펫과 수잔니Suzane*는 우즈베키스탄 수예의 정수를 잘 보여 준다.

아미르 티무르는 케쉬 근처 호자 일가르Khodja Ilgar 마을에서 1336년 4월 9일에 태어났다. 그의 아버지는 타라가이 바를라스 혹은 빌락(Barlak)로, 바를라스 종족 내에서는 지배 계층에 속했다. 티무르의 원래 이름은 아미르 티무르 이븐 아미르 타라가이 이븐 아미르 바르쿨Amir Timur ibn Amir Taragay ibn Amir Barkul이다. 이슬람식과 유목민 투르크계 방식이 혼용된 이름으로, 줄여서는 무하메드 타라가이Mukhamed Taragay라 불렀다.

티무르는 어린 시절 투르크 어와 타직 어를 배우고, 유목민과 목축민이 함께하는 사회에서 성장했다. 당시 케쉬는 티무르의 삼촌 호자 바를라스Khodja Barlas가 지배하고 있었는데, 도시 생활은 활기에 넘쳤다. 훌륭한 전사로 성장한 티무르는 1360년부터 10년간 봉건 영주들의 지원을 받아 동시대의 바를라스 부족들을 통합하기에 이른다.

그의 나이 25세가 되었을 때, 티무르는 부유한 케쉬 지역의 통치자가

1 굼바스 성원
2 아미르 티무르의 출생지 표지석
3 어느성자의 무덤을 덮은 수잔니

---

* 우즈벡 여성들의 정성이 담긴 수예. 수잔니는 카펫과는 달리 어떤 도구도 사용하지 않고, 오로지 긴 나무바늘과 형형색색의 실을 이용해 손으로 직접 떠서 만든다. 주로 집안을 장식하거나 가족의 경사 때 입는 옷을 치장하는 데 사용한다.

되었다. 티무르는 하자간^{Khazagan}의 손자 아미르 후세인과 연합하여 그의 여동생 울드자이 투르칸^{Uldjay Turkan}과 결혼하였다. 티무르는 후세인과 함께 투르만^{Turmans}에 대한 군사 작전을 감행하던 중 이란 남부 세이스탄^{Seystan} 전투에서 부상을 당해 오른쪽 손과 발을 다쳤다. 이를 두고 프랑스 동양 사학자들은 티무르를 비하하여 '절름발이 티무르'라는 뜻의 '티무르랭^{Tamerlane}'이라고 별칭했다.

아미르 티무르는 정복 전쟁에 유난히 뛰어났다. 뒤이어 아제르바이잔을 정복하고, 1398~1399년에는 인도 원정을 떠난다. 1400년에는 터키 술탄 바야제드^{Bayazed}, 이집트 술탄 파나드즈^{Fanadji}와 전쟁을 하였다. 티무르는 1402년 앙카라 인근에서 바야제드를 물리치고 그를 포로로 잡았는데, 이 같은 역사적 사실은 동유럽에서 터키의 지배가 사실상 종언을 고하게 된 것을 뜻한다. 1404년에는 중국 명나라에 대한 군사 작전을 펼치기 시작한다. 그러나 1405년 2월 카자흐스탄 시르 다르야 강변 오트라르^{Otrar}*에서 갑자기 사망하면서 군사 작전은 중단되고 말았다.

아무튼 통치하는 동안 티무르는 물자 운송라인에 커다란 관심을 갖고 권력을 집중하여 무역과 외교 접촉을 강화하고, 마베른나흐르의 도시 문화를 보호하고 장려했다.

당시 티무르 제국은 아주 복잡하게 얽혀 있는 국가였다. 문화적으로는 투르크-페르시아적 성향이 강했으며, 법률 체계는 투르크-몽골적이었

---

* 오트라르는 중세 격변기에 두 번의 역사적 사건이 발생한 곳이다. 칭기즈 칸이 마베른나흐르를 공격할 명분을 주었던 1218년 오트라르 사건과 1405년 중국 명나라를 정복하기 위해 사마르칸드를 출발하여 키질쿰 사막을 건넌 티무르가 오트라르에서 발병해 죽은 사건이 그것이다.

다. 여기에 정치 · 종교적 원칙은 몽골–아랍적이었다. 이렇게 복잡한 티무르 제국의 성장과 발전에는 무엇보다 티무르의 모순되어 보이는 강력한 지도력이 있었기에 가능했다. 티무르는 위대한 전사이자 군사 전략가였다. 티무르 지배 시기에 중앙아시아에서는 내분과 내란이 사라지고 하나의 통합된 정치 체제가 정착했다. 이런 정치적 안정은 경제와 문화 발전에 긍정적인 영향을 가져다주었다. 대규모 관개 시설을 구축하고, 전쟁을 통해 수많은 기술자와 예술가, 과학자들을 불러들였다. 무역과 상업은 실크로드를 따라 번영일로를 걸었다. 비비하눔 모스크, 구르 에미르 영묘, 악사라이 궁전, 호자 아흐메드 야사비 Khoja Ahmed Yasawi 영묘 등이 당시의 영광을 보여 준다.

수르한 다르야 *Surhandar'ya*

불교의 정토 **테르메즈**

우즈베키스탄에서 알렉산드로스 시기부터 쿠샨 왕조까지의 문화유산이 가장 많이 남아 있는 지역은 남부 지역이다. 특히 아무 다르야 강 오른쪽에 위치한 테르메즈Termez 지역은 셀레우코스 왕조와 그레코 박트리아 시기의 유적을 비롯하여, 쿠샨 왕조의 유적이 100곳 이상 남아 있는 중앙아시아 불교문화의 성지이다. 아무 다르야와 수르한 다르야를 중심으로 한 이 지역은 옛 지명으로는 박트리아에 해당하며, 현재는 테르메즈 또는 수르한 다르야 지역으로 불린다.

선사 시대 중반에 인간이 거주하기 시작한 이곳은 기원전 2~3세기에는 고대 국가 박트리아의 경제 중심지였다. 기원전 1세기에서 서기 1세기까지 요새화된 쿠샨 왕조의 불교 중심지였으며, 7~8세기 무렵 아랍 칼리프의 지배를 받으면서 이슬람화되기 시작했다. 아프가니스탄 국경과 맞닿아 있어서 아프가니스탄 대상들이 강을 건너와 교역을 하던 중심지이기도 하다. 현재는 인구 14만 명의 우즈베키스탄 남부 최대 도시이다.

테르메즈는 '철의 문'이란 뜻인데, 동서남북에서 침범하기가 쉽지 않다는 뜻에서 붙여진 지명이다. 한편 하킴 알 테르메즈라는 11세기 성자의 무덤이 있는 곳으로도 유명하다.

    테르메즈 곳곳에는 소나무가 자생하고 있어, 거리를 다녀보면 마치 한국의 어느 마을에 있는 느낌이 든다. 고대로부터 불교의 성지였던 이곳은 지금까지 불교의 정토로 느껴진다.

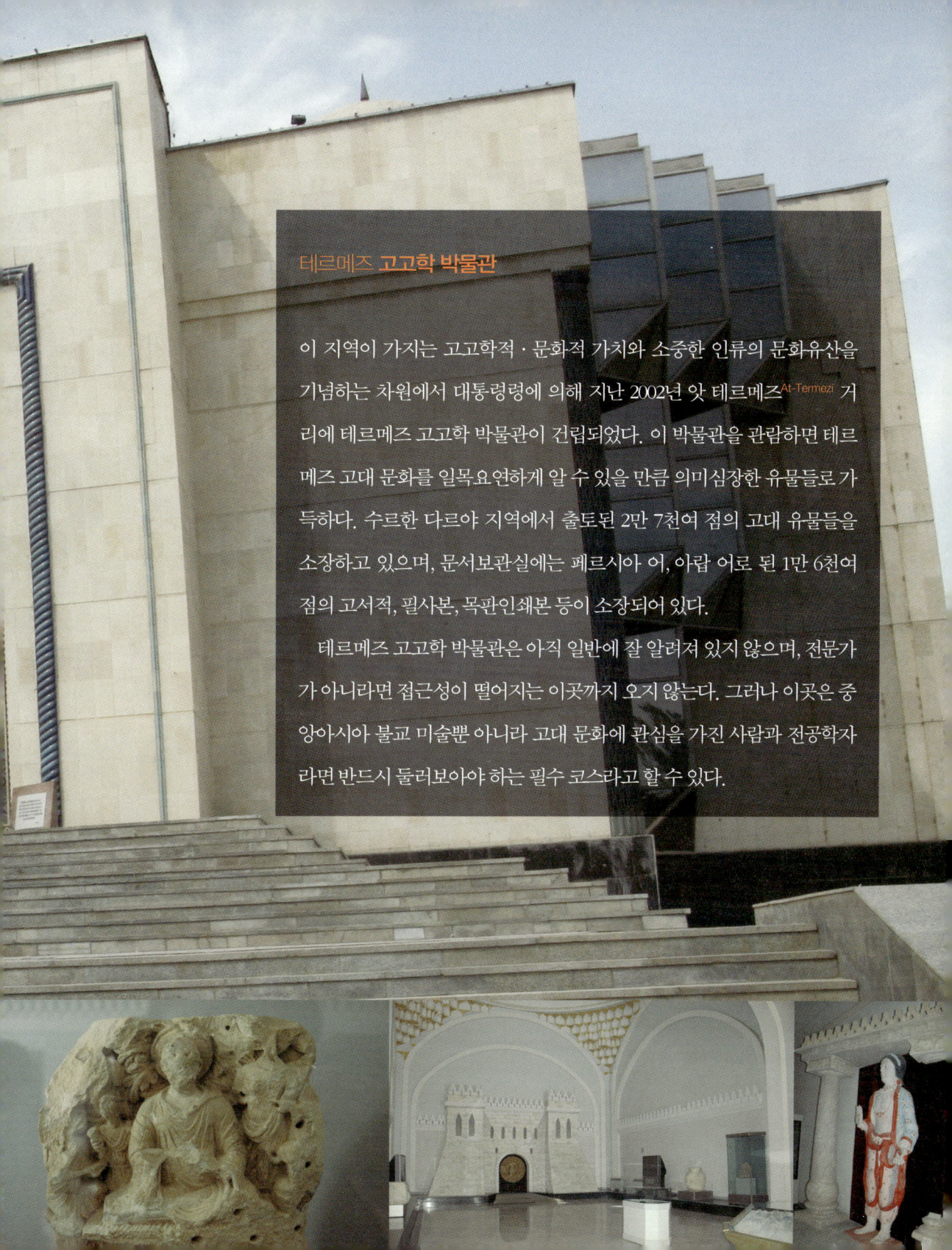

테르메즈 고고학 박물관

이 지역이 가지는 고고학적·문화적 가치와 소중한 인류의 문화유산을 기념하는 차원에서 대통령령에 의해 지난 2002년 앗 테르메즈 At-Termezi 거리에 테르메즈 고고학 박물관이 건립되었다. 이 박물관을 관람하면 테르메즈 고대 문화를 일목요연하게 알 수 있을 만큼 의미심장한 유물들로 가득하다. 수르한 다르야 지역에서 출토된 2만 7천여 점의 고대 유물들을 소장하고 있으며, 문서보관실에는 페르시아 어, 아랍 어로 된 1만 6천여 점의 고서적, 필사본, 목판인쇄본 등이 소장되어 있다.

테르메즈 고고학 박물관은 아직 일반에 잘 알려져 있지 않으며, 전문가가 아니라면 접근성이 떨어지는 이곳까지 오지 않는다. 그러나 이곳은 중앙아시아 불교 미술뿐 아니라 고대 문화에 관심을 가진 사람과 전공학자라면 반드시 둘러보아야 하는 필수 코스라고 할 수 있다.

불교문화의 **성지들**

테르메즈의 대표적인 도시 유적으로는 캄피르 떼빠^{Kampir-tepa}, 할차얀^{Khalchayan}, 아이르탐^{Airtam}, 달베르진 떼빠^{Dalverzin-tepa}를 꼽을 수 있다. 이들 도시는 성벽 안팎으로 주거지가 형성되어 있었고, 종교 건축물과 토기, 공예품을 생산하는 공방을 갖추고 있었다.

캄피르 떼빠는 아무 다르야를 접하고 있는 도시 유적으로, 기원전 3세기부터 기원후 2세기까지 존속했다. 도시가 가장 번성했을 때 그 규모는 동서 750미터, 남북 200~250미터에 달하기도 했다. 할차얀 역시 기원전 3세기경 도성이 축조되었고, 그 안에서는 쿠샨 초기 궁전지, 벽화, 채색 소조상이 발견되었다. 지금은 접근할 수 없지만, 아무 다르야 저편 넘어 아프가니스탄 영토에는 '아이하눔'이라는 고대 그리스 양식의 도시 유적도 있다. '달빛마님'이란 뜻을 가진 아이하눔은 '동방의 가장 동쪽에 건설된 알렉산드리아'라고 알려졌다.

불교 유적으로는 파야즈 떼빠^{Fayaz-tepa}와 카라 떼빠^{Kara-tepa} 등이 있다. 이 시기 불교 사원지는 승원, 예배당, 스투빠^{불탑}로 이루어졌으며, 일부 유적에서는 불상과 신상 외에도 벽화와 석굴 사원이 발견되었다. 불상은 간다라 지역에서 제작된 것과 기본적인 양식이 비슷하지만, 보다 도식적이고 장식적인 점이 특징이다. 재료에서도 간다라 불상에서 자주 볼 수 있는 편암은 찾아보기 어려우며, 백색의 석회암이 주를 이룬다. 이러한 독자적인 특징에 주목하여 이 지역의 불상을 간다라 불상과 구분해 '옥서스파' 혹은 '박트리아파'라고 부른다.

파야즈 떼빠

❁ 파야즈 떼빠

파야즈 떼빠는 옛 테르메즈 도성의 북서쪽에 위치한다. 1960년대 후반 양치기에 의해 이곳에서 우연히 여인 석상이 발견되면서 발굴이 시작되었다. 유적의 이름은 당시 테르메즈 박물관의 관장이었던 파야조프[R. F. Fayazov]의 이름을 따서 지었다. 떼빠는 '언덕' 혹은 '구릉'이란 뜻이다.

여러 건물군과 스투파로 이루어진 이 유적에서는 불상과 벽화도 발견되었는데, 그중 잘 알려진 유물은 우즈벡 불교 미술의 백미라고 할 수 있는 트리아다[Triada], 곧 삼존불이다. 부처와 두 명의 승려가 인도의 차이티야 아치와 그리스의 코린토스식 주두를 결합한 감실에 안치되어 있는 모습을 균형감 있게 묘사한 삼존불은 기원후 2~4세기에 제작된 것으로 여겨진다.

이 작품은 중앙아시아 불교미술의 찬란함과 우수함을 전 세계에 각인시킨 계기가 되었으며, 유네스코에서도 관심을 가져 2000년에 복원 작업이 이루어졌다. 또한 파야즈 떼빠 바로 앞에 작은 기념관이 있어, 이때 발굴된 유물과 유구를 한눈에 볼 수 있도록 했다.

현재 삼존불은 타쉬켄트 소재 우즈베키스탄 역사박물관에 소장되어 있으며, 복사본은 테르메즈 고고학박물관에 전시되어 있다. 우즈벡 정부는 삼존불을 국보 1호로 지정하여, 중앙아시아 불교문화의 중심지가 우즈베키스탄임을 대외에 입증할 때 사용한다. 그만큼 삼존불은 우즈베키스탄에게 의미와 가치를 모두 가진 유물이다.

삼존불은 테르메즈 고고학 박물관에도 있으나 그것은 유네스코가 복사한 복사품이다.

❋ 카라 떼빠

카라 떼빠는 테르메즈의 주요 불교 유적 중 하나로, 옛 테르메즈 도성 북서쪽의 작은 언덕에 위치한다. 특히 우즈베키스탄과 아프가니스탄의 국경선 부근, 우즈베키스탄의 군사 분계선 안쪽에 자리 잡고 있어 일반인은 출입할 수 없다. 카라 떼빠를 둘러보기 위해서는 내외국인을 막론하고 여권을 제시한 뒤 우즈벡 국방부의 허가를 받아야 한다.

카라 떼빠는 파야즈 떼빠에서 남쪽으로 1킬로미터 지점에 자리 잡고 있으며, 두 유적은 서로 바라볼 수 있는 시야에 위치한다. 파야즈 떼빠에 비해 카라 떼빠는 지리적 특수성 때문에 접근하기가 어렵다. 그럼에도 카라 떼빠는 파야즈 떼빠보다 월등히 중요하다. 파야즈 떼빠가 단일 사원으로 평지에 위치한다면, 카라 떼빠는 중앙아시아에서 드문 석굴 사원이자 초기 불교의 원형을 가지고 있다고 여겨지기 때문이다.

카라 떼빠에 대한 발굴 조사는 1920년대에 시작되어 최근까지 진행되고 있다. 현재까지 6개의 건물군과 10개의 석굴이 확인되었고, 연대는 기원후 1~4세기로 추정된다. 유적에서는 100여 개의 명문이 쓰인 토기 파편이 발견되었다. 하로슈티, 박트리아, 브라흐미로 쓴 명문은 시주와 관련된 인물의 이름, 날짜 등을 담고 있는 경우가 많으며, 이 중에는 '왕의 사원'이라는 어구가 자주 등장하여 왕실의 후원이나 발원이 있었던 것으로 보인다.

유적은 아직 3분의 1도 발굴이 안 되었으므로, 발굴이 완료된다면 중앙아시아판 돈황 석굴이 될 가능성도 있다. 대한민국 국립문화재연구소에서 2011년 봄부터 공동 발굴 협약을 체결하고 발굴을 시작했다.

1 파야즈 떼빠
2 카라 떼빠에서 바라본 파야즈 떼빠

1 국립 예술연구소 사키르 피다예프 소장
카라 떼빠 발굴 책임자인 그는 평생을 카라 떼빠 발굴에 바친 불교 고고학자이다.
2 카라 떼빠의 석굴군

❋ 달베르진 떼빠

달베르진 떼빠는 옛 테르메즈의 북동쪽에 위치한 유적이다. 그레코 박트리아 시기인 기원전 2~3세기경 이곳에 처음 도성이 축조되기 시작하여 쿠샨 시대에 크게 확장되었다. 발굴을 통해 도성지 안팎에서 상류층 저택, 일반인 주거 지역, 토기 생산을 위한 가마를 비롯하여 토착 여신을 위한 사원, 조로아스터교 신전, 불교 사원, 스투파와 같은 다양한 종교 건축물이 발견되었다. 또한 이곳에서 출토된 한 항아리에서는 총 무게가 36킬로그램에 달하는 115점의 황금 유물이 발견되었다.

달베르진 떼빠에서 발견된 불교 사원지는 두 곳이다. 그중 하나는 북쪽 성벽에서 400미터 정도 떨어진 곳에 위치한 제1사원지로 1967~1968년에 발굴되었다. 이곳에서는 불상뿐 아니라 지배층으로 보이는 인물상이 여럿 발견되어 주목을 끌었다. 이 중에서 가장 잘 알려진 것이 '쿠샨 왕자'라고 불리는 상이다. 본래 등신대인 이 상은 현재 머리 부분만 보존되어 있는데, 머리에 쓴 원추형의 모자는 그의 신분을 추정하는 근거가 된다. 왕자의 상은 균형 잡힌 얼굴, 섬세하고 자연스러운 표현, 크게 뜬 눈에서 헬레니즘과 파르티아의 영향을 찾아볼 수 있다. 모자 표면에 붙어 있는 동그라미 문양과 모자 아래쪽의 연주문 장식은 원래 모자에 부착된 귀금속이나 보석 장식을 표현한 것으로 여겨진다.

1 달베르진 떼빠 불교 사원지
2 쿠샨 왕자

+ 달베르진 떼빠에서 멀지 않은 곳에 데나우Denau라는 무릉도원이 있다. 우즈베키스탄판 청학동이라 할 수 있는 곳이다. 이곳은 밖에서 접근하기가 쉽지 않으며, 데나우 산속에 사는 사람들은 외부의 도움 없이 자급자족이 가능한 생산력을 가지고 있다. 실제로 이들에게는 외부에 대한 정보가 많지 않고, 외부에 별다른 관심을 갖지 않고 살아간다.

산으로 둘러싸인 독특한 아름다움 바이순

우즈베키스탄의 남부 바이순^{Boysun}에서 축제에 참가할 수 있다는 것은 커다란 행운이다. 인류가 중앙아시아에 거주한 이래 바이순은 수십만 년간 가장 비옥한 지역이었다. 우즈베키스탄에서 가장 풍부한 구술 문화 전통을 가진 지역이자 고대 역사가 살아 있는 민속 문화의 보고이기도 하다. 무엇보다 바이순은 구술 문화와 축제가 발달할 수 있는 지리적·생태적 조건을 그대로 갖고 있다. 그래서인지 바이순은 '당신은 부자다', '비옥한 지역'이라는 뜻을 가지고 있다.

바이순 라이온^{군, 郡}을 중심으로 보면, 뒤쪽으로는 바이순 따그^{Boysun Tog} 산맥이 마치 병풍처럼 펼쳐져 있고, 바이순 라이온 앞쪽으로는 천산산맥에서 흘러내려 오는 수르한 다르야 강이 아무 다르야 강을 만나기까지 비옥한 계곡의 역사와 문화를 파노라마처럼 창출한다. 바이순 사람들이 사는 곳은 완만한 산기슭과 계곡으로 둘러싸여 마치 고리 모양의 산이 감싸고 있는 형국이다. 바이순 따그 산맥은 해발 1,700미터에서 3,800미터까지

바이순 민간 의례

문명의 실크로드를 걷다

다양하게 자리 잡고 있다.

바이순 지역은 수르한 다르야 주에 속해 있으며, 수르한 다르야 주 주도인 테르메즈에서 북쪽으로 약 145킬로미터 떨어져 있다. 전통 마을을 기준으로 크게 일곱 개의 마을로 구성되어 있는데, 총 인구는 8만 6천 명이며 이 중 우즈벡계가 60퍼센트를 차지한다. 바이순 지역 주민 모두가 우즈벡 어와 타직 어를 동시에 모국어 수준으로 구사한다. 그래서 이들은 투르크계와 페르시아계의 언어적·문화적 전통을 동시에 간직하고 있으며, 언어 이외에 어떠한 민족적 차이를 찾기 어려울 만큼 체질적으로나 문화적으로 유사하다.

오늘날 바이순 문화에는 민간 의례를 비롯하여 정주민과 투르크적 유목민의 공예 전통이 잘 전승되고 있다. 또한 이슬람 민속과 애니미즘, 조로아스터교, 불교, 조상 숭배, 불 및 태양 숭배, 샤머니즘 등을 조화롭게 융합하여 믿으며 민간 의례, 전통 공예 등에서 그 흔적을 찾아 볼 수 있다.

바이순 문화의 다양성과 풍부함은 바이순이 실크로드라는 전략적 교차로에 자리 잡고 있기에 가능한 것이다. 바이순의 전통음악, 춤, 의례, 말 경기 등의 독창성과 원초적 열정은 바이순만이 가지고 있는 특징이다. 이렇게 우즈베키스탄의 여타 지역에 비해 농경 문화와 유목 문화가 경제적

---

* 중앙아시아의 양대 영웅 서사시는 키르기즈의 〈마나스〉와 우즈벡의 〈알빠미쉬〉이다. 이 제목은 모두 이야기 속에 등장하는 주인공의 이름이다. 이 둘은 이야기의 구성이나 전개 과정, 기원 등에서 유사한 형태를 띤다. 물론 〈마나스〉가 더 오랜 전통과 훨씬 풍부한 이야기를 갖고 있어 〈알빠미쉬〉의 원조라고 할 수 있다. 그러나 〈알빠미쉬〉에는 페르시아적인 요소와 정착 문명의 이야기적 요소들이 가미되어 있어 〈마나스〉와는 또 다른 재미를 선사한다. 가령 이야기 전개에 있어 〈마나스〉는 노래에 의존하는 반면, 〈알빠미쉬〉는 악기를 대동하는 방식으로 풀어나간다. 또한 〈마나스〉는 키르기즈스탄의 탈라스를 중심으로 전역에서 전승되고 있으나 〈알빠미쉬〉는 우즈벡 남부 지역에서만 전승된다는 차이가 있다.

조화를 이루면서 구술 문화가 발전할 수 있는 배경이 조성되었다. 이를 바탕으로 다채롭고 풍성한 장편 서사문학과 민담, 민요가 발전했다. 쿵그라트 족의 영웅 서사시 〈알빠미쉬〉*의 고향도 바이순이다.

  해마다 봄이면 개최되는 바이순의 축제 바이순 바호르^{Boysun Bahori}는 유네스코의 후원을 받아 비정부기구에 의해 추진된다. 축제가 열리는 무대 주변으로 매년 유르트^{Yurt} 촌이 형성되며, 유르트 촌을 중심으로 바이순 민속 공예 전시장도 열린다. 여기에는 수잔니, 양탄자, 도자기류, 전통 모자, 모자 장신구, 악기, 목제 및 가죽 제품 등 바이순 지역 장인들이 만든 다양한 민속 공예품들이 진열된다. 바이순은 축제가 열리는 5월 초경에 가장 많은 볼거리와 추억을 선사한다.

바이순 바호르 축제

✛ 전통마을 키쉴락에서 가정과 가족은 전통적인 이웃공동체 마할라Mahalla의 일부로 간주되고, 자연환경은 바이순 인간관계의 질서와 조화를 구성한다. 생활 방식과 원로元老를 공경하는 전통은 바이순이 장수長壽자들의 지역으로 거듭나게 만들었다. 바이순에서 100세 노인을 만나는 것은 어렵지 않다.

부하라 *Bukhara*

노디르 디반베기 앙상블

17세기 부하라 지역에서 막강한 권력을 자랑했던 노디르 디반베기는 종교 건물을 무수히 지었다. 당시 디반베기, 악사칼 등의 칭호로 불리던 지방 재정 담당관은 해당 지역의 유지이자 행정을 책임진 실권자였다. 이들은 주로 중앙 정부에서 고위 관리로 임명되어 지역의 징세를 책임지는 역할을 맡았다. 그는 동서남북 좌우 배치를 이루는 구조로 건물을 지어 이슬람교의 정형화된 건축 양식을 계승했다. 또한 오아시스 도시의 필수 불가결한 요소인 연못^{우물}을 중앙에 배치해 종교적 안식처이자 삶의 휴식처가 되도록 했다. 이것은 부하라 지역의 이슬람교 건물 배치에서 보이는 대표적인 양식이다.

노디르 디반베기에 의해 1568년에는 쿠켈다쉬 메드레세^{신학교}, 1622년에는 노디르 디반베기 메드레세, 같은 해에 호나코^{대상인을 위한 숙소}가 차례로 지어졌다. 호나코가 만들어지기 두 해 전인 1620년에는 두 메드레세의 중앙에 라비 하우즈를 완성했다. 이로써 노디르 디반베기 앙상블이 완성되었다. 일설에는 라비 하우즈가 두 메드레세와 호나코가 완성되고 나서 제일 나중에 완공되었다고도 한다.

라비 하우즈
하우즈는 타직 어로 우물을 뜻하며, 라비 하우즈는 '연못(우물) 주변'을 의미한다. 이 연못은 가로 46미터, 세로 36미터나 된다. 주변에 1477년 식수된 뽕나무가 두 그루 서 있고, 그보다 조금 더 오래된 뽕나무가 보호수로 지정되어 있다.

불행하게도 현재 하우즈라는 이름의 연못은 부하라에 세 개밖에 남아 있지 않다. 그나마 시궁창이나 다름없는 볼품없는 모양새를 하고 있어 세월의 무상함을 느끼게 한다. 부하라 칸국 시절 50개나 되었던 하우즈는 구소련 때 47개가 폐쇄되었다고 한다. 전염병 창궐의 주역이었기 때문이다.

❋ 노디르 디반베기 메드레세

노디르 디반베기 메드레세 정문을 바라보면 '사람들은 두루 친분을 나누어야 한다'라는 아랍 어 글귀가 눈에 먼저 들어온다. 중앙아시아 우즈벡 민족의 도스트릭^{우정, 친분}이 생각나는 구절이다.

사마르칸드 레기스탄 광장 메드레세의 영향을 받은 듯 에메랄드빛의 타일과 그림의 주제가 비슷하다. 특히 사마르칸드의 시르 도르 메드레세와는 건축 시기도 비슷하고, 얼굴이 그려진 태양이 등장한다는 점, 호랑이 대신 조로아스터교 신화 속의 새 '후모'가 좌우 대칭으로 배치된 점 등이 같다. 우상 숭배를 막기 위해 일체의 종교화를 금기시했던 이슬람교에서 무슬림을 양성하는 신학교 정문에 이에 반하는 그림을 남긴 점은 종교의 습합을 통해 새로운 전통으로 변해 가고 있음을 보여 주는 것이라고 풀이할 수 있다.

한때 백여 명의 학승들이 7, 8년간 공부를 했던 노디르 디반베기 메드레세는 이제 초이호나와 기념품 가게로 변했다. 뿐만 아니라 바로 옆에 위치한 쿠켈다쉬 메드레세 역시 160개의 승방에서 15년간 공부하던 학승들의 모습은 간 데 없고, 겨울바람 속에 건물안이 썰렁하게 남아 있다.

노디르 디반베기 메드레세

초이호나

호나코

쿠켈다쉬 메드레세

나스렛딘 호자

노디르 디반베기 메드레세 정문 앞쪽에는 중앙아시아 투르크 민족의 풍자시인 나스렛딘 호자의 우스꽝스런 청동상이 서 있다. 아마도 독립 이후에나 세워졌을 나스렛딘 호자의 익살스런 모습은 여행객의 웃음을 자아낸다. 원래 호자란 17세기 이래 중앙아시아의 이슬람 신비주의, 즉 수피즘의 장로長老를 존칭해서 부르는 이름이다. 이들은 성聖과 속俗, 양측에서 상당한 영향력을 행사해 왔으며, 오늘날에도 이들에 대한 존경과 전통이 중앙아시아 각지에 강하게 남아 있다. 나스렛딘 호자는 터키 아나똘리야 반도에서 카프카즈 남쪽, 중앙아시아 동쪽 동투르키스탄인 중국 신강성에까지 풍류시인으로 널리 알려진 인물이다. 그의 재치와 유머는 한국의 김삿갓 김병연을 능가하고도 남는다. 그에 관한 일화는 오늘날에도 이 일대에서 널리 회자되고 있다.

호자 나스렛딘 풍자상

천 년 역사의 유대 인 공동체

노디르 디반베기 앙상블 바로 옆에는 샤 루흐 운하가 동서를 가로질러 지나간다. 샤 루흐는 타직 어로 '칸의 강'이란 뜻이다. 약 2,200년 전에 건설된 것으로, 부하라의 도시 창건사創建史와 괘를 같이 하는 유서 깊은 운하이다. 부하라 시를 관통하는 이 운하는 현재도 사용된다.

라비 하우즈에서 샤 루흐 운하를 건너 남쪽 방향으로 가면 유대 인 공동체가 형성된 구역이 나온다. 부하라 유대 인 공동체는 천 년 이상의 역사를 지녔으며, 중앙아시아로 이주한 유대 인의 초기 정착지 중 하나이다. 미국의 전임 국무장관 올브라이트가 우즈베키스탄을 방문했을 때 찾았던 유대 인 공동체가 바로 부하라의 유대 인 집성 지역이다. 이곳에는 시나고가, 즉 유대 인의 교회도 있다.

유대 인 집거 지역으로 들어서면 작은 골목이 나오고, 골목을 쭉 따라가면 시나고가가 보이고 맞은편에 유대 인 문화센터가 자리 잡고 있다. 조금 더 안쪽에는 유대 인 어린이들을 위한 쉬꼴라*가 나온다. 대문을 열고 고개를 들이밀자 선생님인 듯한 사람이 나와 반갑게 맞이했다. 토요일이라 그런지 어린이들은 보이지 않았다.

우즈베키스탄이 구소련에서 독립한 이후 부하라에 살던 많은 유대 인들이 이스라엘로 미국으로 떠났다. 한때 부하라 지역에 만여 명의 유대 인이 살았으나 현재는 약 1,800명만 남아 있다.

부하라를 관통하는 샤 루흐 운하

---

* 러시아의 교육 제도하의 초중고교에 해당한다. 보통 11년제이며, 9학년까지 마치고 전문 직업학교로 가는 경우도 많다.

동서양이 만난 곳 굼바스

굼바스는 원래 복합적인 상가 건물을 구성하는 기다란 건물군群을 뜻하며, 건물 내에 통로가 있는 건물을 총칭해서 부르는 말이다. 샤 루흐 운하를 따라 쭉 가면 보이는 건물들이 모두 굼바스이다. 하나의 굼바스를 중심으로 부속 건물들이 딸려 있고, 굼바스에는 다른 굼바스와 연결되는 통로들이 나 있다. 굼바스의 천장은 하늘 높은 줄 모르고 솟아 갖가지 이슬람 건축 양식을 뽐낸다.

17세기 부하라에는 총 다섯 개의 굼바스가 있었다고 한다. 다섯 개의 굼바스는 모두 서로 연결되어 있어 비가 오거나 뜨거운 태양이 내리쳐도 아랑곳하지 않고 활동할 수 있었다. 굼바스에는 상점, 식당, 이발소 등 편의 시설들도 갖추어져 있다. 부하라를 지나가던 대상들에는 이란 인, 인도 인, 중국인, 아프간 인, 아르메니아 인, 아랍 인 등 다양한 민족이 있었다. 동서 양측이 만나면서 굼바스가 환전소 역할을 했고, 다양한 화폐의 환전이 이루어졌다고 전해진다.

라비 하우즈에서 샤 루흐 운하를 낀 첫 번째 굼바스는 1588년에 지어진 것이다. 아직도 튼튼한 건물 아래에서 상인들은 좌판을 벌여 물건을 팔고 있다. 또 다른 굼바스 부속 건물군에는 9세기경에 지어졌다는 목욕탕이 있다. 세계에서 가장 오래됐으며 현재까지 그 역할을 하는 목욕탕으로, 원래는 무슬림들이 예배를 보기 전 몸을 세정했던 장소이다. 뜨거운 돌인 '고르니'로 물을 데운다는 이 목욕탕에는 검은빛의 돌 위에 앉아 목욕하는 사람들로 훈기가 곳곳에 서려 있다.

1588년 지어진 첫 번째 굼바스 입구. 이곳에서부터 상가 건물 안으로 들어가게 된다.

마고키 앗타리와 울루그벡 메드레세

한때 부하라에는 메드레세가 200개 이상이나 있었다. 지금은 대부분 파손되거나 방치되어 본래의 역할을 잃어버렸으며, 그나마 양호한 상태로 남아 있는 메드레세는 40여 개이다. 기원후 1세기경에 건설되었다는 마고키 앗타리 성원은 타직 어로 '동굴 안쪽'이라는 뜻이다. 1936년 러시아 고고학자에 의해 발굴된 이곳은 원래 불교 및 조로아스터교의 종교 사원으로 만들어졌다. 훗날 이슬람에 의해 새롭게 개조되었고, 급기야 이슬람 성원으로 활용되었다. 지금도 불교와 조로아스터교의 흔적이 남아 있다.

마고키 앗타리 성원 주변에는 대상들의 숙소였던 카라반 사라이가 여럿 자리 잡고 있다. 대부분 16~17세기경에 지어진 것들이다. 길게 늘어선 사라이 앞에는 우즈베키스탄 소비에트 공화국 초대 대통령이었던 파이줄라 하자예프 흉상이 서 있다. 부하라는 거상의 아들로 태어나 투르키스탄의 독립을 위해 헌신했던 하자예프가 정치적 고향으로 삼았던 곳이다.

'울루그벡'이라는 명칭이 붙은 메드레세는 우즈베키스탄 전역에 세 개나 있다. 그중 두 개는 사마르칸드에 있고, 하나는 이곳 부하라에 있다. 15세기 초 아미르 티무르의 손자 울루그벡이 지었다는 울루그벡 메드레세는 한때 중앙아시아 최고의 신학교였다. 1652년에 건축된 압둘 아지즈 칸 메드레세를 정면으로 바라보고 있는데, 사마르칸드 레기스탄 광장 좌편에 자리 잡은 사마르칸드 메드레세와 여러모로 닮은꼴이다. 울루그벡 메드레세는 공통적으로 유난히 무슬림의 교육에 중점을 두었다. 다만 규모 면에서는 사마르칸드의 그것이 더 크고 웅장하다.

1 마고키 앗타리 성원
불교와 조로아스터교 종교 사원으로 만들어진 이곳은 후에 이슬람 성원으로 이용되었다.
2, 3 마고키 앗타리 성원에서 발굴된 조로아스터교의 납골함 앗수아리.

칼랸 미나레트와 성원

칼랸 미나레트는 부하라의 상징으로, 어디에서, 어느 각도에서 이슬람 유적을 찍든 반드시 카메라에 잡히는 건축물이다. 뿐만 아니라 부하라 이슬람 유적의 존폐 여부와도 큰 인연이 있으며, 건축에 얽힌 사연도 무수히 많다.

칼랸은 타직 어로 '크다, 웅장하다'라는 뜻이다. 미나레트는 첨탑^{尖塔}, 광탑^{光塔}으로 번역되며, 본래 역할은 예배를 알리는 장소였으나 사막의 길잡이인 등대와 같은 부차적인 역할도 했다. 칼랸 미나레트를 가까이 두고 있는 건물이 칼랸 마스지드이고, 광장을 낀 맞은편에 있는 건물이 미르 아랍 메드레세이다.

칼랸 미나레트는 높이가 47미터에 이르고 계단이 100개나 되며, 미나레트의 초석^{礎石}은 직경 9미터이다. 미나레트는 위로 올라갈수록 좁아지는 원주형으로 작은 벽돌을 14개의 층으로 나누어 서로 다른 방향으로 어긋나게 쌓아올렸다.*

칼랸 미나레트는 칼랸 성원과 다리 하나로 연결된 성원의 부속 건물이다. 미나레트 정상에는 16개의 창이 있고, 16명의 무이진^{예배를 알리고 인도하는 자}들이 나선형 계단을 타고 각각 창가로 나가 아잔^{예배를 알리는 소리}을 합창한다. 높은 곳에서 도시 저 멀리까지 울려 퍼지는 소리를 듣고 무슬림들은 칼랸 마스지드로 가서 하루 다섯 번 메카를 향해 예배를 본다.

부하라 울루그벡 메드레세
부하라 울루그벡 메드레세는 사마르칸드 레기스탄 광장의 울루그벡 메드레세와 많이 닮아 있다. 1982년 유네스코는 4월 18일을 세계문화유산의 날로 지정했는데, 우즈벡 정부는 이날을 국경일로 정해 해마다 역사적 건축물을 보수, 복원한다.

* 탑으로 본다면 전축(塼築)형에 속한다. 중앙아시아 이슬람 건축 양식은 대부분 벽돌을 쌓아서 지은 전축형 건물이다.

칼랸 성원
미나레트 가까이 있는 칼랸 마스지드와 미르 아랍 메드레세가 서로 마주보고 있다.

+ 높이가 높이인지라 칼랸 미나레트는 죄수들의 사형장으로도 활용된 어두운 이력을 갖고 있다. 18~19세기, 사형 집행을 위해 자루 속에 사형수를 넣고 탑 위에서 집어던졌다고 한다. 이 때문에 '죽음의 미나레트'라는 불명예스런 이름을 얻었다. 1884년을 마지막으로 죽음의 집행은 막을 내렸다.

✤ 중앙아시아 최대의 이슬람 성원인 칼랸 마스지드에서는 만 명이 넘는 무슬림들이 한꺼번에 예배를 볼 수 있다. 입구로 들어가면 성원 중앙에는 커다란 뽕나무가 자리 잡고 있고, 그 뒤편에는 예배를 인도하는 무이진이 자리하는 멘바르가 설치되어 있다. 멘바르 뒤에는 에메랄드빛 돔이 병풍처럼 서 있다. 1헥타르는 됨 직한 직사각형의 넓은 칼랸 성원 내부는 단조롭게 조경되어 있다. 중정 좌우에는 208개의 기둥이 천장을 떠받치고, 지붕은 288개의 반구형으로 모양이 나 있다.

미르 아랍 메드레세

부하라에서 가장 규모가 큰 미르 아랍 메드레세는 두 개의 푸른 돔을 갖고 있다. 벽을 장식한 청색과 흰색 타일을 적절히 조화시킨 모자이크 문양은 티무르 제국 말기의 문양으로 평가받는다.

정면에 위치한 칼럄 성원과는 달리 이층으로 이루어진 미르 아랍 메드레세는 교육 연한이 7년인 이슬람 신학교이다. 구소련 시절에도 신학교로 인가되어 지금까지 교육이 실시되고 있다. 중정을 둘러싼 회랑의 1층에는 회의실, 도서관, 식당 등이 자리 잡고 있고, 2층은 신학생의 기숙사로 사용된다. 시험을 통해 선발된 학생들은 아랍 어, 꾸란, 이슬람법을 공부했다.

미르 아랍 메드레세 정문으로 들어가면, 좌측에 이슬람 성자이자 선교사였던 미르 아랍의 무덤이 있다.

✢ 미르 아랍의 무덤이 있어 미르 아랍 메드레세라고도 불리는 이곳은 지금까지 교육이 계속되고 있는 이슬람 신학교이다. 두 개의 푸른 돔이 아름답게 빛나며, 부하라에서 가장 규모가 큰 메드레세이기도 하다.

차쉬마 아윱 무덤

현재 부하라에서 가장 성스러운 장소인 차쉬마 아윱은 구약성서에 나오는 인물과 관련이 있다. 차쉬마는 타직 어로 '샘' 혹은 '우물'이라고 한다. 전해 내려오는 말에 의하면, 구약성서의 등장인물인 예언자 욥이 부하라 주민들이 식수난으로 고생하자 자신의 지팡이로 내리쳐 샘물이 솟아나게 했다고 한다. 타직 어로 '욥'을 '아윱'이라 발음하기 때문에 차쉬마 아윱은 '욥의 샘'이 된다. 따라서 차쉬마 아윱 무덤은 '욥의 샘의 무덤'이다. 어찌 되었든 솟아나는 샘물로 부하라 주민들은 물 걱정 없이 살 수 있었고, 샘물이 솟아나는 이적이 있은 후 사람들은 이곳에 모여들어 그 신기함에 대해 감탄하고, 또 다른 이적을 바라며 기도하는 장소가 되었다.

현재의 차쉬마 아윱 무덤은 12세기에서 16세기에 걸쳐 지어졌다고 한다. 그래서 세 개의 지붕은 서로 다른 모양을 하고 있다. 한때 아윱의 샘물이 눈병 치료에 특효가 있는 것으로 알려지자 많은 사람들이 몰려들기도 했다고 한다. 그러나 그것도 부하라 지역에서 전염병이 창궐하면서 오래가지 못했다. 아윱의 샘물 역시 여러 하우즈와 마찬가지로 전염병 전파의 원흉으로 지목받았기 때문이다.

욥은 구약성서에 등장하는 인물이지만, 사실 이슬람의 경전 꾸란에도 등장한다. 차쉬마 아윱 무덤에서 기도하는 사람들은 대부분 무슬림이고, 그들은 이슬람의 기도 방식에 따라 꾸란을 암송하는 것으로 기도를 시작한다. 그런데 이슬람적 요소 못지않게 샤머니즘적인 특징도 있다. 검은 관과 같은 돌을 향해 기도하는 것이 그렇고, 복을 기원하는 것이 그렇다.

이스마일 사마니드 영묘

892년에서 943년까지 무려 반세기에 걸쳐 지어진 이스마일 사마니드 무덤은 이슬람 초창기 건축 양식을 그대로 간직한 중앙아시아에서 가장 오래된 건축물이다. 9세기 말 부하라를 점령하고 수도로 정한 사마니드 조의 이스마일은 아버지를 위해 이 무덤을 지었다. 그 후 자신과 후손들이 묻히면서 사마니드 조의 왕족 무덤이 되었다. 이곳은 주변이 평지인데다가 칭기즈 칸의 침입으로 주변 마을이 파괴되면서 거의 땅속에 묻혔다. 그러다 1936년 구소련 고고학자 자스킨이 이스마일 사마니드 무덤을 발굴하면서 세상에 드러났다.

햇볕에 일일이 말린 벽돌을 쌓아 올린 후 돔 지붕을 이은 단순한 구조지만, 외관은 보는 이의 시선을 끌기에 충분하다. 네 벽면을 다양한 문양이 새겨진 벽돌로 쌓아 올렸기 때문에 보는 각도에 따라 음영이 다르게 나타난다. 무덤을 건축한 자의 독창적인 기술과 미의식이 반영된 것이다. 무덤은 비가 오거나 눈이 오거나 천 년을 묵묵히 버티고 있다.

미국은 이런 독창적인 미의식에 반한 것인지 제2차 세계대전 당시 구소련이 고전을 거듭하자 이 무덤을 사겠다고 제의했다. 그리고 무덤을 네 등분하여 미국으로 옮기겠다고 했다. 그러나 다행히 사마니드 무덤은 지금도 그 자리에 잘 보존되어 있다. 거의 완벽하게 보존된 이스마일 사마니드 무덤은 약 5퍼센트 정도만 수리했다고 한다.

한편 사마니드 무덤 역시 영묘인지라 아이를 못 낳는 여자가 기도하고 임신을 했다는 이야기도 전해온다.

이스마일 사마니드 영묘

에미르의 궁궐 부하라 성

아르크 성城은 부하라 왕국의 칸인 에미르가 살았다는 곳이다. 아르크는 타직 어로 '커다란 궁궐'이란 뜻인데, 그럼에도 성으로 표기하는 것은 성 안에 아르크가 있기 때문이다. 아르크가 언제 어떻게 건축되었는지는 정확히 알 길이 없으나 현재의 건축 양식은 16세기에 이루어진 것이다. 한편에서는 7세기경에 축성되었다는 말도 있다. 성의 높이는 평균 20미터로, 이 또한 벽돌을 이용한 전축형이다. 널찍하고 든든하게 생긴 성벽 안에 에미르를 비롯하여 디반베기 등 3천여 명이 거주했다고 한다. 성이 축성된 이래 칭기즈 칸의 군대가 쳐들어오기도 했고 유목 우즈벡 족의 침입을 받기도 하여, 여러 차례 파괴되고 다시 건축하기를 되풀이 해왔다.

아르크는 부하라 다니얄 망기트 왕조*의 마지막 에미르 사이드 미르 알림이 1920년 소비에트 붉은 군대에 쫓겨 아프간으로 도망가기 전까지 살았던 성이다. 사이드 미르 알림은 1944년 12월 망명국 아프가니스탄에서 최후를 맞았다.

그가 살았던 아르크 성 중앙 입구에는 양쪽으로 죄수들을 투옥시켰던 감옥이 있다. 지금은 당시의 감옥 풍경을 밀랍인형으로 재현했는데, 사형을 집행하는 장면, 투옥된 죄수의 모습, 죄수들이 사용한 기구들이 전시되어 있다. 또한 아르크 성내에는 이슬람 성원과 박물관이 있으며, 에미르가 앉았던 옥좌와 집무실이 찾는 이들을 맞이하고 있다.

칼란 성원에서 바라본 아르크 성

---

* 부하라 왕국을 세운 왕조로, 창건자 다니얄 망기트의 이름을 따서 붙여졌다. 다니얄은 꾸란이나 성경에 등장하는 다니엘을 뜻하며, 망기트는 민족 명칭으로도 사용된다. 부하라 왕국 혹은 왕조라고 하면 역사학계에서는 으레 망기트 왕조라고 말한다.

아르크 정문

에미르가 살았던 아르크 성
든든한 성벽 안으로 3천 명이 거주했던 아르크 성은 축성 이래 여러 차례 다시 지어지며 부하라의 역사를 고스란히 간직한 곳이다.

히바 혹은 호레즘 Khiva or Khorezm

태양의 땅 히바

히바의 역사는 곧 호레즘의 역사라고 할 수 있을 만큼 정치·경제·사회·문화적 사건들과 연결되어 하나의 커다란 축을 형성해 왔다. '태양의 땅'이라 일컬어지는 호레즘 혹은 흐바리즘은 고대부터 농경민의 정착지로 각광을 받았고, 문화·역사적 중추 역할을 담당했다.

  이들 지역에 고대 관개 농업과 가축 사육이 실시되었던 시기는 기원전 2000년경까지 소급되는 신석기 시대 때부터이다. 기원전 8~9세기경 호레즘 지역 주민들은 이미 흙으로 지은 집^{토담집}과 같은 형태의 주거지를 지어 살고 있었다.

  기원전 5세기경에 이르러 히바는 아시아에서 가장 오래된 고대 도시 중 하나가 되었다. 수세기 동안 실크로드로 알려진 대상들의 행로는 히바에서부터 동쪽, 서쪽으로 뻗어 나갔다. 실크로드를 횡단하던 대상들은 히바 지역에 멈추어 잠시 휴식을 취하면서 시원하고 깨끗한 물로 목을 적셨다. 그러던 중 히바의 우물 맛에 반한 상인이 소리쳐 감사하며 신에게 외쳤다. "헤이 바르흐!" 이에 고무된 히바의 주민들은 자신들의 지역을 '히바르'라 부르게 되었다.

우즈벡 과학 아카데미 역사연구소 선임연구원 앗함 아쉬로프 박사는 히바의 역사를 이렇게 이야기했다.

"히바는 원래 사막이었습니다. 페르시아 사람들이 히바의 사막을 지나가다가 쉬게 되었습니다. 그때 꿈속에서 불똥이 날아들었습니다. 이를 길조로 여긴 히바 사람들이 불똥이 떨어진 자리를 팠더니 그 자리에서 물이 솟아났습니다. 사막에서 우물을 발견한 것입니다. 너무나 감격적인 일이었습니다. 이로써 히바는 우물을 갖춘 카라반 숙소가 되었습니다. 사람들은 이 우물의 물을 신이 선물한 '신성한 물'로 여기고 신에게 감사했습니다. 신성한 물을 지칭하는 아랍 어 어휘는 '헤이박'이라고 합니다. 그래서 오늘날 히바라는 명칭이 탄생했습니다."

히바 지역은 역사적으로 5세기부터 12세기까지 대략 다섯 시기 동안 도시가 형성되어 왔다. 10세기 후반에 이르러 히바는 성城의 일부가 되었는데, 이때 이미 히바의 성은 이찬 칼라*와 디샨 칼라라는 두 성벽에 의해 공고한 성채를 이루고 있었다.

---

* 투르크 어 이찬은 내부 혹은 안쪽, 칼라는 고대 투르크 어로 도시를 뜻한다. 따라서 이찬 칼라는 '안쪽 도시', '내부 도시'란 뜻이다. 주로 성 내부의 도시를 의미하고, 바깥에 있는 디샨 칼라와 구별하여 내성(內城)이라 할 수 있다. 디샨이란 어휘에 대해서는 정확한 뜻을 알 수 없으나 외성(外城)일 것이라 짐작한다.

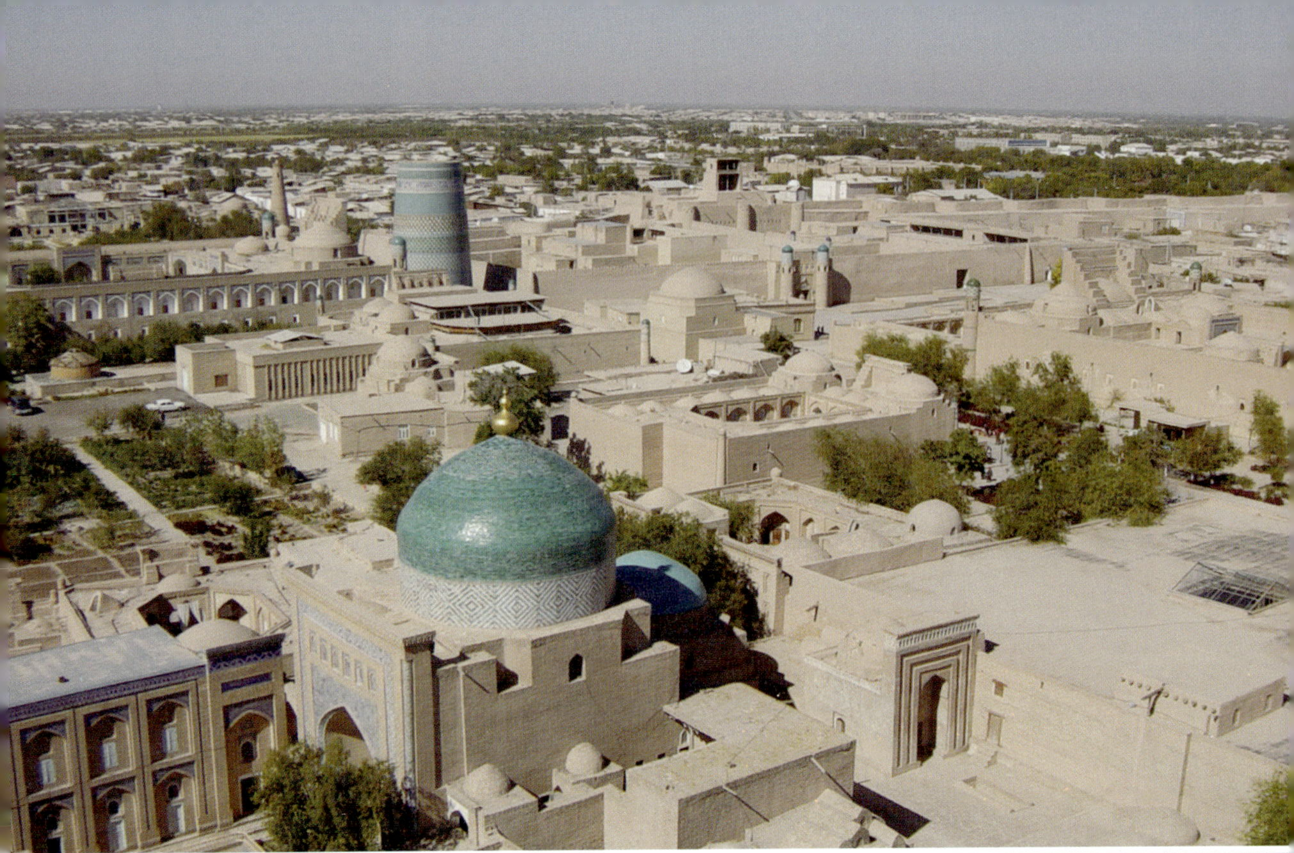

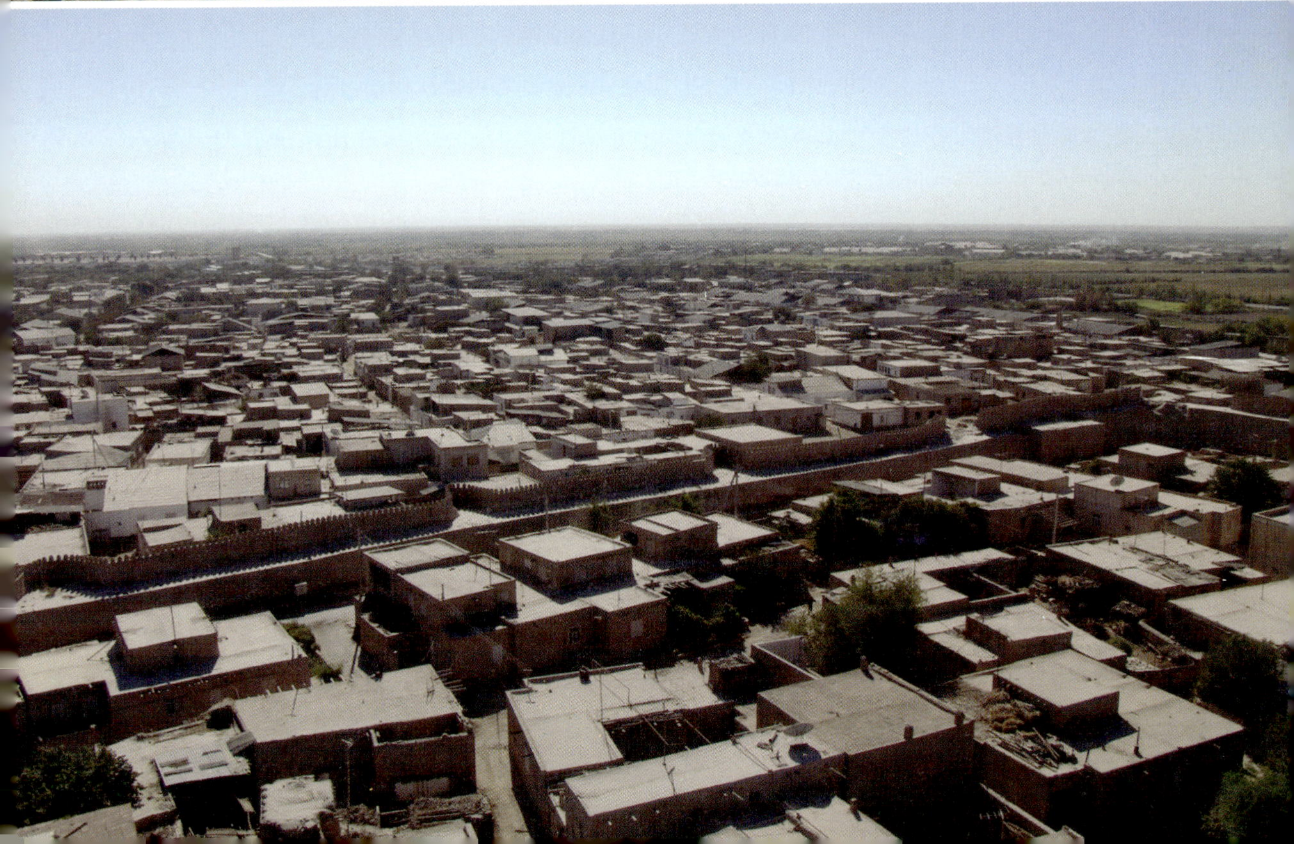

이찬 칼라와 디샨 칼라

1380년대 히바는 칭기즈 칸을 뒤이은 티무르 제국에 의해 정복되었다. 히바는 14세기 말에 증축된 이찬 칼라 성의 도움을 받아 티무르 제국의 중요한 거점 도시로 남았다. 당시 히바는 호레즘, 페르시아의 호라산으로 연결되는 무역로에 위치해 중앙아시아의 여러 도시와 서남 아시아, 러시아 남부의 볼가 강 지역과 긴밀한 관계를 형성하면서 발전해 나갔다.

이찬 칼라는 디샨 칼라의 축성법築城法을 훨씬 능가하는 수준으로 쌓아진 성으로 자연 숭배 사상이 반영되어 있다. 전설에 의하면, 이찬 칼라는 애초에 모래 언덕 위에 기반을 다지고 있었다고 한다. 햇볕에 말려서 만든 동일한 크기 40×40×10센티미터의 벽돌로 수세기에 걸쳐서 여러 차례 쌓아 온 성벽이다. 이찬 칼라의 높이는 대략 8미터에서 10미터 내외이며, 성벽의 넓이는 6미터에서 8미터 정도이다. 성벽의 길이는 2,250미터나 된다. 그러나 규모로 본다면 그렇게 큰 성은 아니다.

이찬 칼라 성벽에는 30미터 간격으로 튀어나온 진지陣地용 둥근 탑들이 힘차게 버티고 서 있다. 외부의 침입에 대비한 탑이자 방어를 위한 진지 역할을 한다. 탑과 성벽의 맨 꼭대기에는 톱니 모양의 난간을 설치해 성이 포위 공격을 당할 때에도 적에게 빈틈을 보여 주지 않도록 했다. 성채의 방어 시스템은 물을 채운 도랑해자, 垓字에서도 나타난다.

보편적인 성문의 역할처럼 히바 성의 성문들도 도시 방어 차원에서 만들어졌다. 독특한 모양을 하고 있을 뿐 아니라 경비병들이 도시를 보호하기에 적합하도록 특별하게 설계되었다. 성문은 아치형으로 양쪽이 둥글

고대 도시 히바
고대인들이 기원전부터 토담집을 지어 살던 히바는 수세기 동안 실크로드 대상들의 휴식지 역할을 했다. 이곳에 건설된 이찬 칼라는 성 내부의 도시를 의미하며, 사진에서도 이를 한눈에 확인할 수 있다.

게 되어 있어 갑작스런 일격一擊에 대비하도록 했으며, 문 위에 망루가 설치되어 주변을 조망할 수 있도록 했다. 각각의 통로는 돔형 지붕으로 덮여 있고, 그 안에는 경비실, 관제실, 법률 사무소, 어떤 곳에는 감옥도 나란히 놓여 있다.

원래 이찬 칼라에는 문이 네 개 있었다. 디샨 칼라에는 총 열 개의 문이 있었으나 현재는 세 개만 남아 있다. 모든 문들은 밤새 잠겨 있다. 이 문들은 중세 도시의 삶에서 안전에 큰 역할을 했으며, 도시의 독특한 미관을 북돋우어 주기도 했다.

서문西門은 특별히 '오따 다르보자'라고 부른다. 오따는 아버지나 아저씨를 의미하고, 다르보자는 '출입구' 혹은 '문'을 뜻한다. 서문 안쪽에는 이찬 칼라가 1990년 12월 10일 세계문화유산으로 지정되었다는 안내판이 있다.

1 이찬 칼라 내부
2 오따 다르보자
3 오따 다르보자 안쪽
4 망루에서 본 도시 전경
5 외부 성벽

칼타 미나레트

하늘 높게 솟아 있는 거대한 원기둥처럼 생긴 것이 바로 칼타 미나레트이다. 히바 사람들은 칼타 미나레트를 아직도 '콕 미노라'라고 부른다. 콕은 투르크 어로 '푸른, 파란'이란 뜻이다. 미나레트를 미노라라고 하니, 콕 미노라는 '푸른 첨탑'이란 뜻으로 풀이된다. 여기에는 미나레트의 외형적인 특징인 색채감이 반영되어 있다. 또한 칼타가 '짧은'이란 뜻을 갖고 있기 때문에 칼타 미나레트는 '짧은 첨탑'이 된다.

칼타 미나레트
도시 한가운데 푸른색으로 우뚝 솟은 원형 탑이 바로 칼타 미나레트이다.

칼타 미나레트 바로 옆에는 꼬흐나 아르크가 있다. 꼬흐나는 '옛, 낡은, 오래된'이란 뜻이며, 아르크는 궁궐을 말한다. 꼬흐나 아르크는 이찬 칼라라는 내성 안에 자리 잡은 성城 속의 궁전으로, 히바의 칸이 살았던 곳이다.

한편 꼬흐나 아르크에도 하렘이 있다. 하렘은 궁궐에서 여성들만이 머무는 방이며, 별도의 통로를 갖고 있었다. 한때 이곳에는 수십 개의 방들이 있어 오직 칸과 그의 여자들만이 출입했다고 한다. 물론 칸의 부인과 다른 여자들이 서로 만날 수 없게 칸의 부인을 위한 방은 성의 남쪽에 있었고, 그 외의 여자들은 북쪽에 위치했다.

주마 이슬람 성원

주마 이슬람 성원은 중앙아시아의 이슬람 성원 중에서 가장 클 뿐 아니라 가장 유명하고, 신비한 종교 건축물이다. '주마'는 금요일을 뜻하며, 이는 주마 성원이 이슬람의 금요일 대예배를 위해 만들어졌다는 것을 의미한다. 이슬람의 주일을 위해 만들어졌다는 것은 성안의 모든 무슬림들이 예배에 참여할 수 있을 만큼의 수용 시설을 갖추고 있다는 것이다. 주마 성원에서는 한꺼번에 5천 명의 무슬림이 기도를 올릴 수 있었다고 한다. 놀라운 것은 5천 명의 무슬림들이 금요일 예배를 마치고 성원을 빠져나가는 데 불과 십여 분밖에 걸리지 않는다고 한다.

주마 성원은 213개의 느릅나무 기둥이 떠받치고 있는 단일 공간이다. 이 느릅나무는 호레즘에서만 자라는 나무이다. 성원 안의 넓이는 가로 55미터, 세로 46미터이며, 천장에는 햇빛과 통풍을 위한 창이 나 있다. 약 3미터 간격으로 천장을 지탱하고 있는 5미터 높이의 나무 기둥들에는 다양한 주제의 아라베스크 문양이 양각되어 있다. 다양하게 엮인 천장은 빈틈 하나 없이 하늘을 떠받치고 있다.

이슬람 호자 미나레트
꼭대기가 고깔처럼 생긴 탑이 이슬람 호자 미나레트이다.

+ 이찬 칼라 성안에서 5천 명의 무슬림들이 한꺼번에 기도를 올릴 수 있는 곳은 주마 성원이 유일하다. 주마 이슬람 성원은 10세기경에 처음 건축되었다는 주장이 있으며, 지금의 건물은 18세기 후반 압둘 라흐만 칸이 기부금을 출연하여 세운 것이다. 성원 내부는 호레즘에서만 생산되는 느릅나무 기둥 213개가 지탱하는 단일 공간이다. 각 기둥에는 다채로운 아라베스크 문양이 양각되어 있다.

타직 민족의 섬 **누라타**

호레즘과 만나는 접경 나보이 주에 누라따라는 작은 도시가 있다. 사방이 반사막으로 둘러싸인 곳에 홀로 조용히 뜨거운 태양을 받으며, 작은 오아시스 천(川)을 따라 생겨난 곳이다. 도시 뒤편에는 작은 구릉이 병풍처럼 둘러서 있다. 해발 524미터에 위치한 누라따 시는 이슬람의 선지자 무하마드가 죽은 후, 9세기경 바그다드의 칼리프가 보낸 이슬람 선교사 세이흐 아불 하산 누리에 의해 중앙아시아 선교의 전초 기지로 세워졌다고 한다. 누라따는 '누르'와 '아따'의 합성어로, '누리 아저씨'란 뜻이다.

약 3만 5천 명이 살고 있는 이 작은 도시에 타직 민족이 90퍼센트를 넘게 차지한다. 타직 민족의 '민족의 섬'이라고 부를 수 있을 정도로 이곳에 몰려 살고 있다. 그런데 주변은 온통 카작 민족과 우즈벡 민족뿐이다.* 그래서 타직 어, 우즈벡 어가 공용어로 사용된다.

이 작은 도시의 한가운데 두 개의 이슬람 성원이 있다. 한 곳은 16세기경에 세워진 것이고, 또 한 곳은 9세기경에 건축된 것이다. 각 성원은 여러 채의 건물로 구성되어 있으며, 증축과 개보수를 거쳐 오늘날의 모습을 하고 있다. 조로아스터교의 흔적도 남아 있는 이곳은 명실공히 이슬람과 토착 종교인 애니미즘이 결합된 공간이다.

그러나 금요일 대예배에는 반드시 한가운데 언덕에 위치한 주마 마스

고즈넉한 도시 누라따
오아시스와 구릉, 사막으로 둘러싸인 작은 도시 누라따는 중앙아시아 이슬람 선교의 전초 기지였다.

---

* 누라따는 타직 민족이 중심인 도시이고, 그 주변의 작은 마을에서 살거나 유목 생활을 하는 민족들은 대부분 우즈벡이나 카작 민족이다. 누라따는 우즈벡 민족이 사는 주변 지역에 비해 타직 민족의 비율이 월등히 높기 때문에 '민족의 섬'이라고 부를 만하다.

지드*에서 예배를 드린다.

이 도시에서 제일 오래된 이슬람 성원 바로 뒤에는 우물이 하나 있다. 아니, 우물이라기보다는 오히려 연못에 가깝다. 연못은 깊이 3미터, 가로 15미터, 세로 25미터이며, 물맛이 그리 특별하지는 않다. 투명하고 맑은 연못에는 누라따 지역에서 신성시되는 물고기 마린까가 살고 있다. 이슬람 성원의 성직자인 물라 아저씨에 의하면, 3,500년 동안 이곳에 존재해 온 물고기라고 한다. 겨울이나 여름이나 언제나 일정하게 19.5도의 수온을 유지하며, 매 초당 230리터의 물이 연못 바닥에서 솟아난다.

이슬람 성원 뒷산에는 성채가 우뚝 솟아 있다. 이것은 알렉산드로스 대왕이 중앙아시아를 공략하기 위한 전초 기지로 세운 것이라고 한다. 성벽은 18킬로그램이나 되는 흙벽돌을 쌓아 만들었는데, 지금은 다 허물

1, 2 마린까의 먹이는 자주개나리과의 식물이다. 이곳 사람들은 마린까가 중앙아시아 우즈베키스탄에서 오직 이곳에만 산다고 생각한다. 자연 숭배 사상의 하나인 물고기 숭배는 이곳 외에도 우즈베키스탄 카쉬카다르야 주에 특별히 발달해 있다.

* 주마 마스지드, 즉 주마 이슬람 성원은 중앙아시아 여러 곳에 있다. 예배를 보는 요일인 금요일을 의미하는 '주마'와 성원이 결합한 것이기 때문이다. 히바의 이찬 칼랴에도 주마 마스지드가 있고, 누라따에 있는 이슬람 성원 중 중심에 있는 것을 주마 마스지드라고 부른다.

어졌다. 현재 남아 있는 것은 성벽과 성벽을 연결해 주던 성채 일곱 개뿐이다. 성채를 지을 때 낙타 젖을 섞어 만들었기에 아직까지 튼튼하게 버티고 있다. 일곱 개의 성채는 마치 밤하늘의 북두칠성을 연상시키는 모습으로 세워졌다. 매년 7월 22일이면 어김없이 밤하늘의 북두칠성이 마치 일곱 개의 성채와 키스라도 하듯이, 서로의 별과 성채를 나란히 연결시킨다고 한다. 밤하늘에 높이 솟아 있는 북두칠성이 땅위의 인간이 만든 구조물과 일 년에 한 번씩 뜨거운 만남을 지속하고 있다.

3, 4 연못 위쪽에는 세이흐 아불 하산 누리의 사당이 있다.

이슬람 성원 뒷산의 성채
알렉산드로스 대왕이 중앙아시아를 공략하기 위한 전초 기지로 세운 이 성벽은 오늘날 다 허물어졌고, 현재 일곱 개의 성채만이 남아 있을 뿐이다.

샤머니즘적 기복 신앙이 남은 신수

물고기 숭배 성소를 찾은 누라따 사람들

2장 카자흐스탄

+ 세미레치에와 알마아타 *Almaty*

+ 변방의 고대 도시들

+ 아랄 해와 카스피 해 *Aral Sea Caspian Sea*

+ 이식 Issyk   + 투르키스탄 turkistan

+ 오스케멘 Oskemen

카자흐스탄

Kazakhstan

사과마을 아저씨와 유목민, 알타이 문화의 계승자

동서 길이 3,000킬로미터, 남북 길이 1,600킬로미터에 육박하는 어마어마한 영토의 카자흐스탄은 중앙아시아 다섯 개 나라 중 가장 넓은 곳으로, 북쪽으로 러시아, 동쪽으로 중국과 몽골, 남쪽으로 키르기즈스탄, 우즈베키스탄, 투르크메니스탄과 어깨를 마주하고 있다.

광대한 영토를 가진 만큼 카자흐스탄에는 다양한 유목 문화가 존재했다. 지금도 동부의 알타이 산지, 동남부의 천산산맥, 서부의 카스피 해 연안 지역, 북부 러시아 국경 지역 등에는 여러 민족이 저마다 고유의 문화유산을 간직한 채 살고 있다. 아스카멘, 알마아타, 투르키스탄, 침켄트, 크즐오르다, 악따우, 아띠라우, 아스타나 등 곳곳에 다양한 문화적·민족적 정취를 가진 도시들이 있다.

또한 카자흐스탄은 깜짝 놀랄 만큼 풍부한 자연환경을 가지고 있다. 카스피 해, 아랄 해, 발하쉬 호수, 깝차가이 저수지 등 넓은 호수와 강, 저수지들이 생명력을 가지고 넘실댄다. 천산의 기다란 자락들이 마치 병풍처럼 도시를 감싸고 있으며, 그곳에서 온갖 계곡과 강들이 메마른 대지를 적시기 위해 흘러내리고 있다.

이런 천혜의 자연과 다양한 문화 속에서 풍성하고 웅장한 신화와 전설이 탄생해 오늘날 카자흐 초원에 울려 퍼진다. 그리고 메마른 땅을 흐르는 물길을 따라 이야기들은 생명력을 얻어 간다.

수도 아스타나
정부 대통령제
민족 카작 인(53.4%), 러시아 인(30%), 우크라이나 인(3.7%), 우즈벡 인(2.5%), 독일인(2.4%)
종교 이슬람교(47%), 러시아정교(44%), 개신교(2%)
공용어 카작 어, 러시아 어
면적 2,724,900㎢
인구 15,217,700명(2006년 기준)
통화 텡게(Tenge, KZT)
독립 소련으로부터 독립 1991년 12월 16일

카자흐스탄의 지리 환경과 문화

카자흐스탄은 넓은 영토를 자랑한다. 국토의 동서 길이는 3,000킬로미터에 육박하고, 남북의 길이는 1,600킬로미터나 된다. 프랑스, 포르투갈, 그리스, 이탈리아, 스웨덴, 핀란드 등을 합친 면적에 버금간다. 한반도의 12배에 달하는 어마어마한 크기이다. 1991년 12월 구소련에서 독립하기 전에도 카자흐스탄은 중앙아시아 5개국 중에서 가장 큰 나라였다. 북쪽으로는 러시아 연방과 접해 있고, 동쪽으로는 중국, 몽골과 어깨를 맞대고, 남쪽으로는 키르기즈스탄, 우즈베키스탄, 투르크메니스탄과 국경을 두르고 있으며, 서쪽으로 카스피 해라는 큰 내륙 바다와 닿아 있다.

넓은 땅덩어리만큼이나 기후대도 다양하고, 영토 내에서 시차도 2시간이 난다. 대체로 건조한 초원 지대를 형성하고 있으나, 동부와 북부는 시베리아 기후대, 남동부는 천산의 고산 지대 기후를 나타낸다. 서부로 가면 카스피 해에 이르는 전형적인 저지대 기후를 보여 준다. 서부 저지대에는 천연자원의 보고로 알려진 카스피 해가 있고, 동중부에 오면 발하쉬 호수가 있다. 사라져 가는 아랄 해는 우즈베키스탄과 거의 절반씩 나누어 가지고 있지만, 카자흐스탄 쪽 아랄 해는 최근 다시 수량이 증가하고 있다는 반가운 소식도 들린다.

동남부의 칸 텡그리 산은 해발 6,995미터에 이르는 카자흐스탄 최고봉이다. 동부 지역은 알타이 산지와 천산을 연결해 주는 지역으로, 황량한 초원 지대보다 기후나 경제 여건이 훨씬 우월했기에 고대 문화의 흔적들은 대체로 동부와 동남부에 밀접해 발견된다. 석기 시대부터 인류가 거주하기에 적합한 자연환경과 기후를 갖추고 있었다.

카자흐스탄은 과거부터 키르기즈와는 문화적으로나 체질적 혹은 민족적으로 호형호제하리만큼 친근하다. 원래 카자흐 민족은 '키르기즈 카이삭', '카이삭 키르기즈', '카작 키르기즈'라고 불리다가 '카작' 혹은 '카자흐'라 불리게 되었다.*

카자흐 민족의 기원이 불분명한 것은 이들이 유목민이었고, 특별한 기록을 남겨두지 않았기 때문이다. 그러나 15세기 초에 군사력을 가진 중앙아시아 초원 지대의 유목 집단을 '카자흐'라고 칭했던 것은 명백해 보인다. 주로 카스피 해 북부 지역에서는 용감한 유목민, 유목적 전사, 초원의 자유 유목민을 지칭했다. 그런데 여기서 민족을 지칭할 때 통상 기준 혹은 준거로 사용하는 혈연에는 큰 의미가 없고, 특정 집단이나 사회 계층, 지역 명칭 등에 근거한 문화적 개념이 더 중요하다. 실제로 카자흐 민족은 훗날 '중앙아시아 투르크계 유목민이 세운 칸국을 구성한 투르크화된 부족'이라는 정치적 의미를 가진다.

17세기 중반에 카자흐 민족은 세 개의 작은 민족 집단으로 다시 분할됐으며, 이 민족 집단은 '쥬즈'라는 이름으로 불렸다. 오늘날 카자흐스탄 영토를 기준으로 대쥬즈는 동부 지역, 중쥬즈는 중부 지역, 소쥬즈는 서부 지역에서 거주하게 되었다. 우리나라에서 혼인하거나 혈통을 따질 때 본과 가계를 물어보는 것처럼 카작 민족 역시 서로 출신 쥬즈를 따지며, 쥬즈 사이의 갈등은 오늘날까지 남아 소위 중상류층으로 올라갈수록 더 심화되는 경향이 있다.

한편 카작 민족과 몽골 민족, 중앙아시아 최고最古의 민족인 키르기즈 민족과의 역사적 관계 역시 조명해 볼 필요가 있다. 칭기즈 칸의 손자 바투가 다스렸던 백장칸국의 영토는 세미레치에를 비롯하여 이르티쉬 강, 아랄 해 동부 지역에까지 이르렀으며, 킵착, 잘라이르, 나이만, 쿵그라트 등 유목민과 반유목민을 포함한 다양한 민족을 아울렀다. 이들은 당연히 문화적으로 동질성을 갖고 언어적으로는 킵착 어를 사용했다고 한다. 이를 근거로 카자흐 학계에서는 오늘날 '몽골 제국 칭기즈 칸의 진정한 후예는 몽골의 몽골 인이 아닌 카작 인이다'라는 역사적

---

* 이는 제정 러시아의 시베리아 정복에 앞장섰던 카자크(혹은 코사크) 민족과는 완전히 다르다. 카자크는 우크라이나 키예프 초원에서 무장한 농민이 용병으로 발전한 민족이다. 따라서 숄로호프의 장편소설 《고요한 돈 강》에 나오는 카자크는 카자흐스탄의 카자흐와는 다른 민족이다.

근거를 제시한다.

한편 기원전 흉노에게 쫓겨 온 월지를 비롯하여 여러 민족과 혼혈된 키르기즈 민족은 15세기 초에 이르러 카작에서 완전히 분리해 키르기즈스탄 지역을 터전으로 삼았다. 그 후 키르기즈 민족은 나누어져 일부는 카작, 일부는 키르기즈에 소속되어 오늘날까지 지속되고 있다. 그런데 역사적으로 키르기즈가 훨씬 더 유구하고 규모 면에서도 더 컸다면, 오늘날에는 카작이 키르기즈보다 더 큰 세력을 갖게 되었다. 정치적·인구학적 역전 현상이 일어난 것이다.

이렇게 다양한 민족이 이합집산하며 카자흐스탄 땅에서도 신화와 전설이 탄생하고 전파되면서 무궁한 이야기들이 발전했다. 그리스 로마 신화에 버금가는 풍성하고 웅장한 이야기들이 카자흐 초원에 울려 퍼지기도 하고, 서사시로 발전하여 카자흐 민족 자손에게 전승되었다. 아

무리 메마른 땅일지라도, 그 땅에 흐르는 수맥을 따라 사람들의 이야기는 강인한 생명력을 얻어가고 있다. 때문에 투르크계 민족인 카자흐의 이야기는 오늘날도 계속된다.

카자흐 민족과 쥬즈

카작 민족은 투르크계 민족군에 속한다. 아나똘리야 반도의 터키나 우즈베키스탄의 일부 투르크계 민족들이 페르시아나 유럽 민족들과의 오랜 혼혈로 원래 모습*과는 많이 변한 체질적 특징을 지닌 반면, 카작 민족은 지리적 인접성 등으로 몽골과 상당히 비슷한 모습을 하고 있다. 이러한 체질적·역사적 특징들은 지금의 카작 민족과 오랫동안 외부 민족과 혈연적 교류가 비교적 적었던 우리 한민족과의 친근성을 잘 나타내 준다. 뿐만 아니라 언어학적으로도 동일한 어군語群인 알타이 어계에 속한다.

오늘날의 카자흐스탄은 예부터 동서양이 만나기 위해서는 경유해야 하는 중간 지대였다. 드넓은 카자흐 초원은 역사와 문화의 충돌, 혼합, 동맹이 펼쳐진 유목 민족들의 무대였다.

1450년대 말에서 1460년대 말에 걸쳐 세미레치에 지역으로 한 무리의 유목민들이 몰려들면서 자신들을 '카자흐'라고 부르기 시작했다. 세미레치에는 오늘날의 알마아타 주에 속하는 지역이다. 당시 이들은 여러 민족으로 구성된 유목 우즈벡 연합체의 지배를 받고 있었는데, 유목 사회의 내부 분쟁과 분열로 연합체에서 이탈해 이 지역으로 왔다. 그 후 이들은 카작 민족 최초의 군주 킵착 칸국의 후예인 카심 칸의 지배를 받았다. 카심 칸은 카자흐스탄 전역에 걸쳐 지배권을 처음으로 확립했으며, 이로써 카작 칸국이 시작된 셈이다. 당시 카작 칸국의 영역은 우랄 산맥 서부와 카스피 해 북안에서 동쪽으로는 발하쉬 호수에 이르는 땅이었다.

카자흐 민족의 이름은 투르크 어에서 나왔는데, '분리하다, 자르다'란 의미이다. 즉 카자흐 민족이 다른 민족에서 분리되어 나온 사람들로, '자유인' 혹은 '자유로운 사람'이란 뜻이다.

---

*원래 모습은 오늘날 몽골 인과 비슷할 것이라 추정된다.

이렇게 이탈한 카자흐 민족은 오늘날의 카자흐스탄 지역에 할거하였고, 16세기 들어 카자흐 시조 신화 속 민족의 조상 알라쉬가 낳은 세 아들의 연령순에 따라 세 개의 쥬즈를 형성했다. 쥬즈의 정확한 어원과 의미는 알려져 있지 않으나 카작 민족의 씨족 집단을 분류할 때 사용된다.

제일 넓은 지역에 살았던 쥬즈는 추 강, 탈라스 강 유역을 중심으로 발하쉬 호수 남부 지역, 일리 강에서 시르 다르야까지 펼쳐진 광활한 지역에서 살았던 대大쥬즈이다. 오늘날 알마아타 지역이 대쥬즈에 속했다. 두 번째로 규모가 큰 중中쥬즈는 킵착, 나이만, 쿵그라트, 케레이 등의 부족으로 구성됐으며, 세력이나 수적인 면에서 가장 강성했다. 이들은 주로 시르 다르야 지역, 키르기즈 초원과 발하쉬 호수 북쪽 지역을 거점으로 삼았다. 세 번째 소小쥬즈는 시르 다르야 하류, 아랄 해 지역과 카스피 해 북쪽 지역에서 유목하였다. 오늘날의 우즈베키스탄 자치 공화국 카라칼팍 지역이 소쥬즈가 활동했던 무대이다.

15세기 중엽에 이미 카작 칸국을 형성했던 카작 민족은 대부분 대쥬즈에 속했던 민족들이다. 이후 중쥬즈와 소쥬즈에 속했던 민족까지 차례로 카작 칸국에 흡수되었다.

각 쥬즈를 형성하고 있었던 카작 민족들은 서로 친밀한 관계를 갖고 있으며, 동일한 지역에서 유목 생활을 하기도 했다. 세 쥬즈는 정치적 사안에 따라 통합과 갈등을 반복하면서 각자의 길을 걸어왔으며, 이들 사이에 변별성은 상당히 떨어진다. 오늘날 우즈벡 민족과 카작 민족의 차이는 같은 우즈벡 민족 간의 차이보다 더 적으며, 카작 민족 사이의 구별성도 적다. 중쥬즈를 구성했던 민족 중 일부는 오늘날 카작 민족으로, 일부는 우즈벡 민족으로 불리며 살아간다.

알마아타 지역에서는 아직도 자신의 출신 쥬즈에 대해 상당한 자부심과 명예를 갖고 있는 사람들을 만날 수 있다. 비록 같은 카작 민족이더라도 쥬즈가 다르면 어느 정도 적대적이거나 혹은 호의적인 면모를 보이며, 각 쥬즈의 문화적 전통이 아직도 살아 움직인다. 또한 쥬즈 내에서만 혼인을 하는 족내혼을 전통으로 삼고, 이를 어길 경우 엄청난 갈등이 발생하기도 한다. 이는 유목 민족의 가계 계승 원칙에 기인한 것이다. 원래 유목 민족은 막자 상속을 원칙으로 하며, 가계도 막자에게 계승된다. 그러나 카자흐 민족은 최초의 조상 알라쉬의 막자인 셋째 아들에게 가계가 계승되지 않은 것으로 보인다. 그래서 막내인 소쥬즈는 대쥬즈와 중쥬즈에게 오랜 불만을 갖고 갈등을 일으켜 왔으며, 대쥬즈와 중쥬즈는 소쥬즈를 차별하고 천대하는 경향이 있다. 이러한 관계가 쥬즈 간의 전통으로 남아 지속되고 있다고 여겨진다.

한편 오늘날 쥬즈만으로 지역을 변별력 있게 나누기는 상당히 어렵다. 전통적으로 알마아타에는 대쥬즈 소속의 카작 민족이 대부분이라 해도, 소쥬즈나 중쥬즈의 구성원이 전혀 없는 것은 아니기 때문이다. 더구나 유목적 생활 양식은 본거지를 이동하는 것이다. 이는 시기와 시대에 따라 유동적이라는 뜻이다. 그래서 학자들마저 지역과 쥬즈와의 관계에 대한 분명한 의견 일치를 보이지 못하고 있다. 근대에 들어 이러한 경향이 약화되고는 있으나 전통 집단, 씨족적 공동체 속에는 쥬즈에 대한 강한 향수가 남아 있기도 하다. 오늘날에도 자신의 가계가 속한 쥬즈에 대한 자부심을 갖고 쥬즈의 전통에 따라 자식들을 가르치기도 한다.

세미레치에와 알마아타 *Almaty*

알마아타의 **역사**와 **문화**

천산산맥에서 발원한 일곱 개의 작은 강이 알마아타 주를 흘러가면서 형성된 도시가 바로 알마아타이다. 모두 일곱 개의 강이 산 위에서 또는 산 옆에서 흘러가면서, 산비탈에 작은 도시를 만들어 놓았다. 스텝 지역인 세미레치에 지역은 알마아타라는 도시의 자연경관을 이해하는 데 중요한 단서가 된다. 세미레치에는 '일곱 개의 천川'을 뜻하는 러시아 어이고, 이곳 사람들은 카작 어로 '제투수' 즉, '일곱 개의 물길'이라고 부른다. 이 일곱 개의 강은 북쪽으로 흘러 발하쉬 호수로 들어간다.

세미레치에와 천산 북로로 이어지는 알마아타는 중국과 서역을 잇는 실크로드의 한복판에 자리 잡고 있다. 서역으로 가는 물품이 반드시 거치며 중계 무역의 길목이자 알타이 문화권과 시베리아 문화권이 만나는 접점이기도 하다.

❀ 도시의 시작

알마아타는 처음 제정 러시아의 군 요새로 출발하였다. 18세기 중엽 러시아 군대가 동쪽으로부터 준가르 족을 방어하기 위한 요새를 지금의 알

+ 카자흐스탄은 국토 대부분이 황량한 초원 지대이다. 초원 한가운데에서 느껴지는 고독과 적막감은 죽음보다 무섭게 다가온다. 그런 카작의 영토를 어머니의 품안에 안듯이 감싸며 휘돌아 나가는 자연이 있다. 이르티쉬 강은 중국 알타이에서 카자흐스탄 동부를 적시며 시베리아로 나아간다. 우랄 강은 아시아와 유럽을 나누는 경계선이 되어 두 대륙을 조화롭게 하며 북극해로 흘러간다. 천산에서 발원한 시르 다르야는 키르기즈스탄과 우즈베키스탄을 카자흐스탄으로 연결하며, 마침내 아랄 해의 수량이 넘치게 만든다. 키르기즈스탄의 이식쿨 호수에서 시작되는 추 강은 키르기즈의 추이 주에서 카자흐스탄의 영토로 진입해 건천이 된다.

중국 서부 신강 자치주에서 흘러온 일리 강은 카자흐스탄이 신장 위구르와 문화적 친연 관계를 맺어왔다는 것을 방증하듯 묵묵히 카자흐스탄의 동남부 지역으로 흘러 깝차가이와 조우한다. 키르기즈스탄의 알라따우 맑은 물이 한여름 설산과 만나 형성된 탈라스 강은 역사의 외침에도 묵묵히 카자흐스탄 서남부 지역으로 흘러갈 뿐이다.

마아타 지역에 건설하였고, 1855년 12월 니콜라이 1세가 이 요새를 '베르니 요새'라고 명명했다. 요새는 1867년에 작은 도시로 발전했으며, 1921년에 이르러 베르니 시는 투르크 어로 '사과^{알마} 아저씨^{아타}'란 뜻인 알마아타로 개명되었다. 왜 이런 이름이 붙었는지는 아무도 모른다. 알마아타에서 사과나무를 유난히 많이 재배하는 것은 아니고, 이 지역 사과가 특별히 맛이 좋은 것도 아니며, 여기서만 재배하는 것도 아니기 때문이다.

한편 알마아타는 처음부터 카자흐스탄의 수도가 아니었다. 1925년 카자흐스탄 자치 공화국이 성립되었을 때, 수도로 선포되었던 도시는 끄즐오르다였다. 카자흐스탄 서부 아랄 해 부근의 사막 도시이다. 1929년 5월 알마아타는 카자흐 자치 공화국의 수도로 발전했으며, 1936년 12월에는 카자흐스탄 소비에트 사회주의 공화국의 수도, 1991년 구소련에서 독립한 후에는 카자흐스탄 공화국의 수도가 되었다.

✿ 풍요로운 자연환경

알마아타가 한 국가의 수도로 성장하고 발전해 나간 것은 알마아타의 자연환경과 관련 있다. 유목을 할 때는 일시적인 정주를 위한 자연 조건만 갖추어지면 된다. 그러나 정주 문명이 탄생하여 지속되기 위해서는 그에 걸맞은 자연환경이 요구된다. 알마아타의 자연환경, 특히 식물군은 중앙아시아의 다른 초원 지대와는 다른 양태를 보인다.

나는 이것이 이곳 사람들의 체질, 즉 신체적인 특징과 관련이 있다고 생각한다. 천산산맥의 식물군은 멀리서 보기에도 주변과 확연히 구별된다. 참나무, 백일홍, 미루나무, 삼동추류, 씀바귀류, 무궁화류, 접시꽃, 강

아지풀 등의 식물군은 물론, 까치, 개미, 참새, 까마귀 등 우리에게 낯익은 동물들이 자주 발견된다. 알마아타 지역의 풍부한 수자원과 맑은 날씨는 한국보다 더 풍요로운 기후대를 형성하고 있지만, 이것을 감안하더라도 한국과의 지리적인 환경이 아주 유사해서 재미있다.

알마아타 도시 뒤편에는 커다란 산봉우리가 병풍처럼 둘러서 있다. 시내에서 산 쪽으로 올라가다 보면 동계 아시안 게임이 열렸던 메데오Medeo가 나온다. 메데오에는 겨울 스포츠를 즐길 수 있는 스키, 헬기 스키, 스케이트 경기장 등이 갖추어져 있다. 1984년 소비에트에서 개최된 동계 올림픽 때 한국의 배기태 선수가 이곳 메데오 스케이트장에서 금메달을 땄다고 한다. 이곳은 지금도 알마아타 시민의 동계 스포츠 현장으로 잘 활용되고 있다.

메데오 뒷산에는 천혜의 스키장이 있으니, 바로 침블락Chimbulak이라는 천산의 봉우리다. 해발 2,200~2,500미터에 위치한 이곳에는 여름에도 녹지 않는 하얀 만년설이 남아 있다. 코스가 가파르고 거칠어 자연 설원에서 스키를 즐기는 사람들이 좋아한다. 더구나 헬기 스키까지 가능하기 때문에 소비에트 시절부터 많은 스키어들이 방문하곤 했다. 침블락 스키장에서 스키를 탈 수 있는 곳까지 리프트가 설치되어 있는데, 리프트는 가파른 경사를 이루며 아찔한 스릴을 선사하기 때문에 스키를 탈 줄 모르는 방문객에게도 인기다. 리프트를 타고 정상인 탈가르 봉우리까지 올라가면, 날씨가 좋은 날에는 천산의 아름드리 봉우리와 줄기들을 만날 수 있다.

알마아타 주에는 깝차가이라는 큰 저수지도 있다. 깝차가이 저수지는

+ 침블락은 도보로 가기에 먼 거리이기 때문에 대부분 차량을 이용한다. 그러나 산행을 즐기는 사람들은 기어이 걸어서 올라간다. 무작정 걷기만 하는 것이 아니다. 천산의 비경에 흠뻑 빠져 들기도 하고, 여름이라면 이름 모를 야생화를 관찰할 수도 있고, 들살이목하는 카작 사람들을 만나 담소를 나눌 수도 있다.

1965년부터 조성되어 1980년에야 완공된 길이 22킬로미터, 깊이 45미터라는 어마어마한 크기의 저수지다. 언뜻 호수로 보일 정도로 놀라운 규모다. 비교적 알마아타에서 가까워 여름철에는 사람들로 인산인해를 이룬다.

나 역시 알마아타에 있을 때 깝차가이에 낚시를 하러 간 적이 있다. 그때 처음 본 중앙아시아의 민물고기는 한국인인 내가 생각하던 그런 작은 물고기가 아니었다. 3미터가 넘는 메기, 1미터가 넘는 잉어의 존재는 엄청나게 넓은 카자흐스탄의 강이나 저수지만큼이나 그 강이며 저수지에 담긴 것들에 대해서도 외경의 대상으로 느껴지게 만든다.

저수지에서 그렇게 멀지 않은 곳에는 알튼 에멜 국립공원이 있다. 이곳은 아름다운 자연경관과 함께 중앙아시아에 마지막 남은 야생동물들의 천국이다.

카자흐스탄 **국립 중앙 역사박물관**

알마아타에 위치한 카자흐스탄 국립 중앙 역사박물관은 카자흐스탄의 역사와 문화를 한눈에 알아볼 수 있는 교육과 전시의 현장이다. 특히 박물관의 2층에 마련된 유목 문화 관련 전시실은 카작 민족의 문화를 마치 오늘의 일처럼 생생하게 전해 준다. 또 다른 한쪽에서는 언제나 특별전이 열리는데, 내가 방문했을 때에는 카자흐스탄 영토의 인류 진화사를 전시하고 있었다. 한쪽에는 황금 인간 모조품이 박물관의 중앙에 서서 방문객들을 압도한다.

아쉽게도 선사 시대의 유물과 18세기 이래 유목 문화를 중심으로 전시되어 역사의 공백 기간이 상당히 길다. 이에 더해 육중하고 커다란 박물관 건물에 비해 전시 공간은 드넓은 카자흐스탄의 역사와 문화를 담아내기는 힘겨워 보였다. 실속 있는 공간 구성과 배치 대신 불필요한 공간과 노후화된 공실이 많았다. 하지만 카자흐스탄에는 국립 중앙 역사박물관보다 더 훌륭한 지방 박물관이 많다. 따라서 지역별로 카자흐스탄 문화 탐방을 떠나 볼 필요가 있다.

1 국립 중앙 역사박물관 전경
2, 3 이식 꾸르간의 **황금 인간**
17~18세의 남성 지배자로 추정되는 황금 인간. 모자의 황금 장식품이 신라 고분의 유물과 닮아 있다.

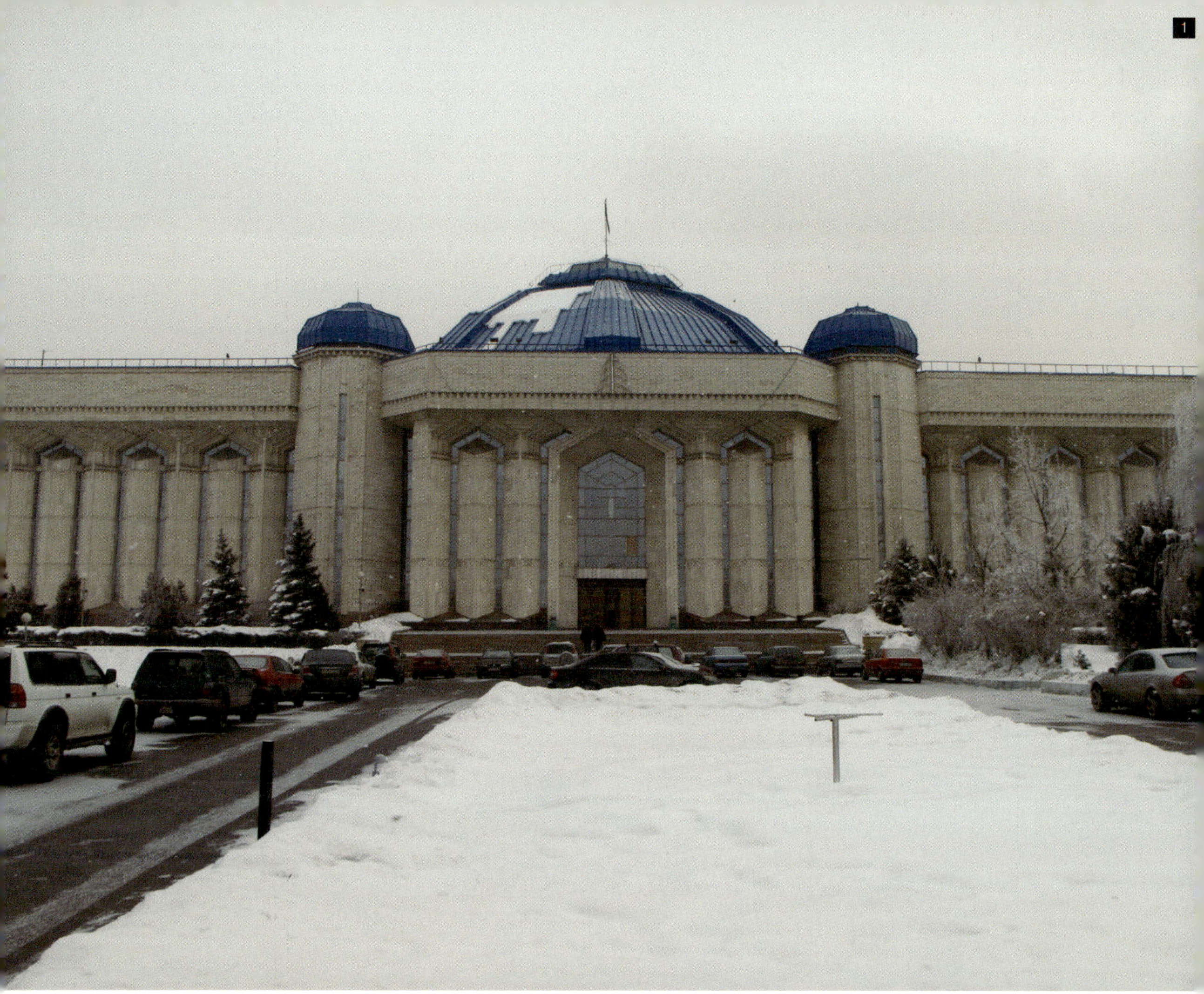

1

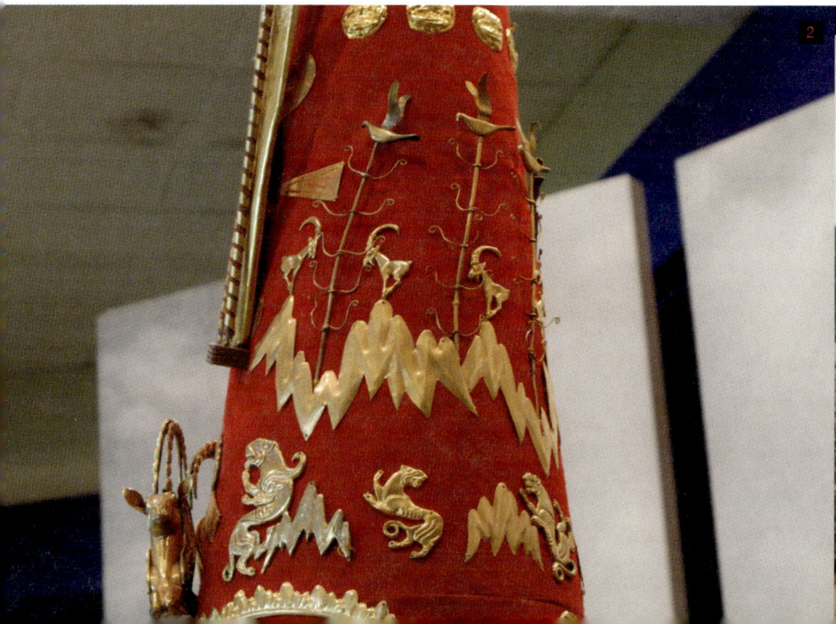

2

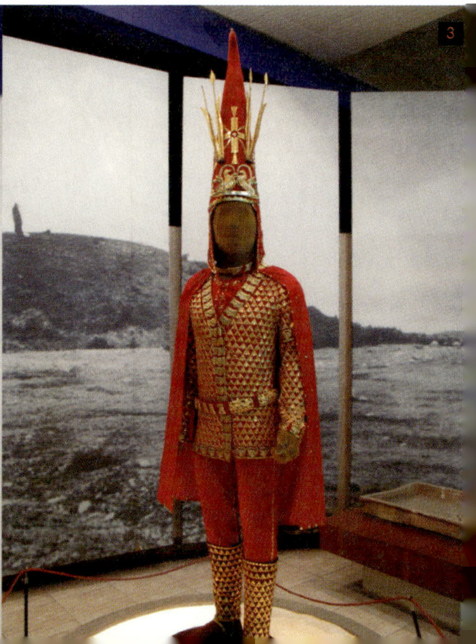

3

TIP 카자흐스탄 학술원 고고학연구소

카자흐스탄을 왕래하며 학술 활동을 하다 보니 나는 필연적으로 고고학연구소 사람들을 자주 만나게 된다. 특히 카자흐스탄 고고학연구소는 카자흐스탄이 독립한 이후 중앙아시아 5개국 중에서 가장 왕성한 활동을 펼치는 곳이다. 지난 십여 년간 이곳 사람들과 친분을 쌓아왔지만, 매번 방문할 때마다 새로운 사람들을 만날 수 있을 만큼 규모나 활동에서 적극적이다. 소비에트 시기의 활동을 능가하는 고고학연구소는 이제 세계 학계와 활발한 학술 교류를 추진하고 있다.

카자흐스탄은 영토가 광대한 만큼 문화적 흔적들이 산재해 있다. 그래서 카자흐스탄 고고학연구소에서는 초기 인류의 이동과 문화 확산에서 카자흐스탄이 중요한 역할을 했다고 믿고, 그에 대한 고고학적 증거를 찾아내는 데 중점을 두고 있다. 카자흐스탄 영토가 청동기 시대의 유라시아 대륙 야금술의 중심지였으며, 청동기 문화와 경제에서 중요한 역할을 담당했다는 것 또한 밝혀냈다. 일리 강과 시르 다르야의 사카 무덤군 발굴을 통해 중앙아시아 사카 문화의 중심지였다는 고고학적 증거들도 찾았다.

한국 학계에서도 카자흐스탄 고고학연구소의 활동에 주목하고 있다. 카자흐스탄에 신라 고분과 유사한 꾸르간이 존재하기 때문이다. 신라의 고분과 꾸르간은 외형뿐 아니라 부장품까지 너무나 유사해 오랫동안 우리의 관심을 끌어왔다. 카자흐스탄의 수도인 알마아타 인근에는 무수히 많은 꾸르간이 산재하는데, 아직도 상당수는 발굴 완료는 고사하고 진행조차 되지 않은 채 남아 있다. 한국에서는 신라 고분과 꾸르간을 비교 연구하기는커녕 그에 대한 구체적인 정보조차 없다. 접근상의 어려움으로 러시아나 영미권의 영어 자료에 의존해 왔기 때문이다. 앞으로 카자흐스탄 고고학연구소와 활발한 연구 교류가 기대된다.

카자흐 초원에 핀 **바위꽃**

카자흐스탄 초원의 민둥산 바위 계곡에는 중앙아시아의 역사책이라고 할 수 있을 만큼 암각화가 많다. 특히 알마아타에서 북서쪽으로 약 200킬로미터 떨어진 곳에 위치한 땅갈리따스는 암각화로 유명하다. 기원전 14~13세기 청동기 시대부터 기원후 9~13세기 중세 시대까지 상당히 많은 그림들이 바위에 암각되었다. 동물, 사냥하는 모습, 성교하는 모습, 태양신에 관한 모습 등 대상과 주제도 다양하다. 암각화는 기본적으로 특정 장소의 특정 바위에 그림을 새긴 것으로 바위 그림과는 다르다. 카자흐스탄의 암각화 중에는 프랑스의 라스코 동굴벽화 같은 그림도 있고, 그림 위에 누군가 다시 덧그린 경우도 있다. 그러나 대부분 채색화가 아닌 암각한 것이다.

카자흐스탄 지역의 암각화는 청동기 시대, 초기 철기 시대, 중세 시대 등 총 세 시기로 나누어진다. 이들 암각화의 내용을 통해 금석병용 시기와 청동기 시기에 활발하게 이루어진 주민의 이동과 중앙아시아로의 인구 유입 과정을 확인할 수 있다. 또한 중앙아시아 지역에서는 대략 기원전 3~4천 년 전에 이미 바퀴 달린 수송 수단이 생활에 이용되고 있었음을 알 수 있다. 이러한 물질문화에 대한 기록뿐 아니라 중앙아시아 지역에 살았던 사람들의 정신문화의 변천 과정도 파노라마처럼 기록되어 있다. 태양 숭배, 먹잇감인 산양, 경외시한 설표, 다산을 기원한 성교 장면, 남녀의 성기 노출 장면, 사냥하는 모습 등이다.

암각화를 둘러보는 과정에서 석관石棺 무덤군도 함께 살펴보았는데, 암각화가 그려진 바위를 무덤의 석관으로 사용했는지, 아니면 석관에 암각해서 그림을 그려 넣었는지 정확히 알 수 없었다. 또한 암각화가 그려진 바위들이 너무 많아 일일이 사진을 찍기가 어려울 정도였다. 더구나 민둥산도 산간 지방의 기후에 속하는지 일기 변화가 심하고, 간간이 비와 바람이 불어 암각화 촬영에 상당한 시간이 걸렸다.

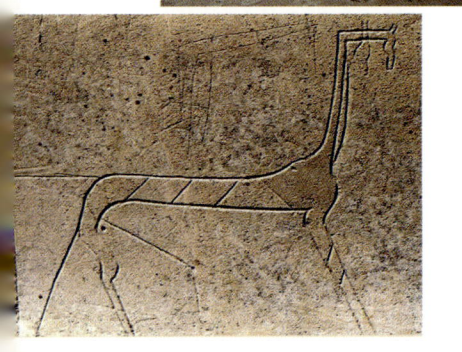

+ 땅갈리따스 가는 길

암각화는 대개 땅갈리따스 같은 산골짜기에 있었다. 함께 동행한 카자흐스탄 국립 중앙 역사박물관 고고학자 알렉세이 마리야세프$^{A. N. Mariyashev}$는 이곳이 '신성한 장소'라고 알려 주었다. 알렉세이는 카자흐스탄 암각화의 대가이자 독보적인 존재이다. 지금은 은퇴했지만, 오늘날 행해지는 암각화 연구의 기본적인 틀과 방향을 알렉세이 박사가 마련했다. 알렉세이 박사와 함께 답사를 간다는 것은 카자흐스탄의 암각화를 공부하기 위한 가장 좋은 방법이다. 그의 해박한 암각화 연구 경험에서 나는 암각화에 대한 체계적인 지식을 습득할 수 있었다. 수십 권의 책을 읽는 것보다 그와 대화하는 것이 더 도움이 됐다.

✹ 악수 암각화 답사

악수는 깝차가이 강을 끼고 비옥한 농토와 검은 돌산으로 이루어져 있다. 그래서 그 옛날 사람들이 살기에 아주 평화롭고 한적한 옥토로 여겨졌다. 투르크 어 악수는 깨끗한 하천이나 개울을 뜻하며, 중앙아시아 투르키스탄 지역에서 강이나 개천, 개울에 흔히 붙여지는 이름이다.

악수까지 가는 길은 만만찮다. 천산을 배경으로 하는 알마아타 시로부터 멀어질수록 스텝과 사막으로 끝없는 대지가 펼쳐져 있다. 가는 중간 중간 말을 타고 말이나 양을 치는 카작 인을 심심찮게 볼 수 있었다. 드넓고 황량한 곳에 뜨거운 햇볕을 맞아 가며 밀을 추수하거나 양을 치는 사람들이 절해고도에 놓인 사람들인 양 애처롭게 보였다.

악수에 다 와서는 비포장도로를 따라 갔는데, 비가 와서 그런지 황토물이 사납게 흐르고 있었다. 아차 하다가는 물에 떠밀려 갈 수 있었다. 우리는 강을 건너지 않고, 강을 따라 쭉 거슬러 올라갔다. 검은 바위에 그려진 암각화는 청동기 시대, 스키타이(사카) 시대, 중세 투르크 시대의 것까지 다양하게 나타났다. 이곳 중앙아시아에 문자가 늦게 나타났기 때문에 문자 대용으로 그려진 것이다. 땅갈리따스 지역보다 훨씬 더 많은 암각화들이 그야말로 지천에 깔려 있었다.

악수 골짜기 곳곳에 사냥하는 장면, 아기를 낳는 장면, 전쟁하는 장면, 성교하는 장면, 수레, 양, 염소, 말, 사람, 신라 왕관의 모티브로 여겨지는 멋있는 뿔을 가진 사슴, 신, 태양 등 수많은 대상과 주제들이 널려 있었다.

이식

카자흐 선사 문화의 자부심 **이식 꾸르간**

알마아타 동쪽으로 50킬로미터 정도 가면 에식^{Esik}이란 작은 도시가 나온다. 해발 930미터에 자리 잡은 천산 자락 아래 촌 도시이다. 이곳은 1978년 발굴 보고서에 의해 세상에 알려진 이식 꾸르간으로 유명해졌다.

에식이란 지명은 러시아 인이 붙인 것이다. 이곳이 실크로드의 관문 역할을 했다고 하여 '문, 통로'란 뜻을 가진 에싴으로 불렸다. 원래 투르크계 어휘로 원음에 가깝게 발음하면 '예싴'과 비슷하다. 한편 현재의 이식은 카작 어로 '따뜻한'이란 뜻이다. 에식에 가 보면, 지대가 높고 뒤편에 천산 자락이 있어서 그런지 다른 지역보다 비교적 따뜻하다.

나는 이곳에서 이식 꾸르간 발굴에 직접 참여한 베켄 누르무한베토프를 만날 수 있었다. 1934년생인 베켄 아께$^{남성\ 연장자에게\ 붙이는\ 존칭\ 어미}$는 평생을 이식 꾸르간 연구에 종사하고 있다. 지금도 이식 꾸르간에 설립된 이식 박물관에서 유적 해설사로 활동하며 이식 꾸르간을 알리고 있다.

에식 지역에서 발굴되지 않은 꾸르간은 최소 30여 기에 이른다. 이 일대가 당시 세력가들의 공동묘지 역할을 했을 것이며, 신성한 지역으로 여겨졌을 가능성도 크다. 투르크계 민족들은 무덤을 도굴하거나 파헤치지

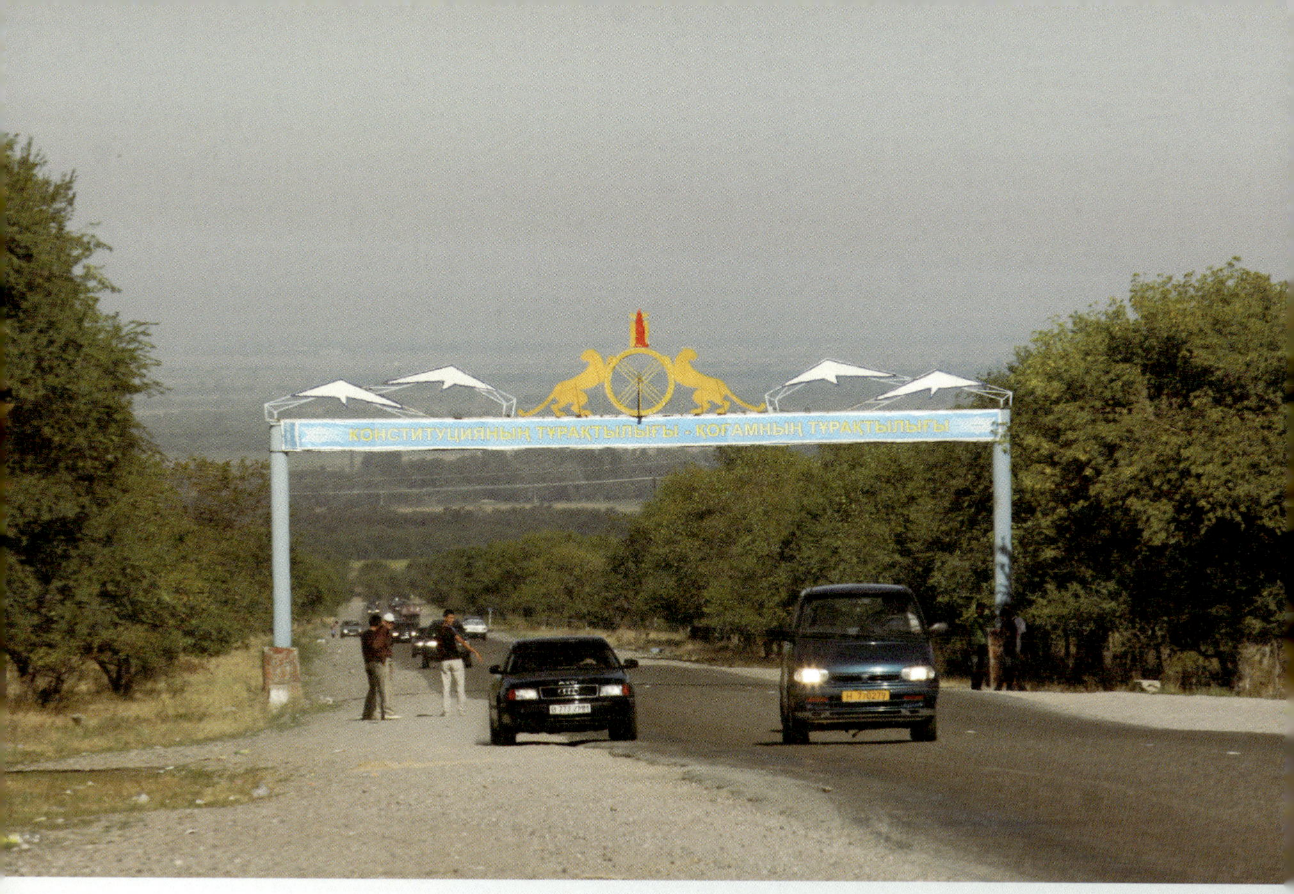
ҚОНСТИТУЦИЯНЫҢ ТҰРАҚТЫЛЫҒЫ - ҚОҒАМНЫҢ ТҰРАҚТЫЛЫҒЫ

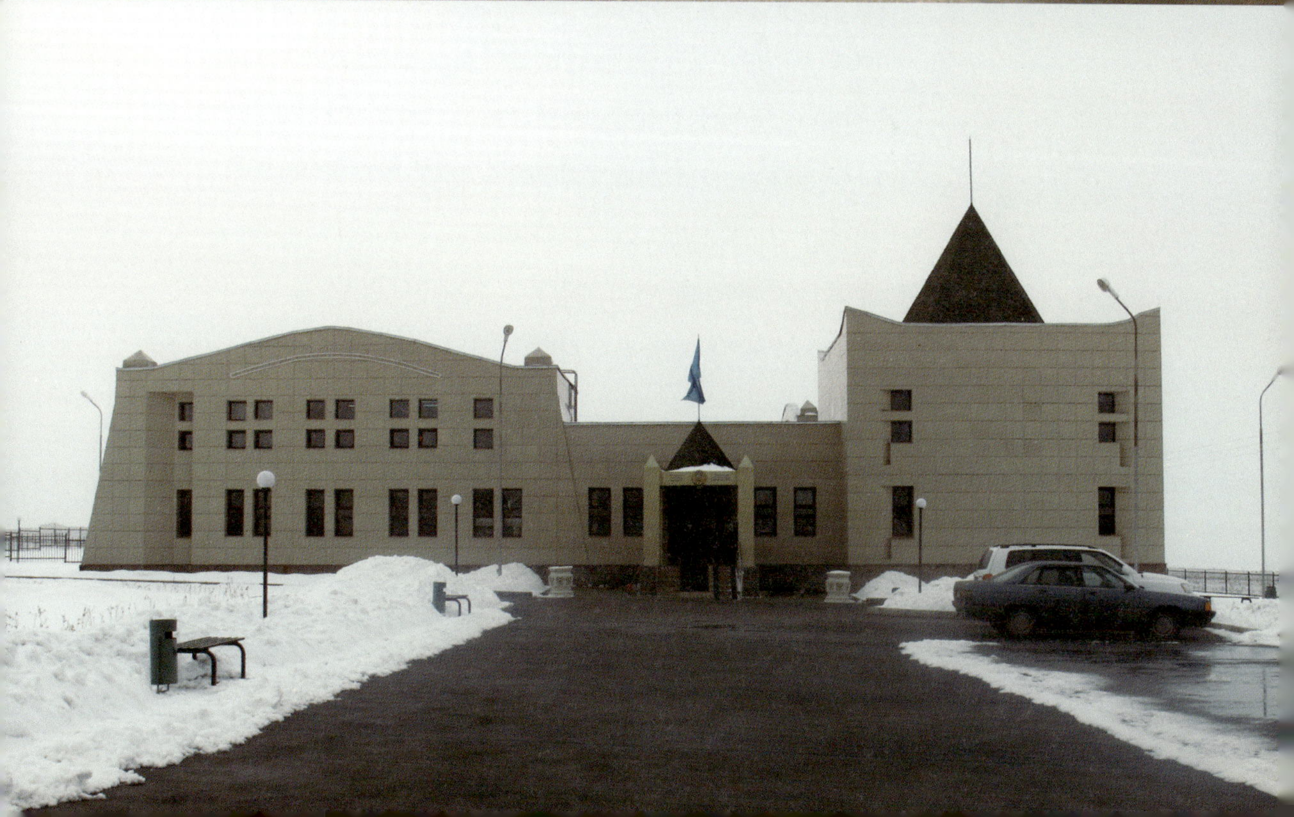

않는 풍습이 있다. 무덤에 훼손을 가하면 재앙이 닥친다고 믿는다. 그래서 고고학자들의 발굴 제안에 지역 주민들은 거세게 반대했다.

그럼에도 발굴은 시작됐다. 1969년 크고 작은 꾸르간 중에서 처음으로 발굴된 것이 높이 6미터, 직경 60미터인 거대한 이식 꾸르간이다. 당시 카자흐스탄 고고학연구소 소장이자 이식 꾸르간 발굴단장이었던 케말 아키세프는 발굴 10년 만인 1978년 최종 발굴 보고서를 출간하면서 이식 꾸르간이 기원전 5~4세기 사카 시대의 무덤이라고 결론지었다.

이식 꾸르간에서 출토된 유물들은 화려하다 못해 찬란하다. 의복, 신발, 모자, 금 장식품, 청동 검, 황금 검, 황금 인장 등 총 4천 점의 황금 유물이 쏟아져 나왔다. 인골도 발굴되었다. DNA 검사는 아직까지 행해지지 않았으나, 부장품을 근거로 17~18세 정도의 소년으로 추정한다.

이식 꾸르간이 갖는 의미는 남다르다. 카자흐스탄에서 본격적으로 사카 시대의 유물이 출현하기 시작했다는 것 그리고 시베리아 남부와 알타이 산맥 남서부 지역도 사카 문화권에 속했다는 것을 의미한다.

❋ 도굴을 피한 2천 년의 세월

선사 시대에는 무덤을 쓰는 경우가 드물고, 무덤을 만들어도 오래 보존되는 경우가 드물었다. 투르크계 민족은 무덤을 신성한 지역으로 간주해 지금도 무덤이나 공동묘지를 지날 때에는 반드시 간단한 묵념이나 기도를 올린다. 즉 도굴이나 무덤을 훼손하는 행위는 투르크계 민족들에게 두고두고 지탄의 대상이 되며 금기시된다. 그럼에도 도굴의 칼날을 피해 가기는 어렵다.

더구나 유목적인 생활 양식을 가진 문화에서 무덤이 온전하게 발견·발굴되는 경우는 흔치않다. 오늘날에도 민간에서 무덤을 쓰는 경우, 200~300년 정도 지나면 후손들에게 잊히고 관리나 보수 등에서 제외되기 때문에 남아 있는 경우가 드물다. 하물며 선사 시대의 무덤들은 남아 있는 자체가 당시 세력가의 무덤인 경우가 대부분이다. 그것도 도굴이라는 피해를 피한 경우에 한한다.

그러므로 알마아타 이식 꾸르간처럼 2천 년 이상이 지나 발견된 것은 예외적인 일이며, 도굴을 당하지 않고 부장품과 함께 발굴되어 세상에 알려졌다는 것 자체가 상당한 의미를 가진다. 물론 이식 꾸르간은 당대 지배층, 적어도 세력가의 무덤임에는 이론의 여지가 없다.

❂ 고대의 기록 꾸르간

꾸르간은 투르크계 언어로 무덤을 뜻하며, 특히 봉분을 가진 비교적 대형 무덤을 말한다. 무덤의 피장자가 누구인지 구체적으로 밝혀지지 않은 경우이다. 우리말로 옮긴다면 '총塚'에 해당한다.* 그러나 한국의 신라 고

---

* 총은 무덤의 주인이 누구인지 모르고 봉분을 가진 경우에 한해 부르는 명칭이기 때문에 꾸르간에 준하는 용어라 할 수 있다.

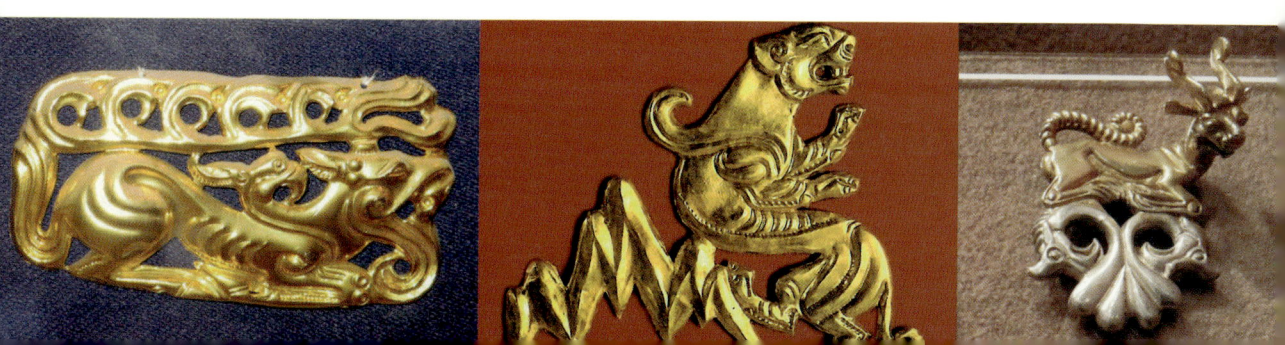

분총에 비하면 꾸르간은 반드시 대형인 것은 아니다.

통상 봉분의 높이가 1미터는 되고, 묘광이 있는 봉분의 하단부가 직경 3~4미터가 되는 경우를 꾸르간으로 간주한다. 대형 꾸르간 중에는 산인지 꾸르간인지 육안으로 분간하기 힘든 경우도 있는데, 이러한 꾸르간은 수백 미터에 달한다. 또한 꾸르간 주변에 해자에 해당하는 흙을 파거나 자연적인 지형을 이용한 경우도 있다. 대체로 여러 기의 꾸르간이 동일한 지역에서 발견되며, 이식 꾸르간 역시 여러 기의 꾸르간이 분포되어 있다.

이식 꾸르간은 기원후 4세기부터 출현해 6세기 초반까지 존재했던 신라의 고분 문화와 무덤 양식 및 출토품이 유사하기 때문에 한국 학계의 지대한 관심을 끌었다. 이식 꾸르간에서 출토된 황금 유물은 신라 왕관의 장식과 흡사한 나무세움 장식과 비슷하며, 신발, 모자 등 복식에서도 유사성이 발견된다. 그뿐만 아니라 새나 순록 모티브, 말 순장 풍습에서 친연성을 찾을 수 있다. 장신구에서도 반지, 금화, 금제 장신구, 곡옥 등에서 신라의 고분 및 출토품과 비교 연구해야 할 것들이 산적해 있다.

문제는 시기와 거리상의 제약이다. 이식 꾸르간이 늦어도 기원전 3세기에 조성된 반면, 신라의 고분은 빨라야 4세기, 적어도 6~7세기에 이르러 주로 발달했다. 게다가 카자흐스탄의 알마아타와 한반도의 신라는 약 5천 킬로미터 정도 떨어져 있으나 두 지역의 중간 지역에서 거리상 혹은 시기적 문제를 해결해 줄 유물이나 꾸르간이 존재하지 않는다. 이러한 공백을 메우는 연구가 진행되어야 두 지역의 친연 관계가 보다 명쾌하게 해결될 것이다.

발하쉬 호수

발하쉬Balkhash 호수는 세계에서 네 번째로 큰 내륙호이다. 알마아타에서 북동쪽으로 370킬로미터 떨어져 있는 이 호수의 길이는 600킬로미터, 최대 너비는 74킬로미터나 된다. 바라보고 있으면 바다인지 호수인지 분간이 안 된다. 신기한 것은 발하쉬 호수로 흘러드는 강은 있지만, 발하쉬 호수에서 빠져나가는 강은 없다고 한다. 이곳에 최근 석탄 화력발전소가 건설되면서 한국에도 알려졌다.

지금은 공업단지들이 주변에 많이 들어서 호수를 황폐화시키고 오염시키는 주범이 되었지만, 한때 남하하던 투르크계 민족 오구즈가 거주하던 곳이고, 오늘날의 키르기즈 민족 역시 발하쉬 호수 부근에서 한동안 정착 유목민 생활을 하였다. 그래서 오구즈 방언이 이곳 발하쉬 호수에서 시작되었다는 학계의 주장도 있다. 오늘날 오구즈 방언은 발하쉬 호수의 북단에서 유목하던 투르크계 민족들의 후손인 투르크멘 민족과 우즈벡 민족에게 많이 남아 있다.

한때 이곳은 청나라의 서쪽 경계이기도 했다. 그래서 중국은 오늘날까지 카자흐스탄 동부 지역을 호시탐탐 노리고 있다. 서부 신강은 이미 중국의 영토에 편입시킨 지 오래다. 무엇보다 중앙아시아 역사에서 가장 미스터리로 남아 있는 월지月氏가 중국에서 흉노에게 쫓겨 머물렀던 곳이 발하쉬 호수였다. 오손烏孫 역시 흉노가 두려워 연맹을 제안하는 월지를 거부하고 이곳 발하쉬 호수에 야영했다. 월지는 오늘날 우즈베키스탄 남부 지역으로 후퇴하여 훗날 쿠샨 왕조를 여는 데 상당한 역할을 하였다.

꼬레 사람들의 이주사 **딸띠꾸르간**

알마아타에서 자동차로 약 4시간 거리에 있는 딸띠꾸르간^{Taldykorgan} 주의 우쉬또베라는 지역으로 가다 보면, 스텝 특유의 벌판을 만날 수 있다. 드넓게 트인 초원 지역, 똑바로 난 길을 달려가면 듬성듬성 자란 작은 나무들과 간간이 보이는 목동과 양떼들을 만날 수 있다. 저 멀리서 마른 먼지를 날리며 소리치며 사라져 가는 소용돌이도 쉽게 볼 수 있다. "참 땅덩어리가 넓기도 넓구나." 하는 부러움과 감탄이 절로 나온다.

    우쉬또베는 재외동포 꼬레 사람^{한인} 집거 지역으로 중앙아시아 한인 강제 이주사에서 중요한 곳이다. 한인이 이주당한 이후 처음으로 정착한 지역이고, 오늘날까지 카자흐스탄에서 가장 많은 한인들이 거쳐 간 곳이기 때문이다. 사실 카자흐스탄의 한인만이 아니라 우즈베키스탄의 한인을 비롯한 중앙아시아 한인 1세대에게는 애환과 서러움이 북받쳐 오르는 고향과 같은 곳이다. 아직도 우쉬또베에는 초기 한인들이 카자흐스탄으로 넘어와 살았던 역사가 남아 있고, 혹독하게 불어닥치는 시베리아 기후의 추위를 견디지 못하고 생을 마감한 한인의 무덤들이 있다.

+ 연해주에서 시작한 시베리아 횡단열차는 9월 말의 초겨울 매서운 바람과 함께 한인들을 카자흐스탄의 북동부 지역에 내려놓고 사라졌다. 그 삶의 현장이 오늘날 한인들의 가슴 한복판에 그대로 남아 있어 질긴 생명력으로 온갖 고난의 삶을 극복하는 오기와 집념을 단련하게 했다. 이야말로 역사와 인생의 아이러니가 아니겠는가.

가지채, 오이채, 베고자 등등 각종 야채 반찬을 파는 한인

딸띠꾸르간 주에서 벼농사가 가능한 지역은 발하쉬 호수 근처 까라딸 지역이다. 1937년 한인들이 강제 이주된 이후 관개수로가 건설되었고, 그 결과 이 주변에는 제법 이름 있는 깔호즈나 쏩호즈*들이 등장했는데 여기서 많은 노력 영웅**이 나왔다. 위쉬또빈스끼 쏩호즈, 쁘라브다 쏩호즈, 프룬제 쏩호즈 등이 그것이다.

한인들은 농업에 종사했기 때문에 강제 이주당하기 전의 생활 방식을 그대로 영위할 수 있었다. 이들은 이전과 마찬가지로 벼농사를 짓고, 채소를 가꾸며 농업적 기반을 다졌다. 이로써 한인들이 음식 정체성을 가지고 음식 문화를 유지할 수 있었다.

음식 문화의 정체성은 각종 채소에서 나온다. 당근채, 절인 고추, 오이채, 가지채, 버섯 무침, 쪄서 말린 채소 등 채소류를 활용한 샐러드뿐 아니라 베고자, 시락장물, 국시는 중앙아시아 대표 음식인 위구르 음식과 쌍벽을 이룬다. 특히 한국의 짬뽕과 비슷한 라그만은 위구르와 둥간(회족)이 서로 자기네 전통음식이라 주장하는 데 비해, 각종 절인 채소류는 누가 봐도 꼬레 사람의 음식이다. 채소를 많이 먹지 않았던 투르크계 민족이나 기껏해야 오이, 토마토, 양파, 양배추, 정도를 먹던 슬라브계 민족도 한인을 통해 다양한 야채들을 먹을 수 있게 되었다.

1 감자 베고자
2 베고자 만들기
3 순대
4 메주
5 증편(떡)
6 개고기 상차림
7 김장
8 국시
9 고춧가루

* 집단농장을 깔호즈라고 하며, 집단농장이 여러 개 조합의 형태로 있는 경우를 쏩호즈라고 한다. 깔호즈는 특정 민족들이 주를 이루지만, 쏩호즈는 여러 민족으로 구성되어 있는 경우가 많다.
** 소비에트 시절에는 연초에 중앙정부와 지방정부에서 각 깔호즈, 쏩호즈에 생산 목표를 알려 준다. 국가가 계획한 목표를 두 배 이상 달성한 사람 중에서 목표량이 많은 사람 순으로 영웅 칭호를 부여하며, 특히 생산량이 현격히 높은 사람들을 선별해 국가에서 사회주의 노력 영웅이란 칭호를 준다. 일종의 국가 훈장과 같은 것으로, 개인에게 굉장한 영광이며 부여되는 상과 지위도 상당하다.

잠불과 투르키스탄 turkistan

무역의 도시 **타라즈**

실크로드의 모든 길과 길목들은 요충지이자 중개지 역할을 수행해 왔다. 그중에서도 카자흐스탄 서남부 잠불 주의 타라즈[Taraz]는 실크로드의 가장 북쪽에 난 천산 북로를 이어 주는 무역 도시이다. 타라즈라는 이름은 아랍 어에서 온 것으로 '저울' 혹은 '저울의 눈금자'를 뜻한다. 타라즈가 무역의 도시이기 때문에 붙여진 이름이다.

중국 서부에서 카자흐스탄의 알마아타를 지나 키르기즈의 비쉬켁으로 나아가고, 거기서 키르기즈의 천산산맥 위쪽을 따라 쭉 서쪽으로 달려 나가다 보면 반드시 만나는 지역이 타라즈이다. 이곳을 지나야만 카자흐스탄 서남부 최대 도시 침켄트에 다다르고, 결국에는 우즈베키스탄의 타쉬켄트에 이를 수 있다. 반대로 서부에서 동부로 갈 때에도 타라즈에서 잠시나마 쉬어가야 한다. 마치 우즈베키스탄의 부하라처럼 요충지 중의 요충지이다.

타라즈에는 기원 전후로 도시가 형성되었다고 하며, 지난 2002년에 도시 창건 2천 년 기념행사를 했다. 현재까지 남아 있는 기록이나 유적을 보면 반드시 2천 년이나 된 도시는 아니나, 카자흐스탄의 도시 중 역사 시대

이래 이처럼 유구한 역사를 지닌 도시는 드물다. 실크로드의 기원을 흉노나 사카 족의 이동 경로에서 찾는다면, 타라즈 역시 실크로드의 중개지로 그 역사가 만만찮다는 것을 알 수 있다. 도시 창건을 기념하여 시내 중앙에 자리한 잠불 호텔은 연한 분홍빛으로 치장되어 도시의 경관을 화사하게 장식한다.

타라즈가 역사의 무대에 기록된 것은 568년이었다. 동로마 제국 비잔틴의 사절단이 무역을 위해 이곳을 방문했다는 기록이다. 당시 비잔틴의 사절 주스티니안은 투르크의 칸 디자불을 만나 닷새간의 연회에서 환영을 받았다고 했다. 중국 기록에 등장하는 것은 그보다 뒤인 630년이다. 당시 타라즈는 중개 무역으로 번영을 구가했고, 여러 민족과 인종들이 전시장을 방불케 할 만큼 휘황찬란했다고 한다.

잠불 역사박물관과 탈라스 성

타라즈 시내 중앙 광장 맞은편에 잠불 역사박물관이 있다. 주로 잠불 지역의 이슬람 이전 역사 유물을 중심으로 전시되어 있다. 특히 유목 문화의 일면을 보여 주는 유물들이 많은데, 유목민과 정착민, 상업인이 이곳에서 만나 물물교환을 했다는 뜻이 강하다. 성性기구를 상기시키는 유물을 비롯해 8~9세기 상업 물품까지 엿볼 수 있다. 또한 박물관 뒤쪽에는 유목민의 이동가옥 유르타를 방불케 하는 돔형의 건축물이 있고, 내부에는 돌로 만든 석상 발발이 일렬로 세워져 있다.

시내 광장에서 멀지 않은 곳에 탈라스 강이 흐른다. 키르기즈의 서부 지역 탈라스 계곡에서 발원한 탈라스 강은 타라즈를 지나 카자흐 서부 초원으로 흘러들어 가고, 결국 건천이 된다. 탈라스 강이 훤히 내려다보이는 곳에 탈라스 전투가 벌어졌다고 추정되는 성터가 있다.

751년 압바스 왕조의 지압 이븐 살리흐 장군과 당나라 고선지 장군이 맞선 탈라스 전투는 중앙아시아의 운명을 건 싸움이었다. 닷새간 밤낮 없이 치러진 전투에서 고선지 장군은 결국 패하고 물러났으며, 중국은 지금까지도 중앙아시아에 대한 지배권을 회복하지 못하고 있다. 탈라스 전투가 치러졌다는 증거는 1,300년이 지난 지금 찾아볼 길이 없다. 소비에트 연방 시절 고고학자들이 발굴 조사를 했으나 확증적인 증거물을 찾지 못했다.

탈라스 강변의 탈라스 성에는 특징적인 건축 양식

탈라스 강

유르타형 박물관

투르크 석인상 발발

탈라스 전투가 벌어진 것으로 추정되는 지역

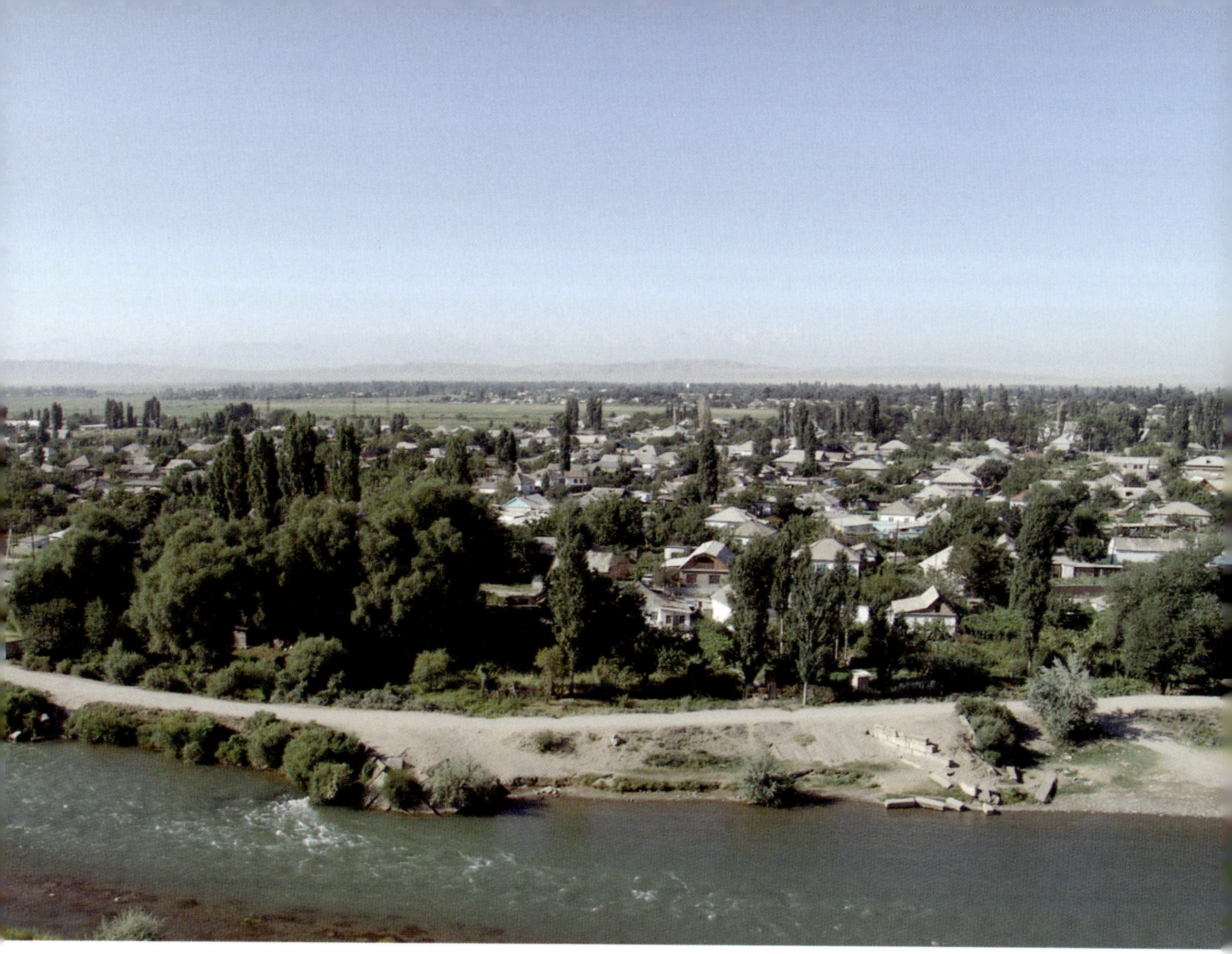

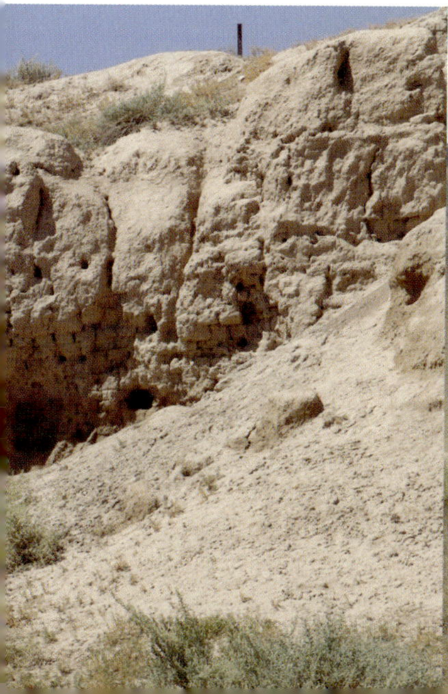

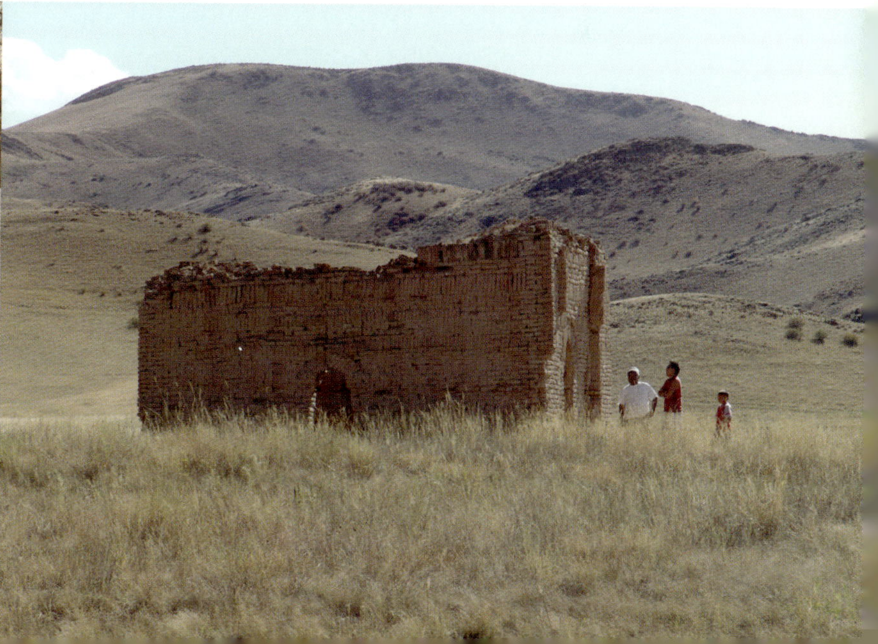

이 있다. 가산^{침략을 관찰하기 위해 설치한 일종의 관찰소}, 해자, 암굴이 그것이다. 그런데 가산, 해자, 암굴을 만드는 것은 고구려의 성 축조 방식이기도 하며, 해자와 암굴은 이슬람 사료에도 등장하는 성곽 건축 양식이다. 그래서 단지 몇 가지만을 가지고 고구려 방식으로 쌓은 성이라 단정 지을 수는 없다. 8세기 중엽 당시 당나라는 이곳에 상주한 것이 아니라 방문해 있었을 뿐이다. 또한 고선지가 당나라 이주민 2세였기 때문에 아버지 고사계로부터 고구려 방식을 전수받아 성 쌓기를 배웠다는 것을 확인할 방도도 없다.

뒤이어 벌어진 역사를 보면 의심은 더욱 강해진다. 탈라스 전투는 이슬람 세력과 당시 동아시아 문화권을 형성했던 세계적 대국 당나라가 남의 땅에서 벌인 전투였다. 여기서는 이슬람 세력이 승리했지만, 다시 이슬람 세력이 타라즈를 완전히 정복한 것은 탈라스 전투로부터 100년이 지난 863년이었다. 압바스 군대와 당나라 군대 양 진영에 가담했던 타라즈 지역 토착 세력 카를륵이 진정한 승리자였다.

그 이후 카를륵과 카라하니드로 이어지는 타라즈 지역의 세력 판도는 12세기까지 이어지며, 실크로드라는 중개 무역의 번영을 지속할 수 있었다. 탈라스 성은 '왕의 성곽'이란 뜻을 가진 거대한 성터로 발전하여 샤흐리스탄[*]이 완성되었다. 아쉽게도 샤흐리스탄은 호레즘 샤에 의해 파괴됐고, 칭기즈 칸이 도착했을 때는 이미 타라즈에서 실크로드의 번영을 찾아보기 힘들게 되었다.

---

* 왕의 성곽 즉 궁궐, 궁전을 투르크 어로 샤흐(왕)가 살고 있는 지역이라 해서 샤흐리스탄이라 한다.

중앙아시아 유일의 **여성 영웅 아이샤 비비**

고선지 장군이 전투를 벌인 탈라스 평원은 지금의 카자흐스탄, 키르기즈스탄이 만나는 탈라스 계곡에 자리 잡은 지역이다. 산악 지역에 주로 살고 있는 키르기즈 민족과 드넓은 초원을 종횡무진 달리던 카자흐 민족은 이곳에서 만나 서로의 이야기를 풀어헤치며 살았다. 그때는 카자흐 민족이니 키르기즈 민족이니 하는 민족 구별 역시 존재하지 않던 투르크계 민족의 땅일 뿐이었다.

이곳에 아이샤 비비의 무덤이 있다. 이 무덤은 대략 11세기에서 12세기 경에 세워진 것으로, 아이샤 비비는 이 지역의 유일한 여성 영웅이다. 최근까지도 일부 민족이 유목 생활을 하는 카자흐에서 역사적 건축물은 흔한 것이 아니다. 하지만 아이샤 비비의 무덤은 카자흐스탄뿐 아니라 중앙아시아 전역에도 유사한 양식과 실내 장식이 없을 만큼 독특한 건축 양식을 취하고 있었다. 또한 멋진 건축물일수록 외침과 고난을 많이 겪듯이, 비록 무너지고 황폐됐지만 당대의 독자적인 아름다움과 멋을 간직하고 있다. 그렇다면 이 무덤에는 어떠한 이야기가 전해져 올까?

아이샤는 원래 카라한조[카라하니드]의 부잣집 딸이었다. 용감한 아이샤는 탈라스 지역을 수시로 침범하는 유목 집단들을 회유하여 돌려보내고, 때론 그들의 침략을 물리치는 데 기지를 발휘했다. 말을 잘 타던 아이샤는 유목 집단들이 쳐들어 왔을 때, 능수능란하게 두 팔을 사용하여 적진 깊숙이 쳐 들어가 혼쭐을 내는 작전을 자주 구사했다고 한다. 그래서 어떤 이들은 말의 등자가 아이샤가 활동하던 시대에 이미 있었다고 주장한다. 또한 말을 타고 죽은 양을 상대팀 깊숙이 던져 넣는 경기에 유일하게 여성으로 참가하기도 하였다. 탈라스의 높다란 산맥에 살고 있는 늑대들로부터 양떼를 지키기 위해 늑대를 유인하는 기지를 발휘하여 사로잡기도 하였다. 뿐만 아니라 카자흐 초원으로 향하는 대상 행렬들을 보호하고, 자신의 부족을 호위하기 위해 노력했다고 한다. 더구나 아이샤는 부모님의 말씀을 잘 따르고, 부족 내의 분쟁 해결에 지혜를 발휘하기도 했다.

아이샤의 출현으로 탈라스 지역은 정치적·경제적으로 안정과 번영을 이루고 주도적 역할을 할 수 있었다. 카자흐 영웅의 이야기에서 등장하는 영웅은 먼저 여러 집단의 인간과 싸워서 이기고, 이를 통해 자신이 속한 집단의 부족과 가족을 보호하고 지킬 수 있어야 한다. 도덕적으로도 남에게 관대하고 약자를 보호하고 부모에게 효도하며, 악한 자들을 응징할 줄 알아야 한다. 비록 아이샤는 여성이지만, 그녀의 활약은 전형적인 남성 영웅의 활동상에 해당한다고 할 수 있다.

이러한 소식을 접한 당시 카라한조의 왕은 지혜롭고 용감하고 아름다운 아이샤를 사랑하게 되었다. 카라한조의 영향력 아래에서 부를 축적한 아이샤 아버지의 간곡한 부탁으로 아이샤는 카라한조의 왕을 만나기로 결심했다. 그렇지만 왕을 만나기 위해서는 머나먼 길을 가야만 했다.

탈라스에서 왕이 있는 곳까지 갈 수 있는 길은 두 가지가 있었다. 카자흐 남부의 무법천지나 마찬가지인 유목 지역을 통과하는 길과 키르기즈스탄의 탈라스 계곡을 따라 험난한 고산준봉을 넘어가는 길이었다. 아이샤 비비는 탈라스 계곡의 험난한 산맥을 넘어가기로 결심했다. 그러나 먼 길을 떠난 아이샤와 카라한조 왕과의 운명적 만남은 성사되지 못했고, 더

키르기즈스탄의 탈라스 알라따우 산맥 깊은 곳에서 시작되는 탈라스 계곡은 카자흐스탄의 잠불 지역과 침켄트 지역까지 뻗어 있다.

구나 아이샤는 여행 중 뱀에게 물려 죽었다. 이에 대해 어떤 이는 아이샤가 탈라스 계곡에 가져온 평화가 지속되는 것을 싫어한 알라따우 산맥의 뱀들이 시기했기 때문이라고 한다. 어떤 이는 아이샤 비비의 용맹과 미모에 반한 계곡과 산들의 질투, 또한 뱀들의 모함을 받은 것이라고도 한다.

그 후 아이샤의 죽음에 슬퍼하던 카라한조의 왕은 아이샤를 위해 세계에서 가장 아름답고 독특한 무덤을 건축하도록 명령했다. 아마 아이샤가 가는 도중에 죽지 않았다면, 이처럼 아름다운 무덤은 세상의 빛을 보지 못했을지도 모른다.

아이샤의 운명은 카자흐스탄 사람들의 마음과 영혼에 오래도록 간직됐다. 카자흐스탄의 신화나 전설에서 여성이 주인공인데다 용맹과 아름다움을 겸비한 인물은 없다. 여성을 소재로 한 신화나 전설에는 대체로 유목민 여성의 특징적인 면모, 즉 부모와 남편에게 순종적이고 부족과 가정에 충실한 면모만 보일 뿐이다. 그래서 아이샤의 이야기는 독특하다. 그렇게 이야기가 첨가되고 발전되어 아이샤는 신화 속 인물이 되었다. 오늘날에도 탈라스에서는 아이샤의 이야기를 하는 이야기꾼들을 만날 수 있다.

사실 아이샤 비비의 활약상은 평이하고 단순한 이야기에 불과하다. 그렇지만 이야기꾼들의 풍부한 상상력이 육체적 죽음을 맞이한 아이샤에게 생명력을 불어넣었고, 이 용맹한 여성은 지금도 잠불과 탈라스 지역 사람들의 신화 속에 살아 있다.

아흐메드 야사비와 수피즘

원래 투르키스탄의 지명은 야시^{Yasi}였다. '투르크 인의 땅'이란 뜻을 가진 투르키스탄은 카자흐스탄에서 영혼의 안식처와 같은 성스러운 도시이다. 비록 우즈벡 민족이 많이 살고 있는 지역이지만, 중앙아시아 투르크계 민족들에게는 성지 순례의 장소이다. 바로 아흐메드 야사비^{Ahmed Yasawi, 1093~1166}의 무덤이 있기 때문이다.

아흐메드 야사비는 중앙아시아 수피즘^{Sufism}의 3대 종파의 수장이었다. 수피라는 단어는 아랍 어 양모^{羊毛}를 뜻하는 단어에서 파생된 것으로, 이들이 양모로 짠 옷을 입은 것에서 비롯되었다. 즉 초기 수피 수도승들이 금욕하고 청빈한 생활을 한 것에서 유래한다.

아흐메드 야사비는 투르키스탄의 사이람에서 세이흐 이브라힘의 자손으로 태어났다. 그 일대에서 세이흐 이브라힘은 음유시인으로 유명했고, 야사비는 아버지로부터 시낭송을 배웠다. 7살이 되었을 때 아버지를 여의고 고아가 된 그는 정신적 아버지인 아르슬란 바바에 의해 양육되었다. 야사비는 그의 지도 아래 더욱 영적으로 성장했다. 어린 나이에도 조용하고 침착했던 야사비는 자신의 가계를 존경하였으며, 누나의 말을 경청할 정도로 지적으로 성숙했다.

그런 와중 중앙아시아 이슬람의 성도 부하라에서 유명한 유수프 함다니의 가르침을 받을 기회가 생겼다. 이를 계기로 야사비는 중앙아시아 전역에 이슬람을 전파하고자 온 힘을 쏟았다. 그리고 고향에서 야사비 학파를 창시하여 중앙아시아의 환경에 맞는 이슬람을 주창했다. 그것이 수피즘이다. 야사비는 그 중심에서 가장 중요한 역할과 기능을 했을 뿐 아니라, 가장 발전적인 수피 종단으로 무슬림의 민생과 안녕, 복지를 책임졌다. 야사비는 또한 수많은 제자를 길러냈으며, 그의 시는 새로운 장르를 형성했다. 그는 종교적이고 전통적인 시를 구사했는데, 이러한 장르는 당시 투르크계 언어의 문학과 종교적 시구에도 상당한 영향을 미쳤다.

야샤비가 활동한 당시는 셀죽 투르크의 시기였다. 그의 영향을 받아 터키 동부 코냐에서 수피 시인 루미가 태동하였다. 오늘날까지 야사비의 영향은 남아 있는데, 특히 중국 신강 카슈미르에 야사비이즘_{야사비의 수피즘}이 활동을 하고 있다. 또 다른 수피즘의 수장 낙쉬반디는 아흐메드 야사비의 가계에서 나온 수피즘 서적이 "책들 중의 책이다."라며 칭송하기도 하였다.

2003년 유네스코에서는 아흐메드 야사비의 무덤을 세계문화유산으로 지정했다. 이때 건조물에 관한 항목인 문화분과 (ⅰ), (ⅱ)로 지정받았는데, 이는 그의 사상이 아니라 무덤의 건축학적 의미를 기리는 것에 그친 것이어서 못내 아쉽다.

아미르 티무르 시대 이전에 이미 건설된 영묘_{靈廟}는 적어도 700년의 세월을 견뎌 왔다. 39미터에 이르는 높이와 직사각형의 건물 형태, 진흙을 구워 만든 벽돌을 사용하였다는 점은 부하라의 사마니드 영묘를 닮았다. 또한 이중 돔을 사용하였다는 것, 초록과 금색의 타일로 장식한 것에서 아흐메드 야사비 영묘에 대한 무슬림들의 존경과 경의를 느낄 수 있다. 돔의 크기는 지름 18.2미터, 높이 28미터로 규모 면에서 현존하는 것으로는 단연 최고이다. 보존 상태도 좋아 아미르 티무르 시대 이전의 이슬람 건축 양식을 엿볼 수 있는 중요한 역사적 가치를 지닌다.

1, 2 아흐메드 야사비 영묘 후문의 전축분 양식
3 쿠미스를 담는 나무통
수피즘에서 민중을 일깨울 때 사용한다.
4 뻴로프를 만드는 카잔
촛불 하나로 수분 내에 끓는다는 열전도율이 매우 높은 솥이다.
5 영묘 후문

+ 아흐메드 야사비의 영묘는 12세기 중앙아시아 일대의 정신문화를 상징하는 건축물이다. 지금은 영묘로 추앙받는 중세 이슬람의 대표적인 건축물이기도 하다. 이렇게 유구한 역사와 당시 건축 양식을 살필 수 있는 건축물은 유목이라는 삶의 터전에서는 찾아보기 어렵다.

변방의 고대 도시들

오래된 정착지 **침켄트**

침켄트는 카자흐스탄에서 두 번째로 인구가 많은 도시이다. 동쪽으로 난 실크로드의 천산 북로에서 동부와 서부, 나아가 남부로 연결되는 길목에 자리 잡고 있다. 우즈베키스탄의 수도 타쉬켄트와는 두 시간 거리에 있다. 그래서 침켄트 전체 인구 중 우즈벡이 40퍼센트, 카작이 50퍼센트 정도이며, 나머지는 체첸을 비롯한 다른 민족들이 이루고 있다.

오늘날 침켄트에는 알마아타와 더불어 중쥬즈에 속하는 자들이 많다. 그러나 얄궂게도 알마아타는 역사적으로 대쥬즈에 속하는 지역이고, 침켄트는 중쥬즈와 대쥬즈의 경계 지역이다. 따라서 전통적으로 알마아타와 경쟁 관계에 있어 두 지역 간의 사이는 좋지 않다.

침켄트에는 우즈벡의 냄새가 물씬 풍긴다. 주요 상점과 음식점을 운영하거나 주변 농경지를 경작하는 것이 주로 우즈벡 민족이다. 이는 우즈벡 민족이 카작 민족보다 정착 생활에 익숙하기 때문이다. 그렇다고 카작 민족이 완전히 유목 생활에서 벗어나지 못하고 있는 것은 아니다. 카작 민족 중에는 이미 정착민으로 생활하며, 상업이나 농업에 밝은 사람도 많다. 즉 침켄트 인구 중 우즈벡 민족의 비율이 높기 때문에 나타난 현상이

라 할 수 있다.

　침켄트는 카작 어로 심켄트Shymkent라고 하며, 침켄트는 러시아식 발음이다. 심켄트라는 지명이 처음으로 언급된 것은 1365년이다. 그러나 고고학적 발굴을 통해 이보다 훨씬 더 오래전에 정착지로 존재했다는 것이 증명되었다. 러시아 사료에 심켄트가 등장한 것은 16세기 이후이며, 이때 심켄트는 치민chimin이나 치민겐Chimingen으로 알려졌다. 1915년에는 체르냐예브Chernyayev로 개명되었다가 소비에트가 들어서고 나서는 다시 심켄트로 불리게 되었다. 역사적 지명을 다시 찾은 때는 1921년이다.

　소비에트 시절을 거치면서 침켄트는 산업 도시로 거듭났는데, 카자흐스탄에서 제일 규모가 큰 정유 시설과 타이어 공장이 있었다. 농업에서는 카자흐스탄 제1의 목화 생산지이며, 해바라기의 주요 생산지이기도 하다.

고대의 찬란한 도시 **오트라르**

침켄트에서 서북 방향으로 그리 멀지 않은 지역에 고대 도시 오트라르[Otrar]가 있다. 아마 카자흐스탄에서 가장 역사가 오래된 도시일 것이다. 그런 만큼 오트라르의 이름은 예로부터 여러 가지였다. 타르반[Tarban], 투라반드[Turaband], 투라르[Turar], 파라브[Farab] 등이다. 재미있는 사실은 고대 지명 파라브에서 카자흐스탄의 대학자 알 파라비[Al-Farabi]의 이름이 나왔다는 것이다. 알 파라비는 파라브 태생이란 뜻이다. 오트라르가 역사에 등장한 것은 기원전 2세기 초반으로 여겨진다. 이때 오트라르는 칸규이[Kangyu]가 지배하던 시기로, 칸규 타르반[Kangu Tarban] 혹은 칸규리[Kangly]라고 불리는 이들은 수세기 동안 오트라르에서 존속했다. 오늘날과 같은 오트라르라는 지명을 갖게 된 것은 기원후 10세기에서 12세기 사이였다.

실크로드가 황금기를 구가하던 시절 오트라르는 가장 축복받은 도시였다. 시르 다르야 중부에 위치하여 지리적으로 중개 지역으로 좋은 위치였다. 그래서 적어도 13세기 이전까지 오트라르는 동서 무역의 중개지로 그 역할을 톡톡히 하며 번영을 구가했다.

지금은 흔적만이 남은 사라진 고대의 찬란한 도시가 되었지만, 오트라르는 과거 중앙아시아 정복사에서 중요한 분수령이 된 사건들이 발생했던 곳이기도 하다. 칭기즈 칸에게 마베른나흐르를 공격할 명분을 주었던 1218년의 오트라르 사건, 1405년 명나라를 정복하기 위한 20만 대군을 이끌고 사마르칸드에서 출발한 아미르 티무르가 풍토병에 걸려 죽은 사건이 그것이다.

13세기 초반 동방 이슬람 세계 최강국이었던 호레즘 왕조는 칭기즈 칸이 파견한 통상 사절단을 호레즘 왕조의 동부 국경 도시 오트라르에서 살해했다. 칭기즈 칸은 책임자 인도와 물품 배상을 요구했으나 거부당하자, 이듬해인 1219년 친히 병력 15만을 이끌고 호레즘 왕조를 격파했다. 오트라르가 정복당하자 부하라, 사마르칸드 역시 1220년 봄에는 몽골 군의 수중에 들어갔다. 몽골 군에게 처참하게 파괴된 오트라르는 회복되지 못했고, 말없이 남겨진 유적을 통해 과거의 영광을 증언하고 있다.

역사에 가정이란 없지만, 이 두 사건이 일어나지 않았다면 칭기즈 칸의 마베른나흐르 공격은 적어도 상당 부분 지연되었을 것이다. 오늘날 이란 동북부 호라산 역시 몽골 군의 칼날을 잠시나마 피할 수 있었을 것이다. 그러면 그 후예인 아미르 티무르 역시 역사에 등장하지 못했거나 등장하는 데 더 많은 시간이 필요했을지 모른다. 현재는 남카작 국립대학교에서 해마다 발굴을 진행하여 고대 상업 도시의 전모가 유적과 유구로 밝혀지고 있다.

서부 접경 지역의 **유목 문화**

❂ 유목민의 식사

카자흐스탄에서 아침 식사는 대체로 홍차에 우유를 마시는 것으로 끝난다. 혹은 말 젖을 발효시킨 것을 먹기도 한다. 전통적으로 점심은 아예 먹지 않는 대신 저녁은 진수성찬이다. 우리는 잠자리에 들기 전에 많이 먹는 것이 위에 부담을 주고, 건강이나 몸매를 유지하는 데 문제가 많다고 피하지만 카자흐 민족은 점심 때 먹지 못한 것까지 다 먹어 치울 기세로 저녁에 고기를 잔뜩 먹는다. 그러고는 포만감에 잠을 청하기를 좋아한다. 전통적인 카자흐 민족의 식사와 일정은 오늘날 도시 카자흐 민족과는 사뭇 다르다. 허나 점심을 많이 먹지 않는 식사는 현재도 유효한 것 같다. 어떻게 보면 저녁 식사만 있다는 생각까지 든다.

❂ 새를 신성시하는 풍습

카자흐 민족에게는 여름에 매를 훈련시켜 겨울에 늑대, 여우 등을 사냥하는 매사냥 풍습이 남아 있다. 매사냥은 카자흐 족뿐만 아니라 키르기즈 족과 몽골 족이 사용하는 방식이기도 하다. 특히 카자흐 족과 키르기즈 족은 거의 사촌지간이라 할 만큼 여러 면에서 닮아 있다. 전통 복식에서도 마찬가지이다. 남성의 전통 모자는 거의 같으며, 여성의 경우 모자 정중앙에 새의 깃털을 꽂은 아름다운 조우관鳥羽冠을 쓴다. 이 깃털 모자는 사우켈레 Saukele, Саукеле 라고 부른다. 한편 신성시하는 새의 털로 점을 치기도 한다.

1 수제 유제품과 잼, 과자류
2 홍차, 맥주, 야채, 잼
3 난, 양고기 구이, 쁠로프
4 가지전, 홍차, 치즈

카자흐 여성의 모자
정중앙에 새의 깃털을 꽂은 아름다운 조우관을 쓰고 있는 여성. 머리에 새의 깃털을 꽂는 전통은 스키타이의 것이라는 주장도 있다.

원래 새의 깃털을 사용하는 것은 조로아스터교의 상징이다. 한반도에는 8세기까지 남아 있었으나 중앙아시아에서는 변용되어 한쪽에만 혹은 묶어서 새의 깃털을 달았다. 이러한 전통이 가장 강하게 남아 있는 국가가 카자흐스탄이다.

❋ 유목민의 생활

카자흐 유목민은 말, 양, 소, 염소, 낙타 등을 기른다. 과거부터 현재까지 가축의 먹이를 찾아 항상 옮겨 다닌다. 가축들이 모두 살찐 가을이 되면, 사람들은 인구와 가축의 수를 점검한다. 말 젖을 짜는 방법도 이채롭다. 망아지가 어미의 젖을 한 번 먹으면 망아지를 쫓아내고 젖을 짠다. 말이 새끼를 낳고 젖을 먹이는 기간이 마유를 확보할 수 있는 유일한 시기이다. 이렇게 얻은 말 젖으로 치즈를 만든다. 소나 양 젖으로 치즈를 만들기도 하지만, 말 젖으로 치즈를 만드는 몇 안 되는 유목민 중 하나가 바로 카자흐 족이다. 그만큼 말에 대한 의존도가 높다. 카자흐 족의 어떤 유목 지역은 겨울에 영하 40도 이하로 떨어지는데, 이때 여름에 만든 말 젖 치즈를 먹어 부족한 지방분을 보충하고 추운 겨울을 보낸다. 그래서 카자흐 민족에게는 "사람이 말과 떨어져 어떻게 살 수 있겠는가."라는 격언이 있다.

카자흐 민족과 **말**

카자흐 민족은 남녀를 가리지 않고 걸음마를 시작하자마자 말 타는 것을 배운다. 말을 타는 솜씨는 가히 놀라울 정도라 과거에는 말을 타고 싸우는 기마전에도 능했다. 말을 타고 활을 쏘다가도 불리하다 싶으면 주저 없이 뒤로 빠지는 게릴라전의 명수였다. 만약 전쟁 중에 화살이 떨어지면 말의 뼈를 깎아 화살을 만들고, 물이 떨어지면 말의 피를 마시며, 팔이나 다리에 부상을 입으면 말의 복부를 갈라 상처 난 곳을 치료를 했다고 한다. 적을 공격할 때에는 비호같이 공격하고, 쏜살같이 후퇴한다고 자랑스럽게 말한다. 말 등에서 모든 일이 진행된다.

결혼식 역시 말을 타고 시작한다. 신랑 측에서 보낸 비단으로 얼굴을 감싼 신부는 말을 타고 신랑 측 유르타가 있는 곳으로 간다. 신부를 데리고 유르타 안으로 들어가 신랑 측 사람들에게 소개하면, 신랑의 악사칼 중 한 명이 신부에게 묻는다. "신랑의 부모를 잘 모시겠는가. 신랑에게 순종하겠는가. 신랑의 말들을 잘 보살필 것인가." 신부가 고개를 숙여 동의를 표하면 가장 연장자인 악사칼이 결혼이 성립되었음을 선언하고 알라의 이름으로 축복한다. 신부는 얼굴을 공개하고 마유주 쿠미스를 따라 손님들에게 접대하고, 신랑은 신부를 도와 손님들을 모신다. 유르타 밖에서는 카작 전통악기 돔부라를 연주하며 노래하는 사람들로 흥겨운 잔치 분위기는 무르익어 간다.

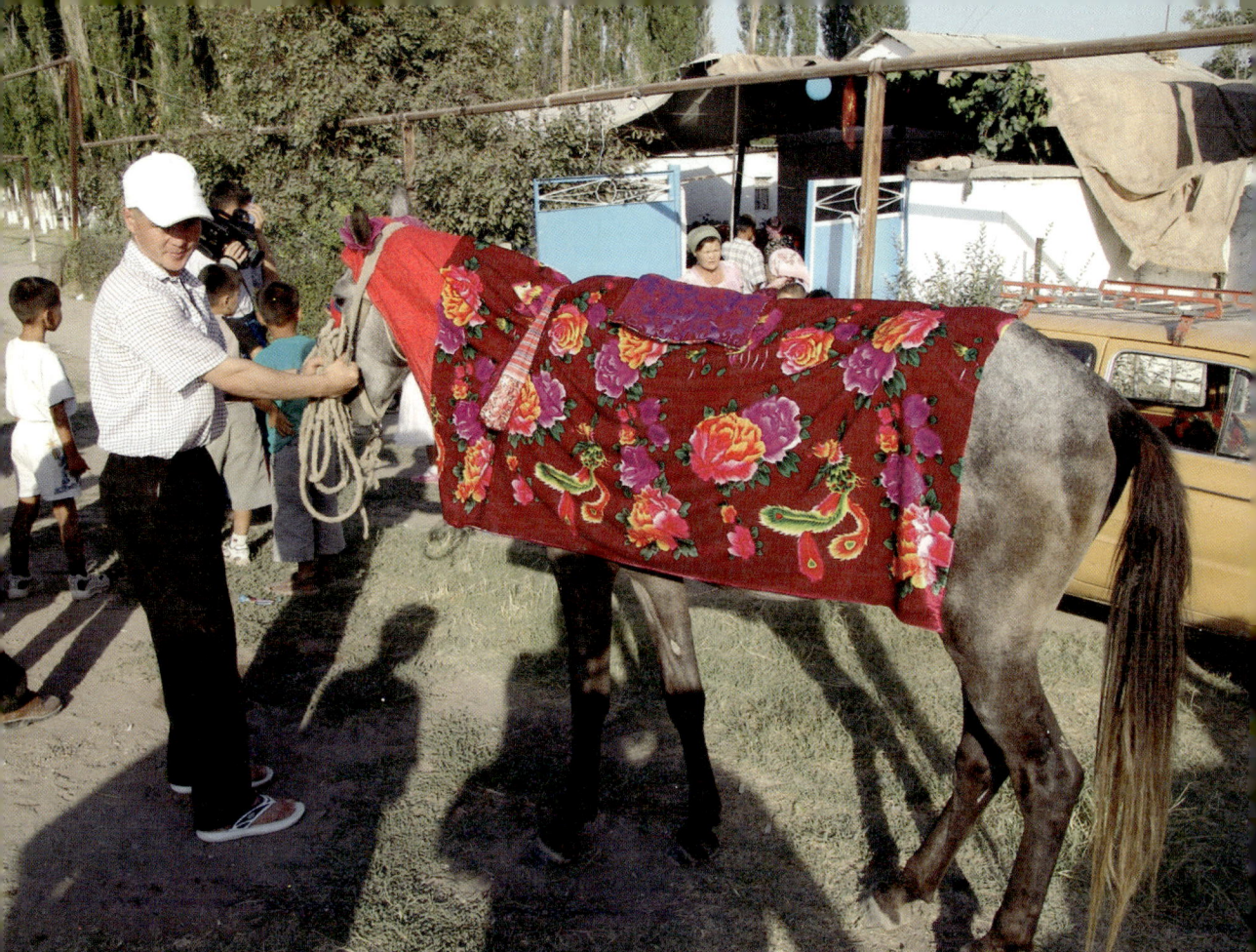

할례를 한 어린이에게 선물하는 말

+ 유목 민족에게는 놀이도 중요하다. 특히 말과 관련된 놀이나 경기는 구성원으로 인정받는 통과 의례이기도 하다. 그래서 카자흐 민족의 말과 관련된 놀이나 경기는 남다른 의미를 가진다.

● 키즈 쿠우

키즈 쿠우Kyz kuu는 말을 타고 달아나는 처녀를 따라잡는 놀이이다. 유목 생활을 하는 카자흐 민족에게는 가축 중에서도 말이 매우 중요한 역할을 한다. 때문에 전통 민속놀이에서도 말을 타고 하는 놀이의 비중이 높다. 키즈Kyz는 젊은 미혼 여자를 지칭하는 말이며, 주로 결혼 적령기의 청춘남녀가 하는 놀이이다.

놀이 방식은 이렇다. 젊은 남녀 한 쌍이 초원으로 나가 여자는 남자보다 20~30미터 앞에서 출발 신호를 기다린다. 신호가 떨어지면, 남녀는 말을 타고 전속력으로 달린다. 이때 남자는 반환점을 돌아올 때까지 여자를 따라잡아야 한다. 성공한 남자는 여자를 안고 입을 맞출 수 있다. 만약 여자가 남자의 입맞춤을 거절하고 싶다면, 손에 쥐고 있던 채찍 캄쉬^{Kamshy}로 자신을 방어할 수 있다. 또 남자가 말을 잘 못 탄다거나 여자를 따라잡지 못하면 여자는 캄쉬로 남자를 때릴 수 있다. 이 놀이는 명절이나 잔칫날에 주로 하며, 카자흐스탄에서 가장 흔한 놀이이다.

콕 파르

키르기즈스탄의 콕 보루*를 말하며, 말을 다루는 탁월한 기술과 힘이 요구된다. 옛날에는 염소 대신 늑대를 이용해 이 놀이를 했기 때문에 콕 파르, '흰 늑대 혹은 회색^콕 늑대^{파르}'라는 명칭을 얻었다. 이는 투르크계 민족의 시조신화始祖神話인 늑대 신화에서 유래했다.

남자의 놀이인 콕 파르는 보통 한 팀에 일곱 명씩 두 팀이 겨루는 경기이다. 참가자들이 먼저 염소를 죽여서 머리와 다리를 자르고 내장을 제거한 뒤, 염소 몸통을 가지고 들판에서 펼친다. 각 팀은 타이 카잔^{Tay kazan}이

---

*콕 보루는 말을 타고 죽은 염소를 상대 진영의 골대에 넣는 경기이다. 말을 타고 부딪히며 겨루기 때문에 상당히 과격하게 진행된다. 정해진 시간에 염소 몸통을 상대 진영의 언덕에 누가 빨리 올려놓느냐가 경기의 승패를 좌우한다. 다음 장인 키르기즈스탄에서 자세히 다룬다.

라 부르는 커다란 냄비를 놓고, 죽은 염소를 상대방 타이카잔에 더 많이 내려놓는 팀이 승리한다. 머리 없는 염소의 몸통은 적어도 15~20킬로그램은 나가므로 각 팀은 말을 잘 타고 힘이 센 사람을 참가자로 선정한다.

경기장에 놓인 커다란 두 냄비 사이에서 두 팀 대표가 염소를 옮기기 시작하면, 각 팀의 나머지 참가자도 말을 타고 염소 옮기는 것을 돕는다. 콕 파르는 보통 한 시간 정도 진행된다. 경기에서 승리해 얻은 염소는 맛이 좋기로 소문이 나 있다.

❁ 텡게 일루

일명 '동전 줍기' 혹은 '말 치즈 줍기' 놀이이다. 텡게 일루Tenge ilu는 최근에 나온 말이고, 원래 쿠미스 일루Kumis ilu라고 한다. 말린 말 치즈나 동전 등을 땅에 내려놓고 달리는 말에서 정확하게 이것을 집는 경기이다. 참가자들은 말을 타고 달려와 재빠르게 몸을 굽혀 말 치즈를 주워야 하기 때문에 여간 힘들지 않다. 순간적인 집중력과 말 타는 솜씨, 민첩성이 있어야 가능하다.

❁ 바이게

바이게Bayge는 말 경주로, 자르시Jarysy라고도 한다. 카자흐 유목민은 말 경주를 통해 말 타는 기술을 향상시켜 왔다. 이 놀이는 말을 그냥 타는 것이 아니라 먼 거리를 얼마나 짧은 시간에 도달하는지 겨루는 것이다. 3월 20일부터 23일 사이에 열리는 새해 축제인 나브루즈 때 주로 행한다. 또 지역의 재력가가 가족의 잔칫날, 즉 할례나 결혼 등이 있을 때에도 자비로 개최한다.

바이게는 보통 장거리, 중거리, 단거리 경주로 나누는데, 25~30킬로미터의 장거리 경주는 알라만 바이게Alaman Bayge, 20킬로미터의 중거리 경주는 톡 바이게Tok Bayge, 10킬로미터 이내의 단거리 경주는 조르가 자르스Jorga Jars라고 한다. 말 경주에는 남녀노소 누구나 참가할 수 있으나 15세 전후의 가볍고 체력이 좋은 청소년들이 주로 참가한다.

경주 날짜가 정해지면 적어도 보름 이상을 연습하는데, 안

장 없이 임하는 경우가 많다. 1등 상품은 가구를 갖춘 유르타와 낙타, 말, 소, 양을 골고루 섞어 50마리 정도를 준다. 2등에게는 은화와 네 종류의 가축을 골고루 40마리 준다. 참가한 사람들에게는 작은 상품이 선물로 주어진다.

✤ 잠비 아투

잠비 아투 Jamby Atu에서 잠비는 '풍요, 풍성'을 뜻하며, 과거에는 화폐 단위로도 사용되어 대략 1.8킬로그램 정도의 은화를 뜻한다. 잠비 아투는 과녁이 되는 나무에 은화를 박아놓고 활로 쏘아 맞추는 전통 놀이이다. 보통 50~75미터 떨어진 과녁을 맞추어야 한다. 땅에 서서 활을 쏘기도 하지만, 유목 민족답게 말을 타고 전속력으로 달리면서 과녁을 맞히는 것을 좋아한다. 어떤 기수들은 달리는 말의 안장 위에 서서 활을 쏘아 목표물을 맞히기도 한다.

아랄 해와 카스피 해
Aral Sea Caspian Sea

1937년 한인 사회의 중심 크즐오르다

카자흐스탄의 서부에 위치한 크즐오르다^{Kyzylorda}는 사막의 도시나 다름없다. 시르 다르야가 주변에 없었다면, 황량한 도시조차 되지 못했을 것이다. 크즐은 카작 어로 '붉은', 오르다는 '성城'이니, 즉 '붉은 성'이다. 사막으로 떨어지듯 사라지는 붉은 노을을 보고, 유목민들이 붙인 지명이 아닌가 생각된다.

크즐오르다는 중앙아시아 한인 역사에서 빼놓을 수 없는 지역이다. 당시 크즐오르다는 카자흐스탄 소비에트 사회주의 공화국의 수도였다. 1937년, 연해주에서 한글로 신문을 발행하던 신문사 〈선봉〉이 한인들과 함께 크즐오르다로 강제로 이주당했다. 해삼위* 조선사범대학, 조선극장 혹자는 고려극장이라고도 한다도 함께 강제 이주당했다. 그러나 이주한 해에 신문사는 폐간되었고, 이듬해에 해삼위 조선사범대학도 문을 닫았다. 한편 신문사는 〈레닌의 기치〉라는 새로운 신문을 발간했는데, 이 신문은 훗날 〈레

---

* 해삼위는 오늘날의 블라디보스톡, 우수리스크, 하바로프크 등 연해주 세 지역을 일컫는 조선 말이다. 지금은 연해주란 명칭을 더 많이 사용한다. 한편 원동이란 말도 있는데, 원동은 '가장 먼 동쪽'이라고 해서 해삼위와 비슷하게 사용하기도 하고, 구체적으로 블라디보스톡을 지칭한다. 중앙아시아 한인들은 원동이란 표현을 가장 많이 쓴다.

✦ 러시아 연방이 50년간 임대한 우주 발사 기지 바이코누르가 있는 곳은 크즐오르다에서 서북 방향으로 떨어져 있다. 한국인 최초의 우주인 김소연 우주비행사가 탄 러시아의 우주선이 발사된 곳이다.

닌기치〉로 개명되어 오늘날 알마아타의 한글과 러시아 어 혼용 신문 〈고려일보〉의 전신이 되었다. 조선극장은 1969년, 신문사는 1978년에 현재의 알마아타로 이주했다.

크즐오르다는 초기 한인 사회의 행정 중심지였을 뿐 아니라 벼 재배에서도 중요한 곳이다. 한인 김만삼은 아방가르드 깔호즈를 크즐오르다의 벼농사 중심지로 만들었다. 1937년 강제로 이주당한 후 크즐오르다에서 농업에 종사하면서 이웃한 투르크계 민족들에게도 벼농사 방법을 전승했다고 고송무 교수*는 전한다. 따라서 쌀은 카자흐스탄의 주식이자 한인임을 나타내는 문화적 상징이라 할 수 있다.

크즐오르다는 카자흐스탄 남동부의 딸띠꾸르간과 더불어 소비에트 연방의 벼농사 중심지 역할을 했다. 벼농사에 타고난 기술을 가졌던 한인들은 성실함과 부지런함, 여기에 벼 종자 개량 노력으로 카자흐스탄을 비롯해 중앙아시아에서 벼농사의 귀재로 불렸으며, 벼농사 가능 지역의 북방한계선을 허문 세계 기록도 갖고 있다. 실제로 소비에트 쌀 소비량의 3분의 1을 한인이 공급했다고 하니 그 명성이 자자할 만하다.

❋ 크즐오르다에 묻힌 한인 의병장

여기 중앙아시아 사막 도시 한가운데서 일본 제국주의의 암울한 역사를 만날 수 있다. 바로 홍범도 장군이다.

---

* 1980년대 초반부터 소비에트 연방을 답사한 최초의 한국인 학자. 고송무 교수가 있었기에 중앙아시아 한인들의 역사와 문화가 한국에 알려질 수 있었다.

지난 1989년 1월 16일자 〈경향신문〉에는 홍범도 장군의 사망과 관련한 논쟁이 지면을 장식했다. 홍범도 장군이 중국에서 사망했느냐, 아니면 소비에트 연방에서 사망했느냐 하는 문제였다. 〈경향신문〉 1988년 7월 2일자에서 당시 핀란드 헬싱키 대학에서 연구 중이던 고송무 교수가 홍범도 장군이 중앙아시아에서 사망했다는 기사를 내면서 촉발됐다. 이에 중국 연변 조선족 자치주 역사 연구가인 복정섭, 황현걸, 김파 등은 월간 〈사회와 사상〉 11~12월호를 통해 "홍 장군은 1943년 11월 8일 연길현 석정향 구룡촌 화전자 수풍골에서 병사했으며 묘소도 그곳에 있다."라고 반박했다. 그러자 소설 《홍범도》를 집필한 소비에트의 김세일 작가는 이들의 주장에 반박하는 글을 〈경향신문〉 1988년 12월 21일자에 게재했다.

이런 논쟁이 일어난 것은 냉전 시기 소비에트 연방과 중국이 제대로 소통하지 못한 데 원인이 있다고 생각한다. 홍범도 장군의 사망 연월일과 사망 장소, 사망 원인은 소비에트 연방 한인 사회에서는 누구나 다 알고

있는 역사적 사실이다. 그럼에도 이러한 논쟁이 중국 조선족 학자들에 의해 제기되었다는 것은 사회주의 국가 내부의 사상 논쟁에서 홍범도 장군에 대한 논의가 금기시되었다는 것을 뜻한다. 1943년 10월 27일 당시 홍범도 장군 관련 〈레닌기치〉 2면의 기사를 가능한 한 그대로 옮기면 다음과 같다.

> 홍범도 동무를 곡하노라. 홍범도 동무는 여러 달 동안 숙환으로 집에서 신음하시다가 그만 75세를 일고로 하시고 1943년에 십월 25일에 세상을 떠나시었다.
>
> 그는 1868년에 조선 평안남도 평양부에서 출생하시어 부모를 어려서 여이고 이리저리 돌아다니면서 서슴사리로 생을 유지해샀다. 쓸아린 생의 학교를 마춘 그는 일즉붙어 착취의 멍에를 경험하여 분루하섯으며 조선 빨찌산 운동의 거구가 되어 력열 고투하엿다.
>
> 홍범도 동무는 레닌 쓰딸린 당의 충직한 당원으로서 년치가 이미 높앗음에 불구하고 사회사업에 열성있게 참가하시엇으며 당의 사명을 꾸준히 실행하기에 정력을 앗기시지 않앗다.
>
> 우리 조국에와 불세위크당에 퍽 충직하신 홍범도 동무는 자긔의 생의 경로를 진실히 맞추고 길이 돌아가시엇다. 홍범도 동무에게 대한 긔억은 그를 아는 친우들에게 영원히 남아 있을 것이다. 김 알렉쎄이, 김블라지미르, 서재욱, 남해룡, 김학림, 김긔순.

신문의 2면 아래에는 부고 기사도 실렸다.

홍범도 동무가 여러 달 동안 병환에 계시다가 본 월 25일 하오 8시에 별세하엿기에 그의 친우들에게 부고함. 장례식은 1943년 십월 27일 하오 4시에 거행함. 크슬-오르다 정미공장 일꾸ㄴ 일동.

한국 사회에 홍범도 장군에 관한 역사적 사실이 알려진 것은 고송무 교수의 공로가 크다. 그는 1980년대 초반부터 소비에트 연방에서 한인이 밀집했던 중앙아시아를 답사하며, 홍범도, 유동하 등 독립운동가를 비롯해 중앙아시아 한인 관련 자료를 수집했다. 그가 체계적이고 기본적인 자료를 수집해 두지 않았다면, 우리는 당대의 소중한 자료들을 다시는 발굴해 내지 못했을 것이다. 한국 학계가 중앙아시아에 관심을 가진 것은 빨라야 1990년대 초반이다. 이때는 이미 한인 사회가 소비에트화되었고, 또한 한글 세대가 고령화되어 자료 발굴이 어렵게 되었기 때문이다.

고송무 교수는 1993년 9월 21일 알마아타에서 교통사고를 당해 유명을 달리했다. 그는 살아생전에 중앙아시아 대학들에 한국학과를 설치하려고 노력했고, 카자흐스탄 국립대학교와 우즈베키스탄 동방학대학교에 한국학과가 개설되면서 결실을 맺었다. 비록 짧은 일생을 살았지만, 그의 이름은 중앙아시아 한인 역사에서 결코 지워지거나 잊히지 않을 것이다.

악따우와 카스피 해

카자흐스탄 카스피 해의 해안 도시 악따우Aktau와 아띠라우Atyrau는 나날이 발전을 거듭하고 있는 천연자원 개발의 현장이다. 그 옛날 유목민의 발자취를 이곳에서는 상상하기조차 힘들다. 도시 곳곳이 석유 채굴로 발생하는 냄새와 먼지로 가득한 악따우와 아띠라우는 매번 지형지물이 변하며 발전하고 있다. 전에 없던 철도가 연결되고, 도로가 뚫리고, 석유 운송 파이프라인이 건설되고 있다.

서중부 끝자락에 위치한 악따우는 지척에 카스피 해가 내려다보이는 해안 도시로, 두 개의 수도인 알마아타나 아스타나에서 너무나 멀다. 우랄 강의 서안에 위치하기 때문에 유럽이라 칭하기도 한다. 아시아와 유럽을 나누는 경계가 우랄 산맥이고, 그 우랄 산맥을 따라 흘러가는 강이 우랄 강이기 때문이다.

한때 국경선을 획정할 때, 우즈벡의 국경선이 서쪽으로 쭉 뻗다가 낙하하듯 책정되지 않았다면 이곳 악따우는 우즈베키스탄의 영토가 되었을 것이다. 그러나 이곳은 카자흐의 영토가 되었고, 악따우가 위치한 망기쉬락 반도에서 엄청난 유전이 발견되면서 카자흐스탄은 엄청난 천연 자원을 보유하게 되었다.

악따우의 악은 카작 어로 '희다', 따우는 '산, 산맥'이란 뜻이다. 악따우가 해안가이기에 토양이 하얗게 빛나고, 망기쉬락 반도의 비교적 고지대에 있기에 붙은 지명이다. 악따우는 아띠라우와 함께 카자흐스탄 천연자원의 보고이며, 어느 악사칼은 "신이 카자흐스탄에 선사한 가장 큰 선물

이 카스피 해이다."라고 말할 정도이다. 카스피 해에서 채굴되는 자금으로 카자흐스탄은 일취월장의 경제 발전을 거듭하고 있다. 그 중심 지역이 바로 악따우와 아띠라우이다.

악따우를 비롯한 카스피 해 연안의 해안선은 카자흐스탄에서 가장 아름다운 소금 해안선이다. 악따우 연안 내륙에 위치한 검은 호수 카라쿨, 신비한 동굴들, 지하 건축물, 신기한 공동묘지들, 망기쉬락 반도 아래쪽에 위치한 카작 걸프, 위쪽의 망기쉬락 걸프, 해안선을 따라 난 협곡들은 악따우의 자연 경관을 잘 보여 준다.

18세기 초반 러시아 인이 망기쉬락 반도에 왔을 때 아주 독특한 유목민 공동체를 만났다. 카스피 해 연안을 따라 생활하던 유목민 공동체는 카자흐스탄 북부 및 동부의 유목민과는 전혀 다르게 낚시와 물개 잡이로 살아가고 있었다. 일부는 반정착 생활을 하며 농경도 했다.*

망기쉬락 반도의 사막에 반쯤 묻힌 유적들은 이곳에 한때 물을 끌어다 쓸 수 있는 시설이 있었거나 식수 공급이 가능했다는 것을 의미한다. 즉 농경민의 정착지로써 오늘날보다 더 좋은 환경이었음을 보여 준다. 유목이 아닌 정착하여 농경을 하는 카작 민족, 어업을 하는 카작 민족에 대한 발굴과 연구는 오늘날 카작 민족 연구의 핵심 과제이다.

1 악따우의 카스피 해 연안
2 망기쉬락 반도의 사막

* 유목민이 유목을 하면서 부분적이나마 어업과 농경을 했다는 것은 유목을 버리고 농경으로 가는 중간 과정으로 볼 수 있다. 아주 독특한 문화 변동 과정이다.

우랄스크와 아띠라우 그리고 러시아

❃ 우랄스크와 우랄 강

우랄 강 중부 서안에 위치한 우랄스크^{Uralsk}는 카자흐스탄의 알마아타보다 폴란드의 바르샤바에 더 가까운 유럽의 도시이며, 1775년 러시아 인의 도시로 출발했다. 우랄스크 주변 러시아 북부에서 흘러내려 카자흐 초원으로 유입되어 결국 카스피 해에 이르는 장장 2,428킬로미터의 우랄 강은 아시아와 유럽을 가르는 경계의 강이다. 느릿하게 흘러가면서 무수한 작은 지류를 만들기도 하고, 때로는 섬과 드넓은 저지대를 형성하면서 흘러간다. 그래서 우랄 강 강안에는 늪지와 작은 호수들도 많이 생겨났다.

지금은 러시아 민족이 훨씬 더 많이 살고 있지만, 원래 우랄스크는 카자흐 민족이 러시아 남부로 진출하면서 형성된 정착지였다. 볼가 강과 더불어 두 강 사이의 드넓은 비옥토는 농경과 유목을 가능케 한 젖과 꿀이 흐르는 땅이었다. 러시아 민족과 카작 민족이 우랄스크에서 조우한 것은 1756년이다. 제정 러시아가 칙령을 반포하여 카작 민족이 우랄 강 동안에서 방목하지 못하게 하자 두 집단은 충돌했고, 러시아는 이곳에 우랄스크를 세웠다.

우랄스크에서 아띠라우에 이르는 길목은 우랄 강을 따라 형성되어 있다. 특히 우랄 강 서안은 동안보다 훨씬 더 비옥하여 약 500킬로미터에 걸쳐 녹지가 조성되어 있다. 농경민이나 유목민이나 목숨을 건 전쟁을 할 만큼 풍요로운 지역이다. 우랄 강이 카스피 해에 다다를 무렵 만나게 되는 도시가 아띠라우이다.

아시아와 유럽을 가르는 우랄 강을 따라 보다 유럽에 가까운 우랄스크와 카작 영토에 최초로 만들어진 러시아 도시 아띠라우가 자리 잡고 있다.

❖ 최초의 러시아 도시 아띠라우

아띠라우는 카자흐스탄 영토에 최초로 만들어진 러시아 도시였다. 16세기 중반 제정 러시아의 이반 4세가 지배하던 시절 카잔, 아스트라한 칸국이 정복되면서 아띠라우 역시 제정 러시아의 수중에 넘어갔다. 러시아인은 카작 민족과 우호 관계를 맺으면서 우랄 서안에 대한 지배력을 강화하기 시작했다. 러시아 인의 이주와 더불어 카스피 해 연안에 위치한 이점으로 어업 도시로서의 면모를 갖추어 나갔다.

그러던 중 제정 러시아의 부유한 상인 가문 구리예프가 아띠라우 우랄 강과 엠바 강 저지대 삼각주에 대한 토지권을 이양받아 칼믹이나 코사크에 대항하도록 아띠라우를 요새화하기 시작했다. 돌로 성벽을 쌓고 포문을 설치해 방벽을 강화하고, 이웃한 부족과는 관계를 향상시켰다. 그 결과 1734년에 아띠라우는 도시 창건자 구리예프의 성을 따 도시 이름을 명명했다.

아띠라우는 유럽과 아시아의 경계에 위치하여 아미르 티무르와 훗날 코사크 용병들에게 파괴된 슬픈 역사를 지녔다. 더구나 시베리아와 중앙아시아를 구별하는 경계선 또한 아띠라우에서 시작한다.

몇 해 전 카자흐스탄의 해군 제독이 한국을 방문했다. 군함을 구입하기 위해서였다. 내륙 국가인 카작에 왜 해군과 군함이 필요할까? 그것은 카자흐스탄에는 카스피 해라는 내륙해가 있기 때문이다. 문제는 구입한 3천 톤급 군함을 어떻게 운반할 것인가였다.

카작이 1991년 소비에트에서 독립한 이후 카스피 해 동부 해안에서 대규모 유전이 발견됐다. 이에 카스피 해 연안을 영유한 국가 간에 영토 문제가 불거져 첨예한 이해관계의 현장이 되었다. 카자흐스탄은 영토 보호를 위해 해군을 창설하고 군함을 도입하기로 했다. 그 결과 한국의 군함을 도입하고, 군함 운반까지 의뢰했다. 한국에서 카스피 해로 군함을 운반하는 과정은 한국과 카자흐스탄 간의 심리적 거리만큼이나 멀어서 인도양–지중해–흑해–볼가 강–카스피 해를 거쳐야 했다.

한편 카스피 해 동부 지역에 대한 관심이 고조되는 와중 아띠라우 초원에서 꾸르간이 발견되었다. 1999년 10월 아랄또베에서 발굴 조사를 벌이던 고고학자들은 사르마트 시기의 꾸르간을 발굴했다. 여기서 출토된 것이 무사武士와 그의 아내로 추정되는 두 구의 미라였다. 남자의 의복에는 많은 양의 황금 접시들이 달려 있었고, 상감 기법으로 제작된 황금 유물들이 출토되었다. 아랄또베 꾸르간을 통해 카스피 해 동부 지역이 기존 학계의 추정보다 더 오래된 사르마트 인의 활동 영역이었다는 것이 밝혀졌다.

✦ 우랄 산맥 남서부의 볼가 강안은 러시아의 공업 도시가 있는 지역이다. 볼가 강은 3,700킬로미터나 되며, 러시아 내륙 물류의 중심축이다. 흑해, 발트 해, 카스피 해를 연결하며 카스피 해로 흘러들어 간다.

아스카멘 Oskemen

카작 알타이의 위용 **아스카멘**

카작 답사는 동카자흐스탄의 주도 아스카멘에서 시작해야 한다. 오늘날 카작 민족 및 문화의 원류에 해당하는 지역이기 때문이다. 카작 민족이 동부 지역을 거쳐 현재의 땅인 남쪽으로 내려오면서 카작 민족의 기틀이 형성되었다. 따라서 아스카멘을 비롯한 동부 지역은 카작 민족의 과거이자 미래이기도 하다. 근대 한인 수난사에서 아스카멘은 1937년 강제 이주 열차가 남하한 루트이기도 하다. 아스카멘에서 한인 정착촌 딸띠꾸르간의 우쉬또베까지 장장 1,300킬로미터를 내려왔다.

아스카멘의 러시아식 이름은 우스티 까멘노고르스크이다. 우스티는 '강이 모이는', 까멘노고르스크는 '돌의 산'이란 뜻으로 순 러시아 어이다. 따라서 우스티 까멘노고르스크는 '강이 모이는 곳에 돌이 산처럼 많은 지역'이라는 뜻이다. 아마도 중국 알타이에서 발원한 이르티쉬 강이 우스티 까멘노고르스크까지 흐르면서 강을 따라 흘러온 돌들이 산재하기 때문이리라.

우스티 까멘노고르스크는 알타이 문화권의 천산과 연결되는 접경지이다. 카자흐스탄 동북부에서는 강을 좀체 만나기 힘들지만, 유일하게 이르

✚ 아스카멘을 관통하는 이르티쉬 강은 러시아 남부 시베리아를 거쳐 북극해로의 기나긴 여정을 떠난다. 나는 이르티쉬 강을 유난히 좋아한다. 한여름에도 이르티쉬 강에 두 발을 담그고 30분을 버티기 어려울 만큼 차갑다. 차고 맑은 강물을 보고 있으면 시베리아의 매서움이 느껴지기도 하지만, 묵묵히 유유히 흘러가는 강은 알타이의 젖줄이나 마찬가지이다. 생명의 탄생을 위해 희생과 번영의 토대를 선사하는 강이다.

티쉬 강이 흘러 더욱 활력 넘치는 도시가 되었다. 동에서 서로 흐르는 이르티쉬는 중국 알타이에서 곧장 서쪽을 향해 카자흐스탄 땅으로 들어온다. 그렇게 서쪽으로 흐르다 서서히 북쪽을 향할 준비를 할 때쯤 울바 강을 만난다. 울바 강이 이르티쉬에 합류한 후 그제야 북쪽을 향해 시베리아 대륙을 적시며 힘차게 흐르기 시작한다.

소비에트 연방에서 독립한 이래 도시의 이름은 카작 어인 아스카멘으로 변경되었다. 그러나 이곳은 여전히 러시아 인의 도시이다. 40만 명의 인구 중 70퍼센트는 러시아 인이고, 우크라이나 인, 중국계 카작인, 우랄 인, 체첸 인, 크림 따따르 인, 아르메니아 인, 아제르바이잔 인, 알타이 인 등이 혼거하고 있다. 그래서 마치 러시아의 어느 도시에 와 있다는 느낌이 든다. 거리나 건물들에 시베리아 남부 러시아의 문화적 향취가 물씬 풍긴다.

원래 카작 인의 땅이었으나, 제정 러시아를 거치면서 아스트라한, 노보시비르스크와 더불어 러시아 인이 절대 다수를 점하는 도시로 변했다.

아스카멘 주립 민족학 박물관과 민족학 공원

아스카멘 역사박물관과 민족학 박물관에는 카자흐 민족의 삶이 올곧이 남아 있다. 과거에 유목 생활을 했던 카자흐 민족의 생활 풍습이 그대로 전시되어 있기 때문이다.

옛날 카자흐스탄 영토에는 사카도, 흉노도, 스키타이도 살았다. 즉 다양한 종족 집단이 서로의 문화적 특징을 간직한 채 어울려 살았다. 사카의 문화적 특징과 흉노의 문화적 특징이 섞여 흉노로 이어졌고, 스키타이 시대에는 이미 혼혈이 이루어지고 있었다. 사카는 페르시아나 러시아 학계에서 지칭하는 용어이고, 스키타이는 고대 그리스에서 키예프 초원을 비롯한 유라시아 지역에 살고 있는 사람들을 부른 용어이다. 즉 스키타이는 오늘날 영미권에서 중앙유라시아 고대 유목 민족을 지칭할 때 주로 사용하는 용어로, 중앙아시아나 소비에트에서는 사카라는 용어를 더 선호한다.

그러던 어느 날 시간이 흘러 중앙아시아 지역에 투르크가 나타났다. 원래 투르크는 시베리아 바이칼 호수 주변에서 몽골 고원에 이르는 지역에 살다가 시베리아 전역과 중앙아시아 지역에까지 등장했다. 그러다 몽골이 세계를 제패했고, 이어서 러시아가 이 지역에 들어온 후 최근까지 러시아 민족이 주도권을 잡고 있다. 따라서 카작과 러시아는 이 땅에 현존하는 민족으로 영유권을 갖고 있다.

1 주립 역사박물관
2, 3 박물관 전시 유물
4 민족학 박물관 별관 입구

키로프 공원 안에는 카자흐스탄 동부의 역사를 잘 보여 주는 아스카멘 주립 역사박물관이 있다. 역사박물관 옆에는 카자흐스탄에서 유일한 민족학 박물관이 있다. 카작 민족의 민속과 전통문화를 여과 없이 보여 주는 아담하지만 알찬 박물관이다.

민족학 박물관의 관장은 지난 30년간 관장직을 수행하고 있는 아스카멘 러시아 인 니콜라이 알렉세이비치 자이초프다. 30대 초반에 관장직에 올라 지금까지 아스카멘 카작 민족의 문화를 전승하고 유지시키는 데 매진한 전형적인 행정가이다. 한국에서 처음 온 손님이라며 나를 반갑게 맞아준 자이초프 관장은 아스카멘 시 정부와 함께 야심차게 추진하고 있는 40헥타르의 아스카멘 민족학 공원을 보여 주었다. 민족학 공원은 우리네 민속촌과 같은 공원마을이다.

민족학 공원 내 러시아 인 전통 가옥

+ 이르티쉬 강변 넓은 유원지에 조성된 민족학 공원은 2012년 현재 부분적으로 완공되어 개방했다. 강변에 하얗게 속살을 드러낸 자작나무 숲 사이로 소비에트의 잔재들이 누워 있다. 철거된 레닌 동상, 소비에트 혁명가들의 동상이 공원 한쪽에 방치되어 있다. 동카자흐스탄 주에 살고 있는 모든 민족들을 망라해 민족별로 공원을 구획하여 이곳을 찾는 사람들은 누구나 동카자흐스탄 주의 다양한 문화를 체험할 수 있도록 하였다. 한쪽에는 한인 거주지가 마련되어 기와지붕과 초가지붕을 한 건물들이 들어서 있다.

자연 속의 알타이 천국 리데르

동카자흐스탄 주의 최북단에 리데르^{Ridder}라는 도시가 있다. 러시아 지질학자 리데르 필립이 발견하여 건설한 도시로 고르니 알타이 남쪽에 위치한 국경 지대이다. 한때 나는 리데르에서 알타이 산을 타고 러시아 고르니 알타이로 들어갈 계획을 세운 적이 있다. 실제로 마음만 먹으면 얼마든지 국경을 넘어 고르니 알타이로 들어갈 수 있다. 러시아와 카자흐스탄의 국경선이 그어졌을 뿐 소비에트 시절부터 지금까지 사람들은 국경을

리데르는 알타이의 자연환경과 산세를 빼다 박았다. 고르니 알타이 문화권이라 해도 전혀 문제될 것이 없다.

전혀 개의치 않고 버스를 타고 기차를 타고 넘나들며 생활하고 있다.

리데르는 해발 750~780미터에 자리 잡은 거주 인구 5천 명의 작은 촌 도시이다. 러시아 인, 중쥬즈 카작 인, 카잔 따따르 인, 체첸 인, 잉구쉬 인, 아바리츠 인, 우크라이나 인, 벨라루스 인, 독일인, 그루지야 인, 아제르바이잔 인, 우즈벡 인, 타직 인, 베라 인, 돈 카작 인 그리고 세 명의 한인이 살고 있다.

리데르는 거대한 자작나무 숲으로 이루어져 있다. 리데르에서 느끼는 감동은 하얗게 익어 가는 알타이의 자작나무에서 나온다. 자작나무 숲 위

를 거니는 하늘의 무용수 솔개의 날갯짓에서 이곳이 범상치 않은 자연 경관을 가지고 있음을 알 수 있다. 자작나무는 타이가의 거친 기후 속에서 더욱 하얀 몸매를 뽐낸다. 자작나무는 8월이면 노랗게 물들기 시작한다. 알타이의 거친 바람에 자작나뭇잎이 다 떨어져 나비처럼 날아다닌다. 겨울눈이 내리면 자작나무는 눈이 시리도록 하얗게 변해 간다. 죽은 자작나무는 살아 있는 자작나무보다 더 하얗다.

알타이의 정취는 알타이의 비와 바람에서 느낄 수 있다. 새가 오줌을 누듯 비가 오면* 알타이의 하늘은 더욱 맑아진다. 바람은 알타이 사람들의 풍채와 몸매를 가꾸어 주는 역할을 한다.

---

* 카자흐스탄에서는 비가 조금 오다 마는 경우를 '새가 오줌 누듯 비가 온다'라고 표현한다. 푸른 숲이 울창하고, 계곡의 작은 천들이 발달해 비가 조금만 와도 금세 하늘이 맑아진다.

✚ 알타이 사람은 러시아 인이든 카작 인이든 누구든 모두가 잘 생겼고 아름다운 몸매를 갖고 있다. 그도 그런 것이 이들은 알타이에서 생산되는 온갖 종류의 약초를 먹고 산다. 동식물의 천국이자 보고인 알타이에서 자생하는 자작나무는 이곳 사람들을 더욱 건강하게 만든다. 사우나를 즐길 때 자작나무 부채를 만들어 피부의 탄력을 키우며, 자작나무에 구멍을 뚫어 자작나무 수액으로 주스를 만들어 마신다.

알타이 **산속**으로

삼림 보호감시원들을 따라 알타이 산속으로 들어가기로 했다. 추울지도 모른다는 말에 단단히 챙겨 입고, 유네스코가 지원한 낡은 우아즈*에 올랐다. 일반인의 출입이 금지된 삼림 보호구역 안으로 깊숙이 들어가니 자작나무 천지에 날씨가 심술궂게 변한다. 마치 숲 속의 나라에 온 듯하다.

산속으로 들어가기 바로 직전에 있는 작은 마을이 러시아 인이 주로 사는 스베트로브카이다. 감자를 많이 재배하고, 말을 많이 사육하는 곳이다. 나는 이곳에 사는 스베따의 집을 방문했다. 얼마 전까지 리데르 알타이 호텔에서 근무했다는 그는 가족과 함께 알타이의 작은 숲 속 마을로 들어왔다. 음식 솜씨가 좋은 스베따가 준비한 맛있는 점심을 먹고, 나는 이웃집 올랴 아주머니가 선사한 겨울 털가죽 신발을 얻었다. 여름 산속일지라도 알타이의 밤은 매섭단다.

필립은 알타이 산속에서 홀로 삼림 감시원을 하는 마음씨 좋은 러시아 인이다. 근 세 시간 동안 산길을 달려 찾아간 우리를 너무나 반갑게 맞이해 주었다. 동행한 삼림 감시원 나따샤, 류드밀라, 싸샤 그리고 운전사 비딸리는 필립의 통나무 숙소에서 머물기로 했다. 삼림 감시원은 주로 대학에서 동식물을 전공한 학자인데, 가장 어린 싸샤 역시 산이 좋아 삼림 감시원이 되려고 한다. 아직은 인턴이지만, 산속에서 자연을 관찰하고 식물을 연구하면서 살고자 하는 당찬 아가씨이다. 해발 2천 미터에 위치한 필

---

* '우크라이나 아브또 자봇'의 약칭으로 우크라이나 자동차 생산단지를 일컫는다.

립의 감시원 숙소는 러시아 국경선까지 불과 수 킬로미터도 되지 않은 곳에 있었다. 국경 세관원이 저 멀리 보였다.

오랜만에 사람 구경을 한 필립은 우리에게 양배추 스프 보르시를 끓여 주었다. 비장의 무기처럼 오이와 토마토를 썰어 샐러드도 만들어 대접했다. 우리는 벽돌처럼 생긴 러시아 빵 초르니 흘레브와 감자, 계란 등을 내었다. 비딸리와 필립이 준비한 보드카로 그날 저녁은 깊어만 갔다. 필립의 선창에 흘러간 러시아 노래를 부르며, 보드카와 함께 훈훈한 동료애를 느낄 수 있었다. 나도 이들과 함께 산림 감시원이 된 것 같았다. 우리는 그날 밤 필립이 지은 사우나에서 땀을 빼고 차디찬 알타이의 개울물에 몸을 담그기를 서너 차례 했다.

다음 날 아침 산등선을 탔다. 삼림의 상태를 점검하고 밀렵꾼을 찾아내는 작업이다. 아울러 식물의 생장도 살펴야 한다. 알타이 산속은 직접 가보면 매우 거대하다. 이름 모를 풀들이 사람 키보다 더 크게 자라 행진을 방해한다. 유목민인 카작 민족은 이런 산속에서 찾을 수 없다. 러시아 인만이 알타이의 산속을 좋아할 뿐이다.

우리는 산을 둘러보면서 다양한 버섯을 채취했다. 나도 자작나무에 기생한다는 자연산 차가버섯을 발견했다. 2박 3일간의 알타이 산속 여행을 통해 나는 천국의 일면을 보았다. 아무도 가보지 못한 알타이의 산속에서 보낸 짧은 시간은 머릿속에 알타이에 대한 추억을 아로새겨 놓았다.

베렐 계곡

아스카멘에서 동쪽으로 30킬로미터 떨어진 곳에 위치한 커다란 바위 산악 바우르^{Ak Baur}에는 암각화가 있다. 악 바우르는 오직 유목민이나 이곳에 거주하는 자만이 접근할 수 있는 곳이다. 마침 베렐 계곡 가는 길에 있다고 해서 아침 일찍 나섰으나 서너 시간을 허비한 끝에야 겨우 찾을 수 있었다. 자작나무가 듬성듬성 자란 커다란 바위산 봉우리 한쪽 모퉁이에 암각화가 있었다.* 누군가 암각화 위에 덧칠을 하여 보존 상태는 극히 불량해 보였고, 이렇다 할 안내판도 없었다.

베렐 계곡 초입에 우릴 마을이 자리해 있다. 아스카멘에서 450킬로미터 떨어진 해발 478미터에 위치한 우릴은 중국과 러시아, 카자흐스탄이 경계를 이루는 국경 지역이며, 특히 러시아와 지척을 이룬다. 베렐 계곡으로 들어가기 위해서는 반드시 거쳐야 하는 곳으로 러시아 인과 카작 인이 반반 거주한다. 국경에 근접한 지역이기 때문에 우릴 마을로 들어갈 때부터 국경 경비대의 검문을 받아야 했다. 함께한 운전사 티무르가 우릴 마을 출신이기에 수월하게 통과할 수 있었다.

베렐 계곡은 일종의 협곡으로, 커다란 산을 양옆에 두고 남북으로 길게 뻗은 강변에 평지를 형성하고 있다. 한눈에 알아 볼 수 있는 천연 요새와 같은 지형이다. 남북으로 길게 뻗은 계곡이기에 남쪽으로 통하는 작은 개

---

* 한국의 암각화 전문가 장석호 박사에 따르면 암각화는 대체로 남향을 바라보는 바위 표면에 그려지는 경향이 있다고 한다. 장 박사는 악 바우르 암각화 역시 남향에 특징적인 자리에 위치한 암산에 그려져 있음을 발견했다

깊숙한 산촌 우릴 마을

울만 방어하면 감히 누구도 범접할 수 없는 산세를 자랑한다. 베렐 계곡은 우릴 마을에 풍요로운 전원을 선사하고 있다.

베렐 계곡의 초입에 있는 우릴 마을에서도 알타이의 최고봉 벨루하를 볼 수 있다. 러시아의 고르니 알타이보다 더 가까이에 위치한 벨루하는 우릴의 자랑거리이자 자부심이 묻어나는 투르크계 민족의 영산과 같은 산이다. 카작 인은 벨루하를 무즈따우^{얼음 산}라 부른다. 무즈따우의 설산에서 흘러내린 물은 카자흐스탄에서 최고로 치는 생수이다.

무즈따우의 천연 생수

우릴은 깊숙한 베렐 계곡의 입구에 위치하고 있어 외부 세력들이 접근도 못했다고 한다. 칭기즈 칸조차 베렐 계곡에 대해 몰랐는지 우릴을 그냥 지나쳤다고 하며, 전해오는 이야기에 의하면 우릴 계곡 사람들은 칭기즈 칸의 존재에 대해서도 나중에 들었다고 한다.

베렐 계곡 안쪽에는 아직도 카작 인만이 살고 있다. 해바라기와 밀밭이 끝없이 펼쳐진 비옥한 농지에서 말을 끌며 축력^{畜力}과 사육을 하는, 정착한 반농, 반유목의 삶이 그 어느 지역보다 잘 나타난다. 유목이 떠도는 것에 방점이 있다면, 축산은 정착지를 중심으로 한 방목에 강조가 있다. 축산은 가축을 소유지에 풀어 자율 속에서 키운다. 그에 반해 유목은 자율보다는 자유가 강조되며, 자연과 기후에 따라 얼마든지 유동적일 수 있다. 베렐 계곡처럼 상위 일등지에 속하는 목초지라면 유목보다는 정착한 축산에 더 적응한 것이리라. 그래서 유목은 '들살이'라 할 수 있다.

베렐 꾸르간 유물 발굴 현장

❋ 베렐 꾸르간

베렐 계곡의 꾸르간은 1998년 프랑스와 공동 발굴을 통해 알려진 사카 시대의 고분이다. 초기 철기 시대의 황금 유물이 다량 출토되어 유명해졌으며, 알마아타 인근의 이식 꾸르간 이후 이처럼 보존 상태가 좋은 꾸르간은 처음으로 발굴되었다.

베렐 꾸르간은 총 30여 기로, 그중 제11호 꾸르간에서 다량의 유물이 출토되어 학계의 호평을 받았다. 현재 제11호 꾸르간은 현장을 그대로 보존하면서 박물관을 짓기 위한 준비작업에 들어간 상태였다.

제11호 꾸르간은 기원전 5~3세기 무렵에 조성된 사카 문화 시기 왕의 무덤이다. 왕가의 세력가들이 왜 이곳에 무덤을 조성했는지는 분명하지 않다. 다만 여름에 시원한 이곳으로 야영을 왔다가 사후 세계에도 시원한 곳에서 편히 쉬고자 했을지도 모른다고 추측할 뿐이다. 여기서는 황금 장신구, 옥, 터키석, 청동 제품, 구슬 등 약 250점의 유물이 출토되었다. 특히 바다와는 너무나 먼 첩첩산중 베렐 계곡의 무덤에서 조개껍질이 나와 흥미를 자아냈다.

꾸르간은 한결같이 자작나무와 소나무를 이용한 널로 바닥을 덮었다. 그리고 그 위에 나무로 지붕을 만들고 돌을 쌓았다. 시간이 지남에 따라 나무는 썩고, 쌓아놓은 돌무지들은 주저앉았다. 돌무지 주변에는 자작나무들이 하얗게 자라고 있다. 그래서 도굴을 피할 수 있었는지도 모른다.

베렐 계곡 목초지

1990년대 중반 한국에서는 개발이냐 보존이냐에 대한 논쟁이 국민적 관심사였던 적이 있다. 이 문제는 아직까지 개발을 원하는 쪽과 보존을 주장하는 쪽이 팽팽한 줄다리기를 하고 있다. 카자흐스탄에서도 이와 같은 논쟁이 있었다. 아스타나 시가닉 거리에 위치한 꾸르간을 고속도로 건설을 위해 철거할 것이냐 아니면 고속도로를 우회하여 건설할 것이냐의 문제였다.

아스타나 꾸르간은 약 2,500년 전의 것으로 지역 주민들이 신성시하던 지역에 위치한다. 그래서 사람들은 꾸르간이 있는 지역의 황무지조차 개간하려 하지 않았다. 꾸르간을 분해하여 옮기자는 의견도 있었지만, 결국 철거하기로 결정했다. 하지만 보존하자는 쪽에서는 철거 결정을 두고, 아스타나 시정부가 신성한 꾸르간을 훼손한다면 재앙이 닥칠 것이라고 경고하기도 하였다. 그러면서 우즈베키스탄 구르 에미르의 아미르 티무르 무덤을 개봉함으로써 제2차 세계대전에서 독일이 불가침 조약을 깨고 모스크바를 공격한 사건, 고르니 알타이의 파지릭 꾸르간 발굴 후 소비에트에서 발생한 대형 화재 사고 등을 예로 들었다. 여기서 우리는 투르크계 민족들의 무덤 보호 신앙을 엿볼 수 있다.

투르크계 민족들은 무덤을 신성한 것으로 여긴다. 현재까지 도굴된 꾸르간은 적어도 투르크계 민족의 소행이 아니라 러시아 인이나 외부의 세력에 의해 행해진 것이다. 투르크 민족은 아무리 많은 금은보화가 묻혀 있다고 하더라도 도굴을 하거나 무덤을 열어보지 않는다. 무덤은 자신들의 안위와 안정, 미래를 위한 조상의 은덕이 깃든 것이라 여기기 때문이다.

2007년에는 아스타나 외곽 지역에서 꾸르간 발굴이 있었다. 기원전 4~3세기의 것으로 추정되는 꾸르간은 이식 꾸르간과 동일한 적석목곽분 방식으로 매장되어 있었다.

다만 8명의 여자 시신과 개, 화살촉 등이 출토되었다. 발견된 인골이 여성인 점으로 미루어 아스타나 꾸르간은 왕이나 왕족의 꾸르간으로 추정된다.

아스타나는 경주 계림로 14호분에서 출토된 황금 보검과 유사한 유물이 출토된 '보타이'와 인접한 지역이다. 이번에 아스타나 꾸르간의 부장품들이 공개되면 한국에서 큰 관심을 불러일으킬 것이다. 계림로 14호분의 황금 보검의 기원에 대해서 아직까지 한국 학계에서는 전혀 설득력 있는 논의가 진행되지 않고 있기 때문이다. 따라서 황금 보검의 비밀을 푸는 단서로 보타이 출토 유물에 관심을 갖고 있다.

3장 키르기즈스탄

+ 비쉬켁과 추이 *Bischkek*

+ 송쿨 *Songkol*

+ 탈라스 *Jalas*

+이식쿨 Issyk-Kul

+나린 Naryn

+오쉬 Osh

키르기즈스탄
Kyrgyzstan

천상의 정원 호수, 키르기즈 이식쿨의 신비

해발 700미터에서 4,500미터 사이, 천산산맥 언저리에 자리 잡은 산악 국가 키르기즈스탄은 시르 다르야와 아무 다르야를 잉태시킨 강의 시발점이며, 실크로드의 험난한 고산준봉으로 가득한 곳이다. 키르기즈의 영토는 동물의 머리뼈를 닮았고, 그 기울기는 정확히 동서 방향으로 35도 정도 기울어 있다. 우즈베키스탄의 페르가나 계곡을 머금은 모양을 한 형상이다.

키르기즈스탄의 보물은 수많은 호수들이다. 거울 같이 깨끗한 호수들은 높게는 해발 3,500미터의 고지대에 숨어 있다. 저 높이 하늘에서 내려다보면, 마치 신비한 겨울나라인 양 차가운 냉기에 둘려 있는 것 같다. 산속 곳곳의 작은 하천에서, 계곡에서 발원한 온갖 물길이 흘러내려 중앙아시아의 큰 강줄기가 된다. 어떤 하천은 아랄 해까지 흘러들어 가는 강인한 생명력을 보여 주기도 한다.

한편 키르기즈스탄은 유목 문화가 지금까지도 가장 잘 남아 있는 유목민의 국가이다. 스스로가 가장 유목적인 민족이라고 생각하며, 키르기즈의 자연환경 속에서 농촌생활을 선호한다.

혹독하리만큼 추운 겨울, 그 겨울이 지나고 찾아오는 한여름이면 유럽과 아시아의 휴양객으로 키르기즈는 몸살을 앓는다. 그러나 그 아름다운 자연 속에서 키르기즈 민족은 유목을 숙명으로 받아들이며 오늘날도 살아가고 있다.

수도 비쉬켁
정부 공화정
민족 키르기즈 인(64.9%), 우즈벡 인(13.8%), 러시아 인(12.5%), 고려인(0.3%)
종교 이슬람교(75%)
공용어 키르기즈 어, 러시아 어
면적 19만 8,500㎢
인구 5,264,000명(2005년 기준)
통화 솜(Som, KGS)
독립 소련으로부터 독립 1991년 12월

- 탈라스
- 추이
- 비쉬켁
- 추이
- 이식쿨 호수
- 코라콜
- 잘릴라바드
- 나린 강
- 나린
- 오쉬

키르기즈스탄의 지리 환경과 문화

키르기즈는 중앙아시아 천산에서 발원한 강들의 고향이다. 중앙아시아에서 가장 큰 강인 시르 다르야와 아무 다르야를 잉태시키거나 간여한 강들의 시발점이기 때문이다. 또한 키르기즈스탄은 산악 국가이다. 키르기즈 국토의 평균 해발은 2,700미터에 해당하리만큼 높은 산악 지대에 자리 잡고 있다.

키르기즈스탄에서는 천산을 알라따우라고 하며, 알라따우의 큰 자락은 키르기즈에서 가장 험난한 고산준봉을 형성한다. 특히 동부 산악 지대에는 유난히 높은 봉우리들이 많이 있다. 이 고산 고개들은 천산을 넘어 서역으로 갈 때 항상 걸림돌로 작용했다. 그래서 가급적 실크로드를 오가는 상인들은 이 높고 험난한 고개들을 피하고자 했다. 오늘날 우리가 천산 남로와 북로를 나눌 때, 동부 천산이 중요한 기준점이 된다. 이 동부 천산에서 발원한 강이 나린 강이다. 나린 강은 서쪽으로, 때로는 남쪽으로 흘러 우즈베키스탄의 나만간과 안디잔에서 코라 다르야를 만나 시르 다르야로 변신하여 아랄 해로 흘러들어 가는 중앙아시아 강들의 어머니와 같은 강이다.

고원에 자리 잡은 호수와 키르기즈의 산들은 저마다 특별한 사연을 간직하고 있다. 동서남북

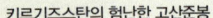
키르기즈스탄의 험난한 고산준봉

사방으로 자신들의 귀중한 땀방울을 떠나보내 중앙아시아의 대지를 적시고 있기 때문이다. 무려 4,500미터가 넘는 봉우리를 갖고 있는 산들이 하얀 두건을 머리에 두른 듯 서 있고, 동쪽 끝의 중국과 국경을 마주하고 있는 지역에서 남서쪽으로 이어지는 천산산맥은 점점 흰 눈밭으로 이어져 타지키스탄의 파미르 고원 지대까지 펼쳐져 있다.

키르기즈스탄은 국토 길이가 동서로 900킬로미터, 남북으로 425킬로미터이며, 국토의 면적은 한반도에 버금간다. 해발 고도 1,500미터 이상의 산악 지대가 국토의 90퍼센트 이상인 만큼 산악 국가로서 손색이 없다. 더구나 국토의 3분의 1이 만년설을 볼 수 있는 산을 가지고 있다. 동부 끝자락의 텡기스 최고봉은 해발 7,439미터로 알피니스트들의 천국으로 이름나 있다. 이름마저 아름다운 이식쿨, 송쿨 호수를 비롯해 1,923개의 산정 호수들이 즐비하다. 그래서 중앙아시아에서 가장 수자원이 풍부한 국가이기도 하다.

제정 러시아 말기의 저명한 투르크 연구자 V. V. 바르똘드는 "키르기즈 민족은 고대 중앙아시아 종족 가운데 가장 오래된 민족의 하나이다."라고 지적했다. 중앙아시아의 투르크 집단들은 유목적 성격이 강하기 때문에 이들의 역사를 분명하게 정의하거나 개념 짓지 못하는 한계를 갖고 있다. 키르기즈 역시 그렇다. 바르똘드가 주장한 키르기즈와 고대 중앙아시아의 지리적 범주가 오늘날의 키르기즈나 중앙아시아와 정확히 일치하는 것은 아니다.

기원전 4~3세기 중앙유라시아 일대에는 우순이라는 유목 종족이 살고 있었다. 이들은 고대 그리스에서 지칭한 스키타이의 후손으로 훗날 훈 족으로 발전해 유럽에까지 알려진 민족이다. 우순은 흑해 북안을 넘어 오늘날 동유럽과 교류했던 것으로 보인다. 한편 스키타이는 고대 페르시아에서 사카라고 불렸으니 사카와 스키타이는 동일한 문화적 집단을 지칭한다고 볼 수 있다.* 우순 유목 집단은 기원전 1세기를 맞아 원래의 거주지였던 바이칼 호수 서안 예니세이 강을 떠나 오늘날 러시아 시베리아 남부, 카자흐스탄 동부 알타이 산지로 이주했다. 바이칼 서부 예니세이 강을 떠난 우순 유목 집단은 알타이, 세미레치에, 동투르키스탄(중국 신강), 파미르 지역에까지 진출하였다. 대략 15세기경에는 천산 이서 지역을 중심으로 한 지역에 키르기즈 민족이 주로 거주했으니 무려 1,500년에 걸쳐 이동했던 셈이다.

키르기즈 민족에 대한 역사적 기록은 기원 전후 1세기부터 6세기까지는 전무하다. 중국 사료에는 사마천의 《사기》와 당나라 문헌에 기록되면서 등장한다. 중국 문헌에 키르기즈(Kyrgyz)는 'Geyguyn(견곤, 堅昆)', 'Gyanguyn'이라 기록되어 있다. 이들은 범투르크계 민족, 이란 족, 위구르 족, 카를룩 족 등과 동맹을 맺거나 비교적 자유로운 혼인을 통해 혼거하고 있었다. 오늘날 키르기즈 민족의 형성에 주도적 역할을 한 유목 집단 투르크계의 일파가 예니세이 키르기즈이며, 이들이 훗날 남하하여 알타이 키르기즈를 형성했다. 15세기 초에 강대한 군사력을 가진 카작 민족과 완전한 분리가 이루어졌으며, 현재의 키르기즈스탄 영토는 16세기경의 세력을 기준으로 조성되었다.

키르기즈 민족의 명칭은 40을 뜻하는 '크르(크륵)'와 부족 명 '오구즈'의 합성어라는 설이 가장 유력하다. 즉 40개의 오구즈 부족 집단이란 뜻이다. 키르기즈란 명칭은 고대부터 있었지만, 시간이 지나는 동안 여러 유목 집단과 혼혈을 거듭하면서 오늘날의 키르기즈 민족으로 거듭났다. 제정 러시아 문헌에 공식적으로 나타나는 것은 18세기 후반이다.

* 스키타이는 서구 중심으로 서술된 역사에 속한다. 때문에 스키타이는 흑해 북안부터 몽골 대흥안령산맥까지 걸쳐 있는 고대 기마 유목 민족이고, 사카는 오늘날 중앙유라시아 일대에 거주했던 고대 기마 유목 민족이다. 스키타이와 사카의 구분은 관점을 어떻게 하느냐에 따라 달라질 수 있다. 이 책에서는 유럽과 연계시키기 위해 흑해 북안까지 진출한 스키타이를 강조해서 말한 것이다.

중앙아시아의 투르크 집단은 유목적 성격이 강하다. 그중에서도 키르기즈 사람들은 자신들이 가장 유목적인 민족이라고 믿는다.

키르기즈스탄은 말의 나라이며, 유목 문화가 가장 잘 남아 있는 유목민의 국가이다. 중앙아시아 국가 중에서 가장 유목적인 민족이 키르기즈 민족이라고 현지 학자들은 주장한다. 그들은 아직도 유목의 유용성을 자신의 숙명으로 받아들이고 있다. 도시 생활보다는 농촌 생활을 더 선호하며, 키르기즈의 자연환경 속에서 살아간다. 키르기즈 민족은 다음과 같은 말로 키르기즈 민족의 유목 정체성을 확인한다. '농사는 겁쟁이들이 하는 것이다', '말은 키르기즈 민족의 날개이다', '말은 키르기즈 민족의 영혼이다', '키르기즈 민족은 말 없이 살 수 없다'라는 격언에서도 그런 사고가 엿보인다. 중앙아시아 국가 중에서 말과 이토록 깊은 인연을 맺은 나라는 없다. 키르기즈스탄에서 이러한 격언들은 아직까지 유효하다고 여겨진다.

또한 이웃한 카작과는 오래된 형제 같은 관계이다. 지금이야 카작이 영토나 인구 면에서 더 크지만, 원래는 키르기즈가 훨씬 더 오래되고 유서 깊은 민족으로 카작은 키르기즈에서 갈라져 나왔다고 할 수 있다. 지금의 기준이 역사 속에서도 언제나 동일했던 것은 아니다. 역사는 돌고 돈다. 키르기즈와 카작의 관계가 그것을 증명해 준다.

비쉬켁과 추이 *Bischkek*

비옥한 초승달 지역 **비쉬켁**

비쉬켁은 키르기즈스탄의 수도이며, 비쉬켁을 둘러싸고 있는 주(州)가 추이 주이다. 비쉬켁은 소비에트 연방에서 독립한 1991년 이래의 명칭이며, 그전에는 제정 러시아 당시 키르기즈 지역을 다스렸던 총독의 성을 따서 '프룬제'라고 불렀다. 지금도 나이 든 어른들은 프룬제라고 곧잘 부른다. 비쉬켁은 독립 이후 비약적으로 인구가 증가했지만, 현재는 인구 100만 명 정도를 유지하고 있을 뿐이다. 그래도 국민의 20퍼센트에 해당한다. 다만 비쉬켁에는 키르기즈 민족이 가장 많지만, 슬라브계를 비롯한 여타 민족들의 비중도 높게 나타난다.

비쉬켁은 말 젖 쿠미스를 만들기 위한 양가죽 포대를 일컫는 키르기즈 어휘이다. 또 수도 비쉬켁을 둘러싼 추이 주는 키르기즈 유목민이 말을 몰 때 내는 의성어 '추이'에 뿌리를 두고 있다고 한다. 이처럼 키르기즈 인은 말과 밀접한 관련을 갖고 있는데, '만일 당신키르기즈 인에게 단 하루의 삶이 주어진다면, 말 등에서 하루의 절반을 보내라'라는 속담이 있을 정도이다.

이식쿨에서 발원하여 동남부에서 북쪽을 향해 1천 킬로미터나 흐르는

이식쿨 호수에서 발원한 추이 강이 추이 계곡을 지나 카자흐 초원으로 흘려내려 가면서 유목민들의 목초지를 적셔 준다.

추이 계곡에서 출토된 황금 가면

강이 추이 강이다. 추이 강이 있는 계곡이 추이 계곡, 추이 강이 포함된 주의 이름이 추이 주이다.

추이 계곡은 일찍이 고대 문화가 꽃피었던 곳이다. 기원전 1세기경 타출 공예의 수준을 보여 주는 은제 허리띠, 황금으로 만든 나무 모양의 장식 등 흥미로운 유물이 발견됐다. 특히 이곳에서 출토된 황금 가면에는 샤먼의 우주목으로 여겨지는 '출' 자 문양의 나무가 표면에 뚜렷하게 타출되어 있다.

비쉬켁에서 이식쿨에 가기 위해서는 추이 계곡의 풍광 속으로 들어가야만 한다. 추이 계곡에서 남쪽으로 나아가면, 오른쪽으로 만년설을 끼고, 왼쪽으로 눈 덮인 여름 산을 보면서 달릴 수 있다. 세월의 이력이 느껴지는 아름드리 가로수와 추이 강의 강렬함을 시야에 머금으며 두세 시간을 가야 한다. 추이 계곡을 벗어나는 것은 웅장한 산이 정면에 눈앞으로 다가왔을 때이다.

❁ 역사박물관

키르기즈 역사박물관은 비쉬켁 시내 중심가에 위치하고 있다. 박물관 바로 앞에는 알라따우 광장이 있고, 대통령 집무실이 바로 옆에 있다. 중앙아시아 국가들, 아니 CIS 국가 중에서 레닌 동상이 가장 잘 남아 있는 곳이 키르기즈일 것이다. 아직도 곳곳에서 레닌의 흔적을 마주칠 수 있을 뿐 아니라 소비에트의 유산이 여기저기 살아 있다.

하늘 높은 키르기즈의 영웅 마나스의 기상을 보면서 역사박물관 안으로 들어서면 생각보다 화려하지는 않다. 키르기즈 역사박물관은 주변 국

1 알라따우 광장 자유의 여신상
자유의 여신상은 2011년 철거된 후 그 자리에 마나스 동상이 세워졌다.
2 레닌 동상
펄럭이는 깃발에는 '새로운 세계를 건설하자!'라는 레닌의 구호가 적혀 있다.
3 대통령 집무실 근위대 교대식
4 역사박물관

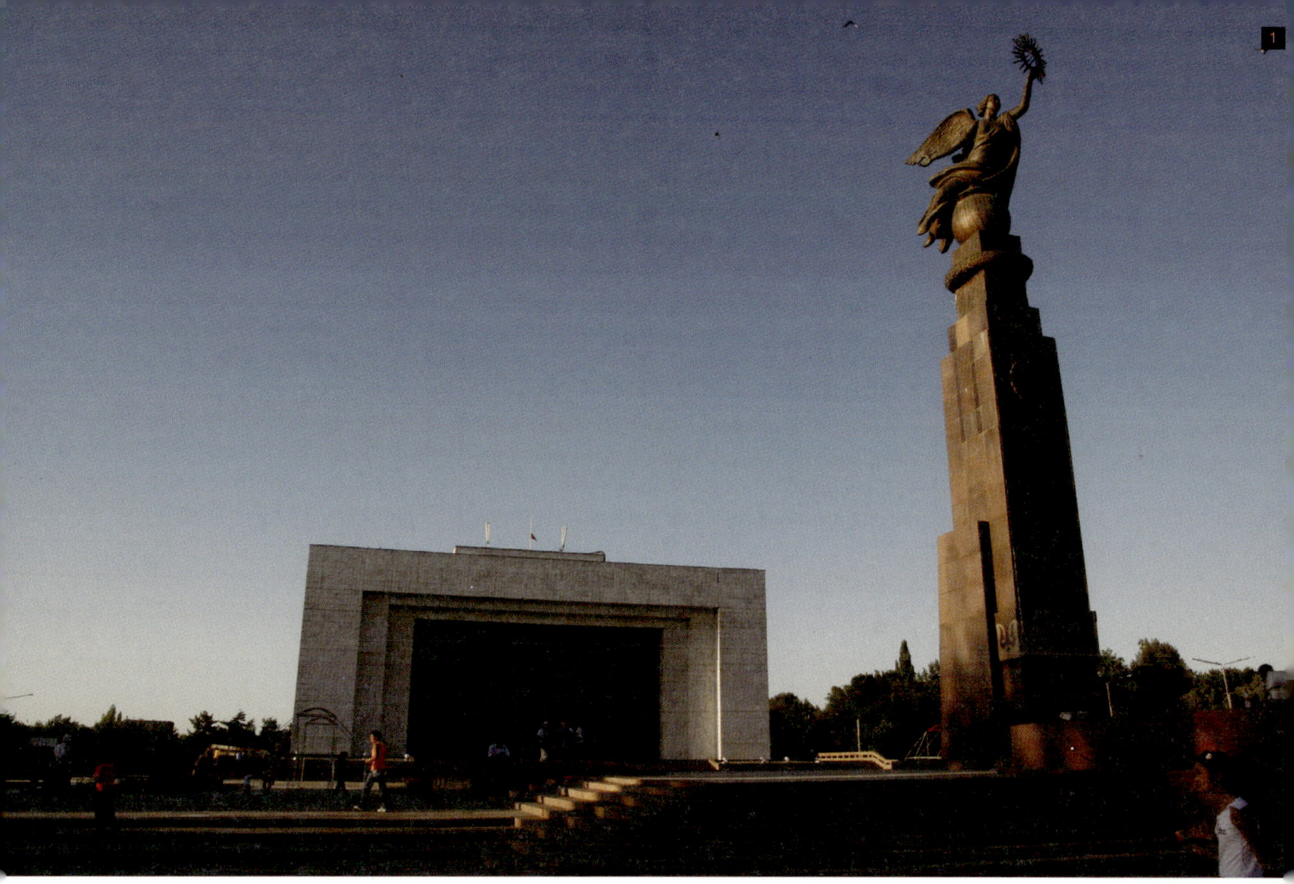
1

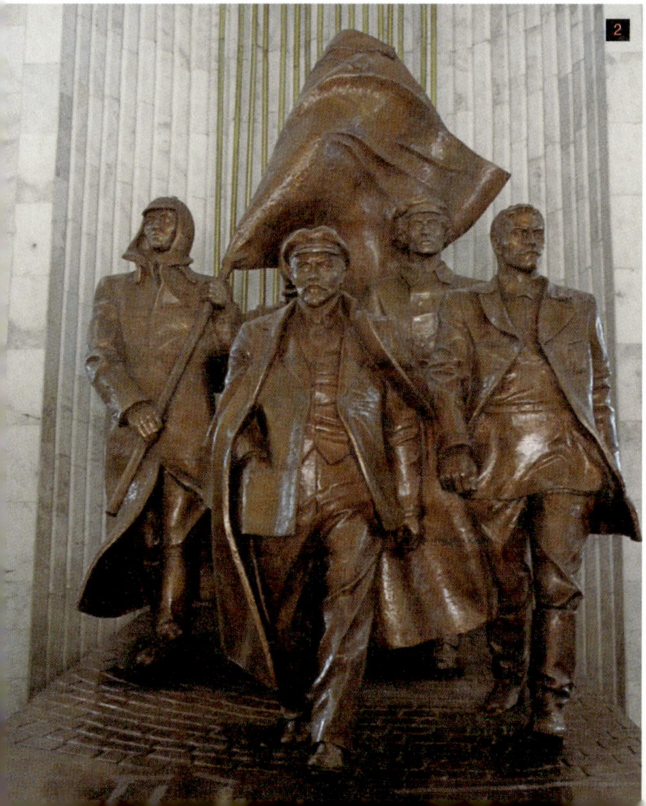
2

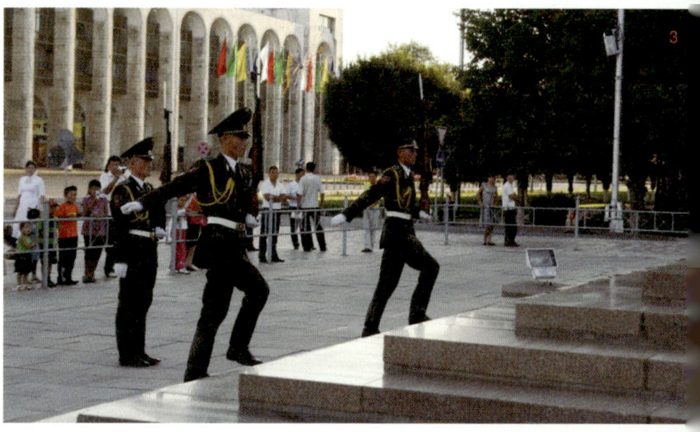
3

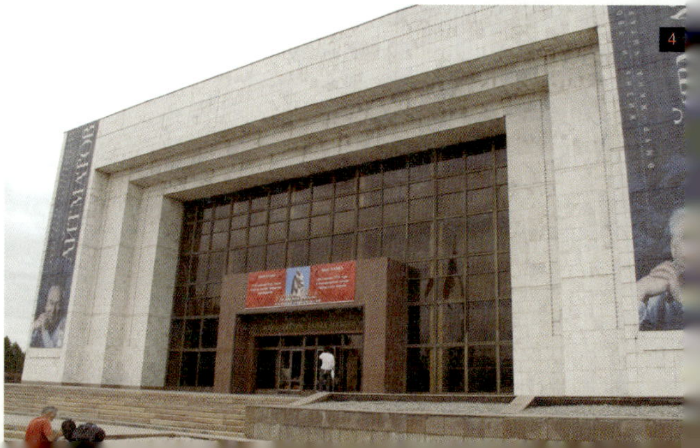
4

가의 비등한 박물관만큼 다양하고 많은 유물을 전시해 놓지는 않았다. 그러나 40개 부족으로 구성되었다는 키르기즈의 역사를 일목요연하게 전시하여 키르기즈의 역사와 문화를 한눈에 알아볼 수 있다. 키르기즈란 나라의 문화적 향기와 숨결에 한층 가까워질 수 있다. 특히 중앙아시아 국가 중에서 암각화의 화려하고 특출한 문양들은 키르기즈의 자랑이자 자부심이다.

탈라스 시의 상징은 암각화 문양을 형상화한 것이다. 다양한 암각화 문양들은 키르기즈에서만 만날 수 있는 고유한 것이다.

시선 이태백의 고향, 딱목 혹은 똑목

한때 중국 당나라의 안서도호부가 위치하던 곳이자 카라한조[10세기 초반~13세기 후반]*의 수도가 바로 추이 계곡 안에 있었다. 나는 이곳에서 《대당서역기》에 기록된 대운사 절터를 찾아보기도 했는데, 특히 추이 계곡의 두 번째 도시 딱목[똑목, Tokmak]에 주목했다. 비쉬켁이 언덕에 위치해 비스듬한 지형을 보인다면, 딱목은 추이 계곡의 평원에 자리 잡고 있는 풍요로운 지역이다. 천산 자락과 맞닿아 있으며 추이 강의 수량이 풍부해 고대 문명의 터전으로 적합하다. 또한 2010년 러시아 고고학 팀이 이곳에서 불상을 발굴한 만큼, 분명 딱목 어딘가에 절터의 기반이라도 남아 있을 것이다.

* 중앙아시아에서는 카라한조를 '카라 기타이'라고 불렀는데, 여기서 카라는 '검다', 기타이는 '중국'이란 의미이다. 이는 '검은 중국' 곧 '검은 기란(흑요)'을 의미한다. 기란족이 분열된 뒤 일부가 서쪽으로 이주하였는데, 중앙아시아에서는 이주한 기란족을 중국의 일부분으로 보았으며 그들이 검은 피부를 가졌다 하여 카라 기타이라고 부른 것이다.

딱목은 최근 당나라의 시성 이태백의 고향으로 주목받고 있다. 이태백은 어린 시절에 이곳을 떠나 부모와 함께 중국으로 이주했다고 한다. 그런데 이태백을 관광 상품화한 중국의 지방 정부와 키르기즈스탄의 의견이 엇갈린다. 이른바 중국 지방 정부의 서역공정 때문이다. 중국의 감숙성과 허난성, 사천성이 이태백에 대한 연고를 주장한다. 평생을 떠돈 이태백은 어린 시절에 감숙성과 허난성에 살았고, 그의 집안은 오늘날의 사천성에 터전을 잡았기 때문이다.

《대당서역기》에 의하면 현장이 도착한 7세기 중후반에 딱목은 이미 불교의 융성기를 지나 기울고 있었다고 한다. 현장이 방문했을 때 이미 불교가 쇠락기에 접어들었다면, 그보다 한 세기가량 늦게 태어난 이태백은 분명 불교도가 아니었을 것이다. 더구나 당시는 키르기즈의 서부 지역에서 탈라스 전투가 발발하고, 이슬람이 유입되던 과도기였다.

당나라로서는 중앙아시아 지역에 설치한 안서도호부를 폐지해야 할

상황에 있었다. 그러니 안서도호부에서 당나라로의 이주는 비교적 수월했을 것이다. 이태백의 아버지는 중앙아시아와 중국을 오가며 무역을 했다고 하니 소그드 인일 가능성이 생긴다. 더욱이 당시 소그드 인은 네스토리우스교를 믿는 사람이 대다수였으니, 그 역시 네스토리우스교의 전통을 이어받았을 수 있다. 중국으로 간 뒤에 이태백은 도교에 심취했다고 한다.

평생을 떠돌며 살다간 이태백에게는 '시선'이란 명예가 붙여졌다. 소그드의 후예로서의 떠돌이 정신과 장사 기질이 이태백의 시적 감각을 자극하여 시선의 경지에 다다르게 했을 것이다. 그렇다면 그는 영락없는 키르기즈 딱목 출신 소그드계 서역인일 것이다.

고대 도시 **부라나**

비쉬켁에서 남동부 방향으로 한 시간 남짓, 딱목 남쪽으로 10킬로미터 떨어진 곳에 고대 도시 부라나^{Burana}가 있다. 부라나는 카라키타이가 추이 계곡으로 이주하여 건설한 카라키타이의 수도가 있었던 곳으로, 중국에서는 발라사군이라고 한다.

10세기경에 설립된 고대 도시 발라사군^{혹은 발라수간, 발라수군}*은 삼쉬이 계곡 내 구시가지에 위치하고 있다. 이 도시는 《카타드구 빌리그^{행복을 가져다주는 지혜}》라는 시집을 남긴 시인 유숩 발라수군¹⁰¹⁵의 고향이다. 유숩 발라수군이 발라사군에서 태어난 유명한 시인이기에 지역명을 인명으로 사용했을 가능성이 있다. 또는 비슷한 이름이 많으니 후대의 학자들이 구별하기 위해 발라사군의 유숩이라는 시인을 지칭하기 위해 사용했을 수도 있다. 발라사군은 카쉬가르와 더불어 카라한조가 동서로 분열되었을 때, 동카라한조의 수도 중 하나였다.** 13세기경에는 칭기즈 칸에게 정복된 후 '좋은 도시'라는 의미의 고발릭이라 명명되었다. 그 후 도시로서의 기능을 상실하고, 15세기경에는 역사 속에서 완전히 사라졌다.

부라나 지역에 대한 고고학적 조사는 1920년대 시작되어 1970년까지 계속되었다. 고고학자들은 부라나가 25~30킬로미터의 직사각형 건물

삼쉬이 계곡 내 구시가지에 고대 도시 발라사군이 자리한다.

---

* 부라나라는 이름은 도시 유적에 방점을 둔 것이고, 발라사군은 성 자체를 언급하는 단어이다. 발라사군의 위치가 정확히 부라나인지에 대해서는 여러 시각이 있으며, 현지 학자들은 발라사군의 중심 도시를 부라나라고 보기도 한다. 현지에서는 편의상 부라나라고 지칭하는 학자들이 우세한 편이다.
** 서카라한조의 수도는 사마르칸드였다.

배치를 이루고 있다고 밝혔다. 도시는 두 개의 성벽으로 둘러싸여 있었고, 중앙 요새 유적, 수공예 상점들, 시장, 네 곳의 종교 건물, 가옥들, 목욕탕, 경작지, 상수도관 등이 발굴됐다. 그러나 이제 카라한조의 발라사군 성터는 흔적조차 찾아보기 어렵다. 카라키타이 역시 이곳에서 유목민으로 중개 무역을 통해 짧은 기간 번영했다 사라졌다. 그래서 오늘날 부라나에는 미나레트만이 달랑 남아 있다.

바로 근처에 직경 100미터, 높이 10미터 정도 되는 언덕이 하나 있다. 일대를 발굴했던 고고학자들은 왕궁으로 추정하는데, 늦어도 10세기경에 존재했다고 보고 있다. 어떤 고고학자들은 종교 건물로 보기도 한다. 이곳에는 투르크 유목민의 묘비이자 죽은 자들의 작은 석상인 발발이 도열해 있다. 발발들은 연대 측정 결과 6세기경 만들어진 것이라고 한다. 또한 암각화가 새겨진 바위도 발견되었는데, 기원전 2세기경의 것으로 추이 계곡에서 가져왔다고 생각된다. 카자흐스탄 남부와 추이 계곡의 암각화 양

카라한조는 이슬람을 국교로 신앙했지만, 다른 종교에 대해서는 관용적이었다. 지금도 남아 있는 초기 네스토리우스 기독교(景敎)의 명문을 통해 이를 알 수 있다.

+ 부라나 탑은 중앙아시아에서 가장 오래된 미나레트라고 여겨진다. 부라나라는 명칭은 미나레트를 뜻하는 투르크어 '무라나'에서 파생된 것이다. 왕관 모양의 돔에 올라가면, 신실한 무슬림에게 기도 시간을 알리는 무이진이 꾸란 구절을 암송하는 장소가 나온다. 원래 탑의 높이는 45미터였으나 15세기경 발생한 지진으로 기단부만 남아 25미터이다. 기단부 직경은 9.3미터, 꼭대기 직경은 6미터에 달한다. 탑의 기초는 팔각형으로 다진 후 원뿔 모양으로 탑을 세웠으며, 외벽은 벽돌로 안전감을 갖도록 했다. 탑 내부의 출입구를 통해 올라갈 수는 없지만, 외곽에 난 철제 계단을 통해 올라가면 추이 계곡과 딱목을 조망할 수 있다. 부라나 탑과 비슷한 양식의 건물은 키르기즈 남부 우즈겐오즈곤, Ozgon에 남아 있다.

오늘날 부라나의 야외 박물관은 36헥타르에 걸쳐 있는데, 이 넓은 지역 안에 부라나 탑, 복원된 무덤들, 성채나 왕궁의 잔해, 암각화, 작은 박물관, 발발 등이 포함된다.

✛ 부라나에는 공동묘지의 흔적이 남아 있다. 무덤의 주인은 다양한데, 묘비명이 남아 있는 것을 보면 네스토리우스교를 믿었던 사마르칸드 출신의 소그드 상인들이 많다. 공동묘지 터에 남아 있는 투르크계 유목민의 무덤 표시 석인상 발발은 한결같이 두 손을 배꼽 위에 모아 운명생명의 기름잔을 받들고 있는 형상이다.

식과 기법이 동일해 같은 암각화 문화권으로 보기도 한다.

1976년, 이곳에 작은 박물관이 세워졌다. 주변 지역에서 출토된 항아리, 동전, 장기판 등 공예품들이 소박하게 전시되어 있다. 부라나 일대에서 발굴된 유물 중 중요한 것은 소비에트 시절 모스크바나 쌍트 뻬쩨르부르그로 옮겨져 아쉬울 따름이다.

부라나 박물관

이식쿨 *Issyk-Kul*

청정 호수 **이식쿨**

이식쿨 호수는 투르크계 민족들의 영혼이 깃든 산정 호수이다. 키르기즈에는 1,923개의 호수가 있는데, 그중에서 가장 큰 규모를 자랑한다. 호수의 둘레는 400킬로미터, 깊이는 668미터이며, 면적은 제주도의 3.5배에 달한다. 투르크 어로 이식은 '따뜻하다', 쿨은 자연 호수를 뜻한다. 겨울에도 얼지 않고 일 년 내내 물의 기온이 따뜻하기 때문에 붙여진 이름이다. 중국에서는 열해熱海라고 불렀을 정도이다. 이식쿨이 연중 일정한 온도를 유지하는 것은 아니며 여름에는 뜨겁지 않을 정도인 섭씨 26도를 유지한다. 그러나 호수 바닥에서 온천수가 솟아나고, 미네랄 함유량이 높기 때문에 겨울에도 얼지 않는다. 이식쿨의 물은 약간 짠맛이 나는데, 바다의 염분 농도에 비해 5배가량 적다고 한다. 천산에서 호수로 유입되는 빙하의 얼음물이 염분과 만나 증발하면서 염도가 일정하게 유지된다.

이식쿨 호수는 겨울에도 눈이 오는 법이 거의 없어 투르크계 민족과 몽골의 겨울 야영지로 인기를 끌었다. 몽골 인은 이식쿨 호수를 '철의 호수'라는 뜻으로 티무르 투 노르 Temur-Tu-Nor라고 불렀다. 이식쿨 호수의 모래에 철분이 많이 함유되어 있어, 키르기즈 인들이 이를 이용해 철제 칼을 만들

청정하고 맑은 호수 이식쿨

었기 때문이다. 반면 투르크계 민족들은 물에 소금기가 있다고 하여 소금 호수란 뜻의 투즈쿨Tuzkul이라 불렀다.

해발 1,600미터에 위치한 이식쿨은 마치 거대한 바다 같아서 키르기즈에서 수평선을 볼 수 있는 유일한 곳이다. 이식쿨 호숫가에 있으면, 마치 해변에 왔다는 느낌을 받는다. 키르기즈 인들은 이 호수를 바다라 부르며, '천산의 진주'라 칭하는 데 주저하지 않는다. 맑고 투명한 호수에는 갈매기도 있고, 크지는 않지만 파도도 밀려온다. 이식쿨의 물속 생태는 카자흐스탄의 발하쉬 호수와 닮아 있어, 이들 두 호수가 지하로 연결되어 있다는 전설이 전해 온다. 발하쉬 호수는 이식쿨 호수의 북쪽 방향으로 약 400킬로미터 떨어져 있다. 또한 키르기즈 동부 천산에서 시작되는 80여 개의 자연 하천도 이식쿨로 흘러들어 온다. 이식쿨 북안의 천산 자락을 넘으면 카자흐스탄의 알마아타에 다다른다.*

* 이 때문에 지금도 이식쿨과 알마아타를 터널로 연결해야 한다는 여론이 양국에 팽배하지만, 비용 면에서 카자흐는 부담을 느끼고 있고 키르기즈는 여력이 없다. 그러나 한편으로 카자흐스탄 사람들이 이식쿨 주변 땅을 사들이고 있어 터널이 뚫린다면 카자흐스탄이 많은 이익을 볼 것이다.

　　이식쿨의 파도는 때로 사람이나 동물의 뼈를 밀어 내며, 다양한 생활 도구를 전해 준다. 실제로 어부들은 호수 바닥에서 커다란 청동 항아리나 스키타이 양식의 칼을 건져 내기도 했고, 밀려오는 뼈는 수세기 전 사람들의 가재도구라 여겨지기도 한다. 그래서 키르기즈 사람들은 이식쿨 호수 바닥에 고대 도시가 잠겨 있다고 생각한다. 호수에서 솟아난 물이 주변 도시를 삼켰다고 믿기 때문에 이식쿨 호수는 무수한 전설의 근원지가 되고 있다. 투르크계 위대한 학자 마흐무드 카쉬가르의 세계 지도를 근거로 키르기즈 인은 세계의 중심이 이식쿨 호수라고 믿는다.

　　투르크계 민족이었던 칼믹의 전설에 따르면, 어느 날 갑자기 지진이 일어나 땅이 꺼지고 샘물이 쏟아나 호수가 되었다고 한다. 그래서 칼믹이 중국에 정복되었음에도 이식쿨 호수는 같은 투르크계 민족인 키르기즈가 예니세이 강과 알타이 산지를 떠나 10~13세기경 이곳으로 이주해 올 때까지 중국의 지배를 받지 않고 남아 있었다고 한다.

　　고산준봉을 사이에 두고 움푹 파인 계곡 호수는 언제나 만년설을 끼고

있다. 그래서 한여름 수영을 하며 저 멀리 천산의 눈 덮인 경관을 보는 것도 이식쿨 만의 매력이다. 이식쿨 호숫가 남안과 북안은 유목민의 안식처와 같은 문명의 휴식처이다. 호수를 보면서 밀, 감, 각종 채소, 야생 양귀비 등을 재배하기도 하고, 양떼를 몰고 유목을 하기도 한다. 호수로 흘러 들어 가는 계곡 곳곳에는 비옥한 목초지가 펼쳐져 있다.

남부 호숫가에는 특히 온천이 발달해 있다. 여름이면 염호에서 수영을 하거나 사우나를 즐기는 사람들로 분주하다. 청정 호수 이식쿨에서 수영을 하는 것은 대단한 추억이다. 빙하의 물이 맑은 호수를 비추고, 태양의 위치에 따라 호수 표면이 다양한 색상으로 빛나는 이곳에서 몸과 마음이 정화되기 때문이다.

어부의 마을 **발록치**

중앙아시아 한복판, 바다도 없다는 키르기즈스탄에는 바다에 버금가는 이식쿨 호수가 있다. 이식쿨 초입에서 마주치는 호숫가의 작은 도시 발록치 Balikchy는 바람 잘 날 없는 어부의 마을이다. 물고기를 뜻하는 키르기즈 어 '발륵'에 전문성을 가진 사람을 뜻하는 접미어 '치'가 결합되어 만들어진 키르기즈 어휘이다. 그러나 어부의 마을 발록치에 어부는 없다. 옛날 이식쿨에서 물고기를 잡아 생활하던 어부에 대한 이야기가 전해 올 뿐이다.

발록치에서는 이식쿨에만 서식하는 물고기를 잡아 뜨거운 태양에 말린다. 특히 발록치로 들어가는 입구 양옆으로 말린 물고기를 마치 우리네 곶감처럼 나무 걸이에 주렁주렁 매달아 놓았다. 파는 물고기의 종류는 다양하지 않지만, 이렇게 훈제가 가능하고 말려서 먹을 수 있는 물고기를 주로 판다. 맥주 안주로 그만이다.

발록치의 매력은 바람이다. 연중 평균 풍속이 20킬로미터 내외로, 언제나 신선한 바람이 분다. 발록치에 들어서면, 이식쿨 호수를 적시며 서북 방향으로 불어오는 바람이 이식쿨에 도달했음을 환영하는 듯하다. 중앙아시아에서 좀체 마주칠 수 없는 시원한 바람은 동부의 고산준봉에서 빙하를 타고 내려와 이식쿨의 수면에 산들바람을 일으키고 발록치를 적시고자 먼 길을 달려온 것이다.

발록치는 사통팔달의 지역이다. 키르기즈스탄의 동부를 여행할 때면, 발록치를 기점으로 여행 일정을 잡는다. 여기서 동쪽으로 이식쿨 호수의 북단을 횡단할지, 아니면 남쪽으로 가다 동부로 방향을 틀어 이식쿨 호수

일설에는 시베리아 바이칼 호수에도 이식쿨과 같은 물고기가 살고 있어, 두 호수가 지하로 연결되어 있다고 한다. 바이칼에만 서식한다는 물고기 '오물'과는 다른 종류이다.

의 남단을 지날지 결정해야 한다. 송쿨이나 나린으로 가기 위해서도 발륵치를 반드시 경유해야 하는데, 자동차들은 이때 주로 기름을 넣으며 잠시 쉰다.

오늘날의 발륵치에서 그리 멀지 않은 곳에 고대 도시가 하나 있었다. 이 도시는 호수 밑으로 가라앉은 것으로 믿어지며, 실제로 1840년대 어부들이 호수 아래에서 도시의 구조를 보았다고 한다. 1890년대에는 호수 바닥에서 도시 상층부의 벽돌이 발견되었는데, 건축물을 지을 때 지역민들이 사용하는 것이라고 한다. 급기야 1940년대 소비에트 고고학자들은 자기로 만든 욕조와 물파이프, 도금된 터키석과 유리 등을 발굴했다. 또한 공동묘지로 추정되는 곳에서는 시신을 매장할 때 사용한 것으로 보이는 손잡이 달린 커다란 청동 항아리와 금제 접시가 발굴되기도 했다. 이러한 연유로 지역 사람들은 발륵치 주변 호수 바닥에 가라앉은 도시가 있을 것이고, 그 도시가 있었던 계곡 어딘가에 보물들이 묻혀 있을 것이라고 믿는다. 그곳이 토루아이굴이다.

별이 빛나는 **암각화** 마을 **촐판아타**

발특치를 지나며 호수를 우측에 끼고 계속해서 달리면 촐판아타$^{Chopan\ Ata}$ 가 나온다. 촐판아타는 별마을이다. 촐판아타에서 밤하늘을 보면 유난히 별들이 많이 보인다. 우주의 모든 별들이 촐판아타의 여름 하늘에서 친목 모임이라도 여는 것 같다. 그래서 촐판아타는 한여름 밤 별들의 천국이자 잔칫집이다. 어린 시절 시골에서 보았던 은하수를 중앙아시아의 산촌마을에서 목격할 수 있다. 촐판아타에서 촐판은 '연장자'를 뜻한다. 아타는 연상의 남자를 지칭하는 존칭어이니, 우리말로 직역하면 '어르신'쯤 된다. 어떤 주장으로는 촐판이 북두칠성을 뜻한다고 한다.

한편 촐판을 고구려의 졸본과 연관 짓는 주장들도 있다. 주로 고구려의 웅장한 대륙적 기질과 진취성을 논의할 때 논거로 제시되기도 한다.

촐판아타 동쪽 방향으로는 유목 기마 민족 월지와 오손의 유적지가 남아 있다. 기원전 138년, 한 무제의 명을 받아 서역으로 들어온 장건이 처음으로 만났던 민족이 흉노에게 쫓겨 이식쿨 연안에 머물던 월지였다. 월지는 이식쿨 북안의 오손을 밀어내고 자리 잡은 후 한동안 동서 무역을 관장했다. 월지와 연합했던 한나라는 두 명의 중국 공주를 월지의 왕에게 시집을 보냈는데, 공주들이 살았던 시균$^{Si\text{-}gyun,\ Shigu}$도 이식쿨 연안에 있었다.

서기 629년, 현장은 인도에서 중국으로 돌아가는 길에 이식쿨을 지나 천산을 넘어 중국으로 돌아갔다. 그는 이식쿨을 둘러보고 훗날 《대당서역기》에 이렇게 기록했다.

촐판아타의 암각화에 많이 등장하는 주제가 바로 산양이다. 이를 통해 산양이 주요 사냥 대상이었음을 알 수 있다.

따뜻한 호수 제하이 ^(이식쿨의 중국식 발음)는 결코 얼지 않는다. 호숫물은 녹색을 띠면서도 검은 듯하다. (……) 호수에는 용과 물고기들이 함께 살고 있으며, 이상하게 생긴 괴물들이 가끔은 호수 깊은 곳에서 표면으로 출현하기도 한다. 이로 인해 여행자들이 무사히 안전하게 호수를 지나갈 수 있도록 기도한다.

촐판아타는 중앙아시아에서 가장 접근성이 뛰어난 암각화 유적이 있는 지역이기도 하다. 도시 뒤편으로 올라가면 약 7천여 개의 암각화 군락을 만날 수 있는데, 키르기즈스탄 5대 암각화 유적지 중 하나이다. 주로 기원후에 암각된 촐판아타의 암각화는 고대 사카 인에 의해 만들어진 것이라는 설이 가장 설득력 있다. 양날 도끼, 말, 낙타, 개, 산양, 늑대, 눈표범 등 주로 동물이 많으며, 고대 투르크 시대부터 비교적 최근인 19세기까지도 암각화가 만들어지고 있었다는 것을 한눈에 볼 수 있다. 그러므로 촐판아타에 새겨진 고대부터 내려오는 이 지역 주민들의 의식 세계를 엿볼

수 있는 귀중한 문화유산임에는 틀림없다.

　이식쿨 호수가 내려다보이는 촐판아타 암각화 유적은 현재 독일계 자본으로 보존되고 있으나, 훼손 속도가 어떤 지역 암각화보다 빨라 점차 마모되고 있는 실정이다.

　촐판아타는 이식쿨 북안에서 가장 규모가 큰 휴양 도시이기도 하다. 각종 휴양 시설과 경비행기가 이착륙할 수 있는 비행장도 갖추고 있다. 또한 유리 가가린이 휴양했다는 온천 시설에서 러시아식 사우나도 즐길 수 있다.

중앙아시아의 전통 말 놀이 **콕 보루**

콕 보루Kok Boru는 키르기즈스탄에서 해마다 대회를 개최하는 키르기즈스탄의 대표적인 말 경기이다. 2008년 5월에 타계한 키르기즈스탄이 낳은 세계적인 소설가 징기스 아이트마토프Chinggis Aitmatov는 "용감한 남자들이 즐기는 경기를 우리에게 물려준 조상에게 감사를 표하자."라고 할 정도로 오늘날까지 널리 유행하는 놀이이다.

❋ 콕 보루의 역사

콕 보루는 수세기 동안 전승되어 오면서 검증을 받은 경기이다. 고대에는 북아시아 전역의 유목 민족들이 즐기던 경기였다. 얼마 전까지 몽골, 시베리아의 투바, 러시아 연방의 타타르스탄, 바쉬키리아, 카프카즈 지역에서, 오늘날에는 중앙아시아 국가들과 위구르 자치주州, 아프가니

스탄, 파키스탄, 인도, 터키 등에서 폭넓게 유행하고 있다.

콕 보루는 키르기즈 민족의 명칭이며, 카작 민족은 콕 파르$^{Kok\ Par}$라고 한다. 페르시아에서는 콕 보루를 부즈 카쉬$^{Buz\ kashi}$라고 하는데, 죽은 염소를 가지고 경기를 진행하기 때문에 붙은 것이다. 콕 보루가 시행되는 모든 지역에서 콕 보루 자체의 경기 규칙은 거의 동일하다.

콕 보루의 콕은 투르크 어로 '푸르다, 새파랗다'* 라는 뜻이며, 투르크에서 푸르다는 것은 곧 '하늘'을 의미한다. 과거 투르크계 부족 연합체를 콕 투르크라고 불렀으니, 그 의미는 '푸른 투르크' 혹은 '하늘 투르크'였다. 하늘 투르크의 토템^{시조동물}이 늑대였고, 늑대의 머리를 깃발로 사용했다. 그래서 하늘 투르크를 콕 보루라고 불렀다.

그리하여 콕 보루는 '푸른 늑대' 혹은 '하늘 늑대'를 지칭하며, 콕 보루 경기 자체를 콕 보루러 오이우누, 또는 '푸른 늑대들의 경기'라고 불렀다. 푸른 투르크 제국이 멸망한 뒤 투르크^{Turk}란 어휘는 잊혔고, 경기는 계속해서 콕 보루라고 불렀다.

❖ 경기 규칙

1996년 키르기즈스탄에서 경기 규칙을 현대 스포츠의 기준에 맞게 개발했다. 콕 보루는 결승점인 타이 카잔에 죽은 염소를 많이 넣는 팀이 승리한다. 경기는 말을 탄 채 진행되며, 말을 타지 않으면 경기 규정을 위반하는 것이다. 경기장의 길이는 200미터, 넓이는 70미터, 양측 카잔 사이의

---

* 중앙아시아 투르크계 민족들은 푸르다(Blue)와 새파랗다(Green)를 구별하는 인지 능력이 없어 이 두 색을 동일한 색상으로 간주한다.

거리는 140미터이다. 타이 카잔의 지름은 2미터, 깊이는 0.5미터, 높이는 1.2미터이며, 둘레에는 혹시나 발생할지 모를 충돌을 완화하기 위해 타이어를 둘렀다. 선수는 양 팀 합쳐 10명이지만, 직접 뛰는 것은 8명이다. 경기가 진행되는 동안에 선수를 교체할 수 있고, 만약 공격하는 팀에서 공격자를 방어자로 바꾼다면 방어하는 팀에서는 방어자를 공격자로 바꿀 수 있다. 콕 보루는 20분간 세 번 경기하고, 중간에 두 번의 10분간 휴식이 있다.

경기가 시작되기 직전에 죽은 염소는 관중석으로부터 15미터 앞쪽에 그려진 작은 원 안에 놓여 있다. 8명의 선수는 상대 진영에 일렬로 선다. 심판이 호각을 불면 선수들은 죽은 염소를 먼저 잡기 위해 질주한다. 죽은 염소를 낚아채는 데 성공하면 상대편의 타이 카잔에 던져 넣어야 한다. 염소가 타이 타잔에 들어가면 심판은 이를 확인해 골을 선언하고, 경기는 다시 새롭게 시작된다.

경기장 밖으로 나가거나, 규칙을 위반하거나, 2분 동안 어느 팀원도 죽은 염소를 잡지 못하면, 죽은 염소를 지름 10미터의 원 안에 던져 놓는다. 각 팀에서 나온 2명의 경기자만 원 안에 들어가 경기를 시작한다. 둘 중 한 명이 염소를 잡아 원 안을 떠날 때까지 다른 사람은 경기에 참여할 수 없다. 규정을 위반하면 경기장 밖으로 2분 동안 나가 있는 벌칙을 받는다. 내 말의 고삐를 잡거나 혹은 상대 말의 고삐를 잡거나, 상대 경기자를 때리거나, 심판과 논쟁을 하거나, 욕설을 하는 것은 금지 사항이다. 이 역시 벌칙으로 2분간 경기장 밖으로 나가야 한다. 이처럼 놀이 자체의 규정은 간단하다.

오늘날에는 콕 보루 놀이가 지역 단위를 넘어 국제적인 규정에 따라 진행된다. 과거에 유능한 선수들은 자기 지역에서만 잘 알려져 있었으나, 지금은 키르기즈스탄뿐 아니라 중앙아시아 전역에 알려져 유명세를 치른다.

국제 콕 보루 연맹은 키르기즈스탄 수도 비쉬켁에 본부를 두고 있으며, 모든 경기는 연맹에서 채택된 규정에 따라 개최된다. 카자흐스탄, 우즈베키스탄, 타지키스탄, 러시아 등에서 챔피언십, 지역 대회, 국제 토너먼트 등이 열린다.

붉은 사암이 만들어 낸 전설 제티 오구즈

이식쿨 남단에는 거대한 바위들이 두 개로 쪼개진 형상을 하고 있다. 마치 화가들이 바위에 심장을 묘사한 것처럼 보인다. 거대한 붉은 사암들이 무수한 전설을 만들어 내는 이곳은 제티 오구즈Jeti-Oguz이다. 제티는 '일곱'이란 의미의 키르기즈 어이고, 오구즈는 '황소'를 뜻한다. 즉 '붉은 색깔을 띤 일곱 마리의 황소'를 의미하는데, 이는 일곱 개의 황소 모양 바위가 일렬로 서 있어서 붙은 지명이다. 이 커다란 바위 군단의 그림자들은 계절에 따라 시시각각 변한다. 여름에는 초록색, 겨울에는 하얀색을 띤다.

제티 오구즈의 약수

제티 오구즈에는 이런 유래가 전해 온다. 아주 옛날 제티 오구즈 지역에는 산악 거주민들을 다스리는 고귀하고 강력한 두 왕이 살고 있었다. 어느 날 한 왕이 다른 왕의 아름다운 부인을 훔쳤다. 화가 난 남편은 명예를 회복하기 위해 이웃과 함께 말을 타고 찾아가 부인을 돌려줄 것을 요구했다. 흉악한 왕은 완고하게 거절했다.

"이 여인은 오직 나만의 것이다!"

왕은 발을 동동 구르고 눈알을 부라리며 말했다. 그날 이후 어느 노인이 그에게 조언을 하였다.

"왕이시여! 만일 당신이 포획한 것을 다른 사람에게 넘겨주기 싫다면, 또한 그 여인의 법적 남편의 요구를 만족시켜 주기를 원한다면, 그 여인을 죽여 시신을 건네세요. 남편은 더 이상 그 여인을 소유할 수 없기 때문에 당신의 마음은 안정을 찾을 것입니다."

이에 탐욕스러운 왕은 자신이 괴롭히던 이웃들을 잔치에 초청하면서 잔치가 열리는 동안 남편에게 부인을 돌려주겠다고 약속했다. 많은 사람들이 잔치에 참석하려고 계곡으로 몰려들었다. 왕은 일곱 마리의 황소를 잡아 잔치 음식을 준비하기로 했다. 일곱 번째의 황소가 도살될 때, 사악한 왕은 단검을 집어 여자의 심장에 찔러 넣었다. 심장이 찔린 곳에서 피가 솟구쳐 잔치에 참석한 모든 사람들, 남편, 왕, 도살된 황소까지 모두 피범벅이 되었다. 그래서 제티 오구즈를 살펴보면, 젊은 여인의 피로 물들여진 일곱 마리의 황소 모양을 볼 수 있다. 이후로 쪼개진 바위들은 '찢어진 심장들'이란 이름을 얻게 되었다.

제티 오구즈는 온천 지구대에 속한다. 이식쿨 호수 부근에 키르기스스탄의 4대 온천 지역이 있다. 악수, 아라콜, 카라콜, 제티 오구즈 등이 그것이다. 옛날부터 사람들은 땅에서 솟아나는 온천에서 병을 고쳤다. 온천은 일종의 자연 의학의 현장인데, 키르기스스탄뿐만 아니라 중앙아시아 전역에서 좀체 보기 힘들다. 주변에는 휴식을 취할 수 있는 사나또리* 시설이 들어서 있다. 또 그렇게 멀지 않은 곳에 이식쿨의 갈래인 작은 소금 호수 Tuzkul, 투즈쿨가 있다.

* 휴양지를 뜻하는 러시아 어. 대개 온천이나 사우나 등의 시설이 갖추어져 있다.

소금 호수

사나또리

매사냥

고대부터 키르기즈 민족은 독수리, 송골매, 솔개, 매 등을 활용해 사냥을 했다. 특히 유목 제국 시기에는 매사냥이 국가적으로도 중요한 행사였고, 칸^{Khan}의 권세를 보여 주는 행사로 성대하게 개최되었다. 그 자리에서 오직 칸만이 특별히 훈련된 매 '쿠쉬베그히'를 가지고 사냥을 할 수 있었다. 어떤 경우에는 수만의 전사가 팔등에 사냥매를 데리고, 수백 마리의 사냥매를 소유한 최고 통치자의 지도하에 사냥에 참가했다. 이때 여러 전사들이 서로 팀을 나누어 움직이는 것이 군의 기동 작전을 방불케 할 정도였다.

19세기 초반에 들어 매사냥의 중요성은 이전만큼 크지 않았는데, 이는 유목민 대부분이 매사냥을 할 수 있을 만큼 보편화되었기 때문이다.

오늘날 전 세계적으로 매사냥이 남아 있는 지역 중 가장 활발하게 사냥 활동이 진행되는 곳이 키르기즈스탄이며, 특히 이식쿨 호수 남부 지역에서 매사냥꾼을 만날 수 있다. 말을 타고 매사냥을 나가는 모습은 예나 지금이나 비슷하다.

이식쿨 호수 남부 연안 바콤바예보 마을에서 말 사육장을 하는 자미르 무카세프를 만났다. 말 사육뿐 아니라 매사냥도 한다는 그는 이식쿨 연안에서는 자신만이 그나마 매사냥의 명맥을 잇고 있으며, 솔개 다섯 마리를 훈련시켜 주로 겨울 사냥에 활용한다고 말한다.

2011년에 한국의 매사냥이 유네스코 인류무형문화유산으로 지정받았다. 총 11여 개 국가에서 동시에 신청했지만, 정작 아직도 활발하게 매사

+ 매는 사냥을 위한 맹수로만 간주된 것이 아니라 시조 토템이자 숭배의 대상이 되기도 하였다. 키르기즈 유목민들은 제국 시기에 최고 전사의 영혼이 매의 몸속에 담겨 있다고 믿었다. 키르기즈 민족의 대서사시 〈마나스Manas〉에서 신성한 흰색 매 악 숨카르는 불변의 동반자이자 영원한 친구로 등장한다.

냥이 진행되는 키르기즈스탄은 빠져 있었다. 한국에서는 응사가 작은 솔개로 꿩 등 조류를 주로 사냥한다면, 키르기즈스탄에서는 말을 타고 산등성이에 올라 독수리를 날려 여우나 토끼를 잡는다. 규모나 방법, 활성화 측면에서 한국의 매사냥은 키르기즈의 그것에 비교할 바가 못 된다.

키르기즈 민족이 사육하는 타이간은 산악 지형에서도 능력을 발휘하는 잘 훈련된 전문 사냥개이다. 타이간은 매사냥에 투입되며 투견(鬪犬)으로서도 훌륭한 역할을 한다.

고대 민족의 거주지 **코라콜**

이식쿨 주의 주도는 촐판아타가 아닌 코라콜Karakol이다. 이식쿨 호수의 최동단에 위치한 코라콜은 7천 미터급의 레닌 봉과 텡기스 봉 아래에 자리 잡은 도시이다. 중국과 천산을 사이에 두고 있어 예부터 중국인이 왕래했다. 코라콜은 '검은코라 손콜'이란 의미이다. 왜 이런 지명이 붙었는지는 알 수 없으나 검다는 뜻이 마냥 부정적인 것만은 아니다. 투르크 민족에게 검다는 희다의 반대 개념이 아니라 또 다른 세계를 표현하기 때문이다.

코라콜은 고대 민족 오손의 거주지로 추정되는 유서 깊은 지역이다. 기원전 2세기경 천산 이서와 이동을 장악하고 있던 오손 민족이 흉노에 대항하며 중개 무역을 했던 곳이기 때문이다. 오손의 왕궁 적곡성 성터가 있었을 가능성도 높다. 이식쿨 주변에서 촐판아타 다음으로 꾸르간이 가장 많이 산재해 있다는 것이 이러한 사실을 보여 준다.

코라콜은 문화적 다양성이 잘 조화를 이룬 지역이다. 중국식 이슬람교 성원인 청진사가 있고, 오래된 러시아정교 교회가 있다. 여기에 키르기즈인의 토속 신앙이 잘 발달되어 있다.

중국의 한족으로 이슬람교를 수용한 둥간 족은 천산 이서와 이동을 오가며 무역에 종사하면서 자신들의 신앙심을 견고히 하고자 코라콜에 청진사를 지었다. 1910년에 건립된 청진사는 못을 전혀 사용하지 않고, 순전히 나무와 나무만을 이어 3년에 걸쳐 지은 건물이다. 42개의 기둥과 불교식 수제 건축 양식이 반영되었다. 한동안 폐쇄되었다가 1945년 제2차 세계대전 직후 재개관되었다.

+ 중앙아시아의 야생마를 '프르제발스키'라고하는데, 이는 중앙아시아를 서구 세계에 알린 니콜라이 미하일로비치 프르제발스키의 이름을 딴 것이다. 그는 총 네 차례에 걸쳐 준가리아, 티베트, 몽골 등을 여행하면서 유럽 세계에 중앙아시아에 대한 관심을 불러일으켰다. 그는 중앙아시아의 다양한 식물군과 동물군에 대해서도 많이 소개했는데, 그 과정에서 중앙아시아의 야생마를 그의 성을 따서 명명했다. 안타깝게도 순수한 야생마는 이제 존재하지 않는다. 현재 몽골의 야생마는 2000년대 들어 보호를 위해 다시 복원한 것이다.

청진사

    러시아정교의 예배당은 코라콜을 발견하고 발전시킨 제정 러시아의 탐험가 프르제발스키가 1885년에 세웠다. 키르기즈 전체 국민의 20퍼센트가 러시아 민족이며, 한때 코라콜에도 러시아 인이 많이 살았으나 지금은 많이 줄어들었다. 일요일 예배 시간에 러시아정교 예배당에는 지금도 200여 명의 정교 신자들이 모인다.

    1888년, 유럽에 중앙아시아를 전파한 프르제발스키가 사망하자 그는 이식쿨 호숫가 코라콜 부근에 묻혔다. 그의 기념비 역시 코라콜에 있다. "나의 영혼은 언제나 아시아에 있다."라고 말하곤 했던 그는 아시아의 낙원으로 칭송되던 이식쿨 호숫가에 잠들었다.

러시아정교 교회

✤ 코라콜은 키르기즈스탄 최대의 가축 시장이 열리는 지역이다. 매주 일요일 이른 아침이면 인근의 키르기즈 인들이 가축을 사고팔러 나온다.

송쿨 Songkol

여행자의 길목 **코치코르**

코치코르^{Kochkol}는 키르기즈의 남부 산악 지역으로 떠나는 사람들이 반드시 쉬어 가는 길목에 위치해 있다. 발륵치가 아닌 코치코르에서 쉬어 가는 것은 코치코르 이후로는 이만한 도시를 만날 수 없기 때문이다. 설령 목축을 위해 양떼를 몰고 가는 사람도 이곳에서 머물다 길을 떠난다.

코치코르에는 소비에트 시절 강제 이주당한 독일인과 한인이 많이 살았다. 현재 독일인은 완전히 떠나고, 한인만이 일부 남아 있다.

코치코르라는 지명에는 이런 이야기가 전해진다. 어느 날 두 명의 남자가 양떼를 몰고 우즈베키스탄 안디잔에 있는 가축 시장으로 향했다. 도중에 어떤 여인을 만났는데, 이 여인은 자신의 양을 팔아 좋은 옷감을 사다 줄 것을 청했다. 양의 이름이 코치코르였다. 그러나 부탁을 받은 두 남자는 먼 길을 가면서 코치코르를 소홀히 대하고, 잘 먹이지도 못했다. 마침내 가축 시장에 도착했을 때 코치코르는 야위어 뼈만 앙상하게 남아 있었다. 그 어느 누구도 사려고 하지 않았다. 두 남자는 코치코르를 파는 대신에 양 싸움에 내 보내기로 하였다. 야윈 코치코르는 민첩하고 재빠르게 공격적인 상대를 피해 잘 싸워 승리했다. 불쌍한 코치코르는 다른 싸움에

서도 상대가 쓰러질 때까지 재빠르게 싸웠다. 결국 양 싸움에서 많은 돈을 번 코치코르는 싸움 잘하는 양으로 소문이 퍼졌고, 어느 상인이 코치코르를 일반 양 90마리의 값에 샀다. 그래서 여인은 좋은 옷감을 얻었고, 그 후 이 여인이 사는 마을에 코치코르라는 이름이 붙었다.

마지막 호수 **송쿨**

송쿨Songkul에 가면 밤하늘의 별을 꼭 봐야 한다. 이식쿨 촐판아타에서 본 별들은 송쿨의 별무리에 비할 바가 못 된다. 송쿨은 하늘에 맞닿아 있어 우주의 모든 별들을 육안으로, 그것도 지척에서 볼 수 있다. 손 안에 사진기가 있다면 품안으로 들어온 수많은 별들을 기록하고 싶을 것이다. 키르기즈에서는 별을 '줄드스'라고 하는데, 송쿨의 아가씨들은 저마다 자신만의 줄드스를 갖고 있다.*

해발 3,400미터에 육박하는 송쿨의 지리적 위치는 이름에도 녹아 있다. 송은 '마지막'이란 뜻이며, 쿨은 자연적으로 생겨난 가두어진 물, 즉 자연호수를 지칭한다. 송쿨은 그래서 '마지막 호수'란 뜻을 갖고 있다. 남미 페루의 티티카카 호수 다음으로 고지대에 있다고 한다. 그렇게 깊지 않은 호수는 겨울이면 얼어 버리고, 여름에도 수영을 하기에 너무 차갑다. 한여름에도 소매 긴 옷과 털옷을 입어야 밤을 날 수 있다.

송쿨은 여름 유목민**의 터전이기도 하다. 송쿨 주변에는 유목민의 이동가옥 유르타가 즐비하다. 아마 키르기즈에서 이만한 유르타 집성촌을 찾아보기는 쉽지 않을 것이다.

---

* 줄드스는 키르기즈스탄에서 여성에게 매우 인기 있는 이름이다. 여성들은 저마다 별자리와 관련된 사연을 하나씩 갖고 있다. 예를 들어 자신은 북두칠성과 관련이 있다거나 이름 없는 작은 별이 자신의 별이라고 하는 경우도 있다.
** 키르기즈 유목민은 소비에트 시절에는 정착을 했다가 소비에트가 무너지고 다시 유목을 시작했다. 정착 생활에 익숙해져서 연중 유목을 할 수 없었기 때문에 오늘날 키르기즈 유목민의 유목을 반유목이라고 한다. 이들은 5월경에 목초지를 찾아 가축을 이끌고 나갔다가 추워지는 10월 중순경에 다시 정착지로 돌아온다. 약 6개월 정도 유목 생활을 하는데, 이때 사용하는 거주지가 이동 가옥 유르타이다. 유르타는 이동성이 뛰어나서 집을 허물고, 다시 조립하는 데 아주 편리하다. 유르타의 천장은 개폐가 가능하므로 여름이라도 일교차가 심한 날씨 때문에 낮에는 열어두고, 저녁이면 닫아둔다.

해발 3,400미터에 위치한 자연 호수 송쿨

마나스의 군대가 취사할 때 사용한 돌

키르기즈 민족의 신화 속 영웅 마나스는 송쿨에도 자취를 남겼다. 송쿨 북부 호숫가를 따라 서쪽으로 가면 마나스가 자신의 군대를 이끌고 야영을 했다는 지역이 있고, 이곳에는 커다란 돌들이 남아 있다. 용맹하고 힘이 장사였던 마나스는 취사도구를 직접 가지고 다녔는데, 이 커다란 돌들은 군대가 음식을 만들 때 냄비를 괴는 돌이었다고 한다. 마나스는 실존 인물이 아니지만, 그와 관련된 역사적 사실이 이 유적과 더불어 키르기즈 인의 마음 속에 살아 있다. 실제로 이 돌은 주변 100킬로미터 이내에서는 전혀 찾아볼 수 없는 돌이라고 한다. 성인이 두 팔을 벌려도 안을 수 없을 정도로 크다.

TIP 유목민의 여름집 유르타

1 케레그헤

2 우우익

3 투인두익

4 치

유르타는 손쉽게 분해하여 야크, 낙타, 말 등에 싣고 이동할 수 있는 이동 가옥이다. 유르타의 재목은 느릅나무로, 특히 천장의 느릅나무 창살은 키르기즈 민족의 세계관을 상징하는 듯하다. 가정의 경제력에 따라 각 유르타에는 창고, 혹은 음식 하는 곳 등 다른 역할이 주어져 있다. 두세 채에서 십여 채의 유르타가 한 마을을 이루고, 목초지의 움푹 파인 지역에 옹기종기 모여 산다. 가끔은 모래 언덕에 올라 이웃 유르타 마을을 보기도 하고, 방목 중인 낙타와 양들의 상태를 살피기도 한다. 외부인의 흔적을 먼발치에서 찾아내기도 한다.

유르타는 나무껍질을 모아서 여러 부분으로 나누어 기초를 만든다. 벽은 나무를 격자로 접어 만든 케레그헤[1]를 사용하고, 유르타를 고정시키기 위해서 나무격자 벽 위에 지붕인 우우익[2]을 만들어 지탱하게 한다. 유르타의 지붕 가장자리 원 형태를 투인두익[3]이라 하고, 구조물을 전체적으로 '보소고'라고 지칭한다. 투인두익은 지붕의 배출구 역할을 하는데, 유르타 안 화덕(난로)의 굴뚝으로 사용되기도 하고, 천장에 난 창문 역할도 한다. 투인두익은 밤이나 날씨가 안 좋을 때에는 펠트 천으로 덮어 닫아둔다. 유르타 벽의 내부는 치[4]라는 펠트 매트나 두꺼운 천으로 둘러싸여 있다. 접을 수 있는 나무로 문을 2개 만들어 유르타의 입구를 덮거나 치 덮개처럼 펠트를 사용하여 문을 위아래로 접을 수 있게 한다.

고대 키르기즈 유목민은 유르타를 설치할 때 입구 문은 반드시 동쪽을 향하도록 했다. 이는 태양 숭배 사상에 따른 것으로 키르기즈 민족에게 아직까지 전승되고 있다. 특히 파미르 지역에 살고 있는 키르기즈 민족에게 강하게 나타난다. 그러나 오늘날 유르타의 입구 문은 보통 유르타의 위치, 장소에 따라 결정된다. 산이나 강을 향해 만들기도 하고, 바람이 잘 부는 방향을 향해 입구를 설치하기도 한다. 그러나 바람을 등지고는

5 말발굽

6 이스릭

7 부적

입구를 만들지 않는다.

입구 바닥에는 말발굽에 박는 철제 편자를 박아 두고, 문 입구 위쪽에도 말발굽⁵을 건다. 그 외 눈동자나 이스릭⁶이라는 풀을 걸어 두기도 한다. 이러한 것들은 일종의 부적 탈리스만, 7*에 해당한다. 유목 문화가 강한 키르기즈에서 말과 관련된 민간 신앙 중 말발굽 신앙이 가장 강하다. 정착한 키르기즈의 집 대문에도 반드시 말발굽을 걸어 둔다. 못 쓰게 된 실제 발굽을 바닥에 쓰기도 하지만, 새 것이나 말발굽과 비슷하게 만든 것을 사서 걸기도 한다. 분명한 것은 말발굽이 가신家神 신앙의 하나로 중앙아시아 일대에 널리 퍼져 있다는 것이다. 말의 위협적인 행동 중 하나는 뒷발질을 하는 것이다. 즉 말발굽을 입구에 걸어 악한 혼령이나 나쁜 기운이 유르타나 집안으로 들어오는 것을 막기 위함이다.

*예로부터 탈리스만이 악귀로부터 아이를 보호해 준다고 믿었다. 주로 야크나 망아지의 꼬리털을 가지고 만들어 아이의 옷에 바느질해서 붙인다. 훗날 중앙아시아 유목민들이 이슬람을 받아들인 이후로는 꾸란의 수라(Sura)를 수놓은 부적을 출생 의례에 사용하기 시작했다. 이것을 투마르(Tumar)라고 하며, 투마르를 갖고 있으면 아이의 생명과 안전을 보호한다고 믿었다. 혹은 검은 구슬로 발찌나 팔찌, 귀걸이를 만들어 몸에 착용했다. 부모가 아이의 다리에 발찌를 걸어 주거나 귀에 귀걸이를 해 주는데, 이는 악귀가 금속성 물체를 두려워한다고 믿기 때문이다. 이 역시 보호를 위한 부적들이다. 이 외에도 생활 속에서 발견되는 탈리스만은 다양하다.

8 콜롬토

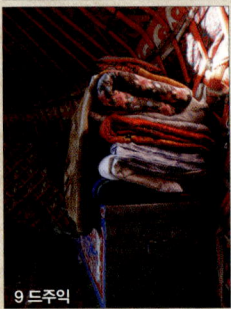

9 드주익

10 투쉬 키이이즈

유르타의 중앙 부분에 화덕^{난로}을 두는데, 이를 콜롬토8라고 한다. 여러 가재도구들을 담은 상자, 침구류, 양탄자, 모피, 기타 의복 등을 화덕 뒤에 놓는다. 이 자리를 드주익9이라고 한다. 콜롬토와 드주익 사이의 자리를 테르라고 하는데, 이 자리는 가장 영예로운 자리이다. 그래서 가족의 주인이나 존경하는 손님이 방문했을 때 앉는 자리이다.

입구에서 오른쪽은 여자들이 차지하는 공간이다. 이를 에프치 드작이라고 하는데, 여기서 에프치는 고대 투르크 어로 여성을 의미한다. 여성 공간에서는 접시를 비롯한 가재도구와 식료품을 보관하기도 한다. 가재도구는 치로 장식된 커텐 아쉬카 혹은 치로 가려져 있다. 반대편은 남자들을 위한 공간으로 에르 드작이라고 한다. 남자들을 위한 공간에서는 말안장, 소총, 마구, 야생동물 가죽과 가축을 사육하는 데 필요한 도구들을 놓는다. 유목민은 종종 어린 양과 어린아이를 함께 에르 드작에 두기도 한다. 유목민에게는 가축이나 자식이나 다 같이 귀한 존재이기 때문에 가능한 일이다.

유르타 내부 벽은 수를 놓은 양털 장식 투쉬 키이이즈^{시르닥, 10}로 장식한다. 또한 내부 장식은 케레그헤 패턴으로 보충한다. 서랍 함 같은 것과 실로 짠 가방 쿠르드준스도 매달려 있고, 나뭇조각으로 장식한 상자도 내부 벽을 장식하는 데 사용했다.

옛날부터 전통적으로 유목민의 생활에 활용되는 모든 가재도구는 미적인 기능을 갖고 있었을 뿐 아니라 실용적으로 디자인된 것이었다. 그래서 생활 용품들은 전통적인 양식을 가진 정교한 것이었고, 가죽 제품에는 수를 놓거나 매력적인 모양을 새겨 놓기도 했다. 뿔이나 말안장 등 소유물에는 은이나 은 잎으로 세밀하게 장식했고, 큰 접시나 그릇에는 가죽을 이용해서 멋지게 보이도록 장식했다. 특히 자주 사용된 번개무늬는 가정 및 유목민의 수호자로서 상징성을 갖는다.

유르타는 단순히 유목민의 주거 공간으로서만 의미를 가지는 것은 아니다. 유목민의

국가 상징으로 다양하게 사용된 투인두익

세계관이 반영된 삶, 생활의 상징이기도 하다. 천장에 난 창문 투인두익은 유르타의 상징일 뿐 아니라 태양을 상징화한 것이기도 하다. 열린 투인두익을 통해 유목민은 하늘의 별을 볼 수 있고, 자신들의 조상신祖上神과 하늘신 텡그리와 이야기할 수도 있다. 그래서 투인두익은 독립한 키르기즈스탄의 상징으로 채택되었으며, 신생 독립국가 키르기즈스탄의 국기國旗를 비롯한 국가 문양에 빠지지 않고 등장한다.

사이말루 타쉬 **암각화**

사이말루 타쉬Siymaliytash는 쿠가르트 고개 부근, 곧 페르가나 계곡의 북동부 산골짜기 해발 3,000미터에서 3,500미터에 자리 잡고 있다. 이 지역은 사람이 거의 거주하지 않는 곳이다. 그럼에도 주변 계곡에 사는 사람들은 자신의 소망을 남기고자 하늘에 가까운 이곳까지 올라왔다. 사이말루 타쉬는 키르기즈 어로 '수놓인 바위'라는 뜻이다.

창의적인 장인이 바위에 암각한 사이말루 타쉬 암각화는 키르기즈에서 가장 아름다운 암각화 군락을 이루고 있다. 동물과 사람이 바위 표면에 자유롭게 배치되어 태양 광선과 서로 대화하듯 날카롭고 밝게 빛난다. 이로 인해 바위 표면의 색상이 신비한 대조를 이룬다.

또한 다양한 주제와 암각 기법으로도 유명한데, 고대부터 이 일대가 성스러운 지역으로 알려졌기 때문으로 보인다. 다양한 종류의 동물들, 수레, 경작하는 모습, 의례, 춤 등이 묘사되어 있는데, 이로써 고대 농경인이 하늘과 태양에게 풍요와 안전한 출생을 기원했던 것으로 여겨진다. 암각화에 묘사된 의례를 집행하는 자들은 남녀 한 쌍으로 구성되는데, 이들은 다산이나 비옥함을 상징하는 것처럼 보인다.

태양을 상징하는 그림들이 무수히 많은 것은 이들의 주요 신앙이 태양 숭배라는 것을 나타낸다. 태양과 남자, 태양과 황소, 태양과 염소, 태양과 전차는 모두 태양의 이미지를 형상화한 것으로, 고대의 화가들이 환상적이고 신비한 양식을 가지고 그렸다.

사이말루 타쉬는 키르기즈스탄뿐 아니라 중앙아시아 전역에서 가장

쿠가르트 고개 부근 사이말루 타쉬

1 성교 장면
2 의미 불명
3, 4 태양
5 산양, 염소

밀도 있게 암각화가 분포된 지역이다. 약 1만 개의 암각화가 여러 층위에서 발견되어 다양하고 흥미로운 양상을 보여 주며, 중앙아시아와 시베리아 남부 암각화에서 가장 전형적인 양식으로 여겨진다.

오늘날 키르기즈스탄의 국가 문양에도 사이말루 타쉬 암각화가 차용되었다. 매년 보름 정도만 조사가 가능한 지역이기 때문에 1902년 처음 조사되기 시작한 이래 지금까지 조사가 진행되고 있다.

나린

가장 춥고 가장 무더운 도시

나린 주(州)는 전체가 최저 해발 1,500미터 이상의 고지대에 위치해 있고, 70퍼센트가 산악 지역이다. 그중 해발 2천 미터에 자리 잡은 도시 나린은 나린 주의 주도이며 키르기즈 민족 약 4만 5천 명 정도만이 사는 소도시이다. 키르기즈스탄에서 가장 추운 도시로 가장 추울 때는 섭씨 영하 40도까지 떨어지기도 하며, 연평균 온도가 섭씨 영하 6도이다. 매서운 날씨 때문에 키르기즈 전역에서 가장 빈곤한 나린 주는 전체 인구의 58퍼센트 정도가 극빈층이다. 한겨울에 도시 자체가 꽁꽁 얼어 버리면 비탈진 곳에서 스키를 타는 사람도 있다. 그러나 여름에는 무더위가 기승을 부리기도 한다. 그래서 나린의 지명은 '화창한' 혹은 '태양이 내리쬐는'이라는 뜻을 가진 몽골 어 '나린'에 근원을 두고 있다. 오늘날의 나린 시는 1868년 제정 러시아 수비대의 요새로 시작되었다.

나린 주를 동에서 서로 흘러가는 나린 강은 페르가나 계곡에서 카라 다르야와 합류하여 시르 다르야를 형성한다. 또한 키르기즈 전역 4만 개의 강 중에서 가장 힘센 강으로, 키르기즈의 수력 발전에서 중요한 위치를 차지한다. 시르 다르야는 중앙아시아 수자원의 3분의 1을 공급한다.

나린 주의 키르기즈 주민은 대체로 약간의 농경을 하면서 대부분은 목축에 종사한다. 목축은 양이 중심이며, 말은 중요한 교통수단이다. 그러나 이들 역시 유목민이며, 유목과 관련된 다양한 이야기가 이어져 온다. 그중 나린의 지명과 관련된 이야기를 살펴보자.

우즈베키스탄의 안디잔 가축 시장에서 가축을 팔고 귀가하면서 지친 목축민이 키르기즈의 자연 부락 자일루에서 하룻밤을 지내게 되었다. 그는 말이 풀을 뜯어 먹도록 고삐를 느슨하게 해 두었다. 말은 여기저기 돌아다니며 풀을 뜯어 먹었는데, 그 풀이 보리였다. 다음 날 목축민은 말을 찾으러 갔으나 말은 이미 달아나고 없었다. 그는 추적한 끝에 보리를 먹고 취한 말을 다시 잡았다. 목축민은 말을 죽여 요리를 해 먹고 머리만을 남겨두었는데, 그 자리가 지금의 아트 바쉬이다. 키르기즈 어로 '말의 머리'란 뜻이다. 그는 여행을 계속하면서 보리를 먹은 말고기를 마저 먹었고, 마지막으로 먹은 음식이 나린이었다. 나린은 가늘게 고기를 썰어 만든 고기 국물을 일컫는다. 여기서 나린이란 지명이 유래했다.

나린은 오늘날 키르기즈의 전통 음식에 해당하지만 알코올이 함유된 것은 아니다. 이야기 속에는 보리를 뜯어 먹은 말이 취한 것으로 나오지만, 나린 음식에서는 알코올 냄새조차 찾아보기 어렵다. 결혼을 한 새댁이 이웃에게 인사를 하러 다닐 때, 이웃에서 새댁을 위해 만드는 음식이 바로 나린이다.

TIP 유목민의 음식 문화

유목민의 식단은 육류와 유류가 주를 이루고, 채소를 비롯한 야채는 양파, 오이, 토마토, 감자, 파 등이 전부이다. 유목 생활에서는 식품 재료를 넉넉히 확보하기 힘들기 때문에 농경민의 그것과 비교하면 빈약한 수준이다. 여기에 키르기즈 유목민의 음식문화에서는 남성이 큰 역할을 한다. 음식을 준비하고 만드는 과정에서 남성의 신체적 강함이 어느 정도 필요하기 때문이라고 생각된다. 거기에 집단 생활양식과 군사적 문화가 남아 있어 남성이 음식을 만드는 데 주도적 역할을 한다.

옛날부터 키르기즈 유목민은 가축을 기르며 살아왔기 때문에 고기와 유제품이 일상 식단에서 가장 중요한 부분을 차지한다. 물론 이들은 옛날부터 부분적인 농경을 통해 기장이나 보리를 재배했으며, 이러한 농산품 역시 전통적인 식단의 일부가 되었다. 유목민은 양고기, 쇠고기, 야크 고기, 야생동물의 고기, 말고기 등 아주 다양한 종류의 육류를 섭취하는데, 그중에서 말고기를 가장 좋아한다. 야생동물은 산악 염소, 큰 뿔양, 노루, 사슴, 눈닭, 거위 등을 사냥해서 먹는다. 동물은 보통 가을에 도축하여 말린다. 말린 고기와 훈제한 고기는 겨울과 봄에 먹기 위해 보관한다.

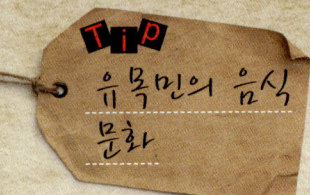

1 슈르빠

① 슈르빠

유목민들은 양고기도 많이 먹는데, 주로 양고기에 감자, 당근, 양파 등을 잘게 썰어 넣어 국을 끓여 먹는다. 이를 슈르빠라고 한다. 슈르빠는 중앙아시아 유목민뿐 아니라 정착민도 즐겨 먹는 고깃국이다.

2 베쉬바르막

② 나린 혹은 베쉬바르막

슈르빠를 해 먹은 다음에는 고기를 먹는다. 잘게 썬 양고기를 끓인 국물에 양파 등을 잘게 썰어 넣어서 먹기도 한다. 이를 투우가그한 혹은 나린Naryn이라고 부른다. 20세기기가 될 때까지 이 음식은 베쉬바르막(Beshbarmak)이라고 알려졌다. 베쉬는 '다섯', 바르막은 '손가락'을 뜻하니, 곧 숟가락이나 포크 없이 다섯 손가락을 모두 이용해서 먹는 음식을 대개 베쉬바르막이라고 부른다. 오늘날에는 원래의 베쉬바르막이 변하여 간단한 국수처럼 요리를 해 먹기도 한다. 지역에 따라 상당한 차이가 있어 양고기를 구워 감자, 양파 등과 버무려 삶거나 혹은 튀겨서 먹는 것을 베쉬바르막이라고 하는 곳도 있다.

③ 쿠일차타이 혹은 쿠우르닥

쿠일차타이는 가늘고 편편한 밀가루 반죽과 함께 끓인 고기를 썰어 넣어서 먹는 음식이다. 양념 없이 구운 양고기는 쿠우르닥이라고 한다.

④ 케르체에

키르기즈 유목민은 내장을 가지고 만든 음식을 좋아하는데, 여기에 허파, 위, 심장 등을 함께 요리해 먹는다. 특히 끓인 양의 폐(허파)에 우유와 버터를 가득 넣고, 여기에 말고기 순대와 말 비계를 곁들여 만드는 음식을 유별나게 좋아한다. 또한 간과 피로 만든 말 순대를 만들 때, 약간의 기름진 살코기, 양파, 고추, 쌀 등을 넣어서 먹기도 한다. 그중에서도 말의 내장을 가지고 만든 음식을 최고로 친다. 동물을 도살한 다음, 요리를 할 때 제일 먼저 양의 명치 부위와 비계를 끓여서 먹는다. 이를 케르체에라고 한다.

양을 통째로 요리해 먹는 방법도 흥미롭다. 먼저 양을 잡아 양의 창자 부분을 완전히 떼어낸 뒤 속에 양고기 비계 부위인 쿠이르두익과 약간의 쌀을 넣는다. 그런 다음 마치 수술 부위를 봉합하는 것처럼 실로 기워 닫고 50~60센티미터 정도 깊이로 땅을 파서 양을 넣는다. 이때 절대로 양가죽을 손상해서는 안 된다. 구멍을 흙으로 덮고 석

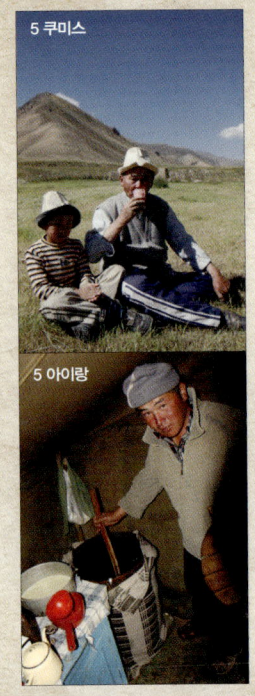

5 쿠미스

5 아이랑

6 쿠루트

탄으로 불을 지핀다. 그러면 흙더미를 통해 연기가 빠져 나간다. 속이 텅 빈 나무 막대기를 꽂아 두기도 한다. 하루 정도 지나 양을 흙구덩이에서 빼낸 다음 연기로 훈제하듯이 한 번 더 말끔하게 처리한다. 이렇게 익힌 양고기 안쪽에는 비계 부분과 즙이 많은 부분이 그대로 남아 있다.

⑤ 쿠미스와 아이랑

유목민이 즐겨 먹는 음식은 양의 젖으로 만든 아이랑Ayran이다. 암말의 젖을 발효시킨 쿠미스Kumys, 馬乳酒 역시 즐겨 마시는 축제 음료이다. 발효시켜 증류한 우유는 유목민이면 누구나 즐기는 건강 음료이기도 하다.

⑥ 쿠루트

또한 말젖마유, 양젖양유, 소젖우유 등 여러 가축의 젖으로 다양한 쿠루트Kurut를 만들어 먹는다. 이러한 쿠루트들은 유목민의 일상 식단 메뉴에 언제나 포함되어 있다. 쿠루트를 만들어 겨울을 준비하며, 건조시켜 먹거나 물에 녹여 먹는다. 쿠루트의 종류도 다양하다. 집에서 직접 만든 수제 치즈 수이즈메, 건조시켜 작게 만든 비쉬탁, 양젖을 가지고 특별한 모양을 낸 에드지드헤이, 버터에 녹인 사리 마이, 탈지유로 만든 시큼한 크림 맛의 카이막 등이 있다.

⑦ 보트코

기장으로 만든 죽을 보트코라고 하며, 기장과 고깃국 케제에 우유, 아이랑, 물 등을 섞어서 만든다. 음료로는 귀리 가루를 발효시켜 만든 막심, 드자르마, 보흐 등이 있다. 유목민이 여름에 마시는 음료 치드라프는 수이즈메를 물에 녹여 마시는 음료이다. 탈칸,

막심, 드자르마는 옥수수와 곡물을 정미해서 만든 반죽을 요리한 음식들이다. 보조는 일종의 맥주라고 할 수 있는데, 기장, 보리, 옥수수를 양조하여 만든 것으로 이를 증류시키면 알코올 도수가 높은 주류가 된다.

⑧ 논
키르기즈 유목민은 평평하고 둥글게 구운 빵 논을 주식으로 하는데, 항아리인 켐케르메 토코취에 굽는다. 이에 비해 키르기즈 남부 지역과 여타 중앙아시아 지역에서는 주로 탄드르Tandyr에 굽는다. 켐케르메 토코취와 탄드르 모두 빵, 고기를 굽는 데 사용하나 결정적인 차이는 켐케르메 토코취에서는 국물을 만들 수 있고, 탄드르는 기름기를 빠지게 하여 굽는다는 것이다.

⑨ 보오르속
키르기즈 유목민의 명절에 반드시 등장하는 보오르속은 양비계 기름에 가늘게 썬 밀가루 반죽을 요리해 만든 것이다. 마치 우리의 손국수를 가늘게 썰어서 양기름에 튀긴 것과 같은데, 국물이 있어 맛이 좋다.

⑩ 녹차, 홍차
키르기즈 유목민은 차를 많이 마시는데, 특히 차에 우유를 섞어서 마시며, 설탕, 소금, 구운 과자류 등을 곁들인다. 한편 우유는 반드시 녹차에 타 마시며, 홍차에 섞어서 마시지는 않는다. 이 차를 쿠우르마 차이라고 부른다. 또 악 차이^{흰 혹은 하얀 차}, 칼믹 차이^{칼믹 종족이 잘 마시는 차} 등을 우유, 구운 비계, 소금, 후추와 함께 마신다. 켁 차이는 키르기즈 남부 지역에서 인기가 많다.

19세기 말까지 북부 키르기즈 유목민은 주전자에 물을 끓여 마셨던 반면, 남부 키르기즈 유목민은 쿰그한이라는 금속성 용기에 물을 끓여 마셨다. 또한 북부에서는 차를 끓여서 마실 때 각자의 찻잔에 마셨다면, 남부에서는 원형으로 자리 잡고 앉아 하나의 찻잔으로 돌아가면서 차례로 마셨다.

⑪ 만티

키르기즈 유목민의 음식 문화는 이웃 민족의 영향을 많이 받았다. 대표적인 것이 만티 Manty인데, 위구르나 둥간의 영향을 받은 것이다. 만티는 항아리처럼 생긴 특별한 용기 카스칸을 사용해 만든 음식으로, 우리의 찐 만두와 비슷하나 내용물은 조금 다르다.

⑫ 라그만

라그만 Lagman은 위구르에서 전래된 국수 종류의 하나로, 양고기와 야채를 버무려 볶아 양념을 한 고깃국에 넣어서 먹는 우리의 짬뽕과 비슷한 음식이다. 천산 이동의 위구르 민족의 영향을 받은 아쉬리암 푸 역시 국수의 일종으로, 시큼한 소스와 녹말을 풀어서 만든 음식이다.

악 춘추크 동굴 암각화

나린에서 동쪽 방향으로 난 천산산맥에는 동굴 암각화 유적이 있다. 악 춘추크라고 알려진 동굴 암각화는 키르기즈스탄의 5대 암각화 유적 중 유일하게 동굴 내에 암각되어 있다. 석기 시대 말기부터 제작된 암각화는 키르기즈 암각화의 역사성과 우수성을 보여 주는 암각화로 평가받는다. 악 춘추크 암각화는 해발 3,500미터에 해당하는 지역으로 천산의 황금 계곡이라고 알려진 사리 자즈에 위치한다. 쉽게 접근할 수 없지만, 풍광은 키르기즈에서 단연 최고이다.

악 춘추크는 키르기즈 어로 '하얀 동굴'이란 뜻이다. 입구 높이만 12미터, 길이 45미터에 이르며, 석기 시대 사람들이 거주하기에 적당한 지역으로 여겨진다. 동굴의 넓이는 1.5미터에서 7.5미터까지 다양하다.

대상의 휴식처 **타쉬라밧**

타쉬라밧Tash Rabat은 지역명이자 요새 이름이다. 돌로 견고하게 쌓은 이곳은 누구도 쉽게 침입할 수 없었던 성채이자 혹은 캐러반 사라이였다.

15세기 현재의 타쉬라밧 일대를 지배하였던 무하메드 칸은 카자흐스탄 동남부 세미레치에와 중국 카쉬가르를 연결하는 무역 통로에 캐러반 사라이를 만들었다. 중앙아시아 지역에서 찾아볼 수 없는 형태의 직사각형 건축물로, 판석들을 이어서 서로 밀착하게 하는 건축 기법을 사용했다. 가로 35미터, 세로 43미터에 성채의 두께는 약 2.5미터이다.

세미레치에와 카쉬가르를 연결하는 무역 통로 타쉬라밧

캐러반 사라이는 중앙의 홀과 직사각형의 방들이 서로 대칭적인 배치를 이룬다. 일반적으로 이러한 양식의 건축물들은 대개 내부에 뜰을 만들었지만, 캐러반 사라이에는 내부에 여유 공간이 없다. 중앙의 정문은 들어갈수록 넓어지지만 좁은 통로를 조금 넓힌 정도이며, 직사각형의 각 모서리에 망루를 설치하였다. 간단한 판석을 사용하였다는 점, 창문을 만들지 않았다는 점 등은 답답해 보이기도 하며, 일반적인 성채들에 비해 비교적 소박한 건물이다.

안쪽 중앙 통로의 아치 모양 지붕은 건물이 단순하게 배치되어 있다는 것을 보여 주며, 유일하게 외부로 솟아난 모자 모양을 하고 있다. 지붕 아

캐러반 사라이
중앙아시아에서 찾아볼 수 없는 직사각형 건물로, 소박하지만 견고하게 지어진 성채이다.

래가 바로 중앙 홀인데, 여기서 정문까지는 약 16미터 정도이다. 양쪽으로 작은 방들이 늘어선 성채 내부는 마치 교도소나 지하 감옥 같은 암울한 분위기를 풍긴다. 그래서 어떤 고고학자들은 타쉬라밧이 성채나 캐러반 사라이가 아닌 다른 건물, 이를테면 불교나 네스토리우스교의 수도원이었을 가능성을 제기한다. 더구나 타쉬라밧은 천산의 해발 3,530미터에 위치해 있기 때문에 접근하기에 쉬운 곳이 아니다. 캐러반 사라이라면 무역상들이 지나는 길목에 있어야 하기 때문이다.

토르갓 고개

토르갓Torugart 고개는 키르기즈와 중국을 연결하는 신실크로드의 핵심 지역으로, 오늘도 이 고개를 통해 중국의 물자를 실은 대형 트럭이 오간다.

또한 과거에도 토르갓 고개는 중국에서 천산을 넘을 때 비교적 쉽게 넘을 수 있는 가장 낮은 고개였기 때문에 군사적으로나 상업적으로나 중요한 지름길이었다. 장건이 그랬고, 현장과 고선지도 이 길을 걸어갔을 것이다.

특히 한무제의 명을 받은 장건과 한나라 군대는 해발 3,752미터의 토르갓 고개를 넘어 이식쿨에 다다르고, 다시 추이 강을 따라 북진하여 탈라스까지 나아갔다. 장건이 다닌 길은 새로운 길이 아니라 기존의 길을 다시금 역사의 무대에 등장시킨 것일 뿐이다.

중국 카쉬가르에서 토르갓 고개를 넘어 국경 검문소를 통과하면, 그리 멀지 않은 곳에 키르기즈 4대 호수차티르 쿨, 이식쿨, 송쿨, 사리 첼렉 중 하나인 차티르 쿨을 만날 수 있다. 차티르 쿨은 숨어 있는 호수이다. 해발 3,530미터에 깊고 푸른 호수가 하늘 가까이 놓여 있기 때문이다. 그래서 키르기즈의 지붕 위에 있는 호수라고 부르기도 한다. 차티르 쿨은 새들의 낙원이기도 해서 계절마다 수많은 다양한 새가 찾아와 장관을 이룬다.

키르기즈의 4대 호수 중 하나인 차티르 쿨

길에도 역사가 엄연히 존재한다. 그런 의미에서 장건 이후에도 토르갓 고개는 중국에서 천산을 넘을 때 자주 활용되었다. 그래서 800년이 지나 당나라 장군 고선지 역시 이 루트를 따라 탈라스 지역으로 오갔을 가능성이 크다.

✢ 차티르 쿨을 지나 나린을 향해 나아가다 보면, 아트 바쉬 산맥에 타원형으로 생긴 고원이 펼쳐진다. '키르기즈스탄의 배'라고 불리는 곳인데, 사람의 배처럼 불룩하게 나온 평원이 악 사이 계곡이다. 악 사이 계곡은 풍부한 목초지와 물, 잘 갖춰진 유르타가 즐비하다. 유목민들이 여름을 나기 위해 야크를 몰고 올라와 풀을 뜯게 하기에는 최적의 장소이다. 야크 2만 마리가 풀을 뜯고 있는 것은 가히 장관이다.

탈라스 Jalas

탈라스 계곡

키르기즈스탄의 좌변에 위치한 탈라스는 카자흐스탄의 잠불 주와 연결되어 있다. 탈라스 알라따우^{천산}와 키르기즈 알라따우 사이로 넓게 동서로 뻗은 계곡에 위치한다. 드넓은 탈라스 계곡의 길이는 약 200킬로미터이며, 넓이는 40킬로미터이다. 탈라스 계곡의 남단에 위치한 천산 자락이 탈라스 알라따우로 해발 4,200미터에 이르고, 북단에 위치한 키르기즈 알라따우는 카자흐스탄에 접한 천산 자락으로 해발 3,800미터의 자연 국경을 형성한다.

비쉬켁에서 탈라스 계곡으로 들어가는 방법은 두 가지이다. 하나는 소비에트 시절부터 최근까지 활용된 키르기즈 알라따우와 북부 카자흐스탄 초원을 동서로 횡단하여 잠불 주에서 들어가는 방법이다. 또 하나는 비쉬켁에서 온전히 키르기즈 영토만을 경유해 탈라스 계곡의 동부 초입을 통과해 들어가는 방법이다. 이 길은 2000년대에 들어 도로가 나면서 개통되었는데, 비쉬켁에서 카라 발타 지역으로 들어와 험준한 3천 미터급 고개인 뚜 아수이 고개와 오트목 고개를 반드시 넘어야 한다.

그래서 탈라스 주는 불과 100킬로미터 정도 떨어진 카자흐스탄의 잠불

주와 밀접한 생활 반경을 형성하고 있으며, 잠불 주의 카작 민족과 심리적·정서적·문화적으로 동일한 문화권을 형성하고 있다. 현재도 계곡 내에서는 키르기즈계인 사루우, 문두즈, 쿠쉬추, 알락친, 키마이 씨족이 중심을 이루고 있다.

탈라스 계곡은 경치가 좋고, 풍부한 수량과 깨끗한 수질, 비옥한 토양까지 갖춰 농경이 잘 이루어지는 지역이다. 탈라스 계곡 안은 한여름에도 시원하고 겨울은 그다지 춥지 않아 소비에트 시절 중앙아시아의 휴양지로 명성을 얻었다.

탈라스 계곡 사람들은 주로 콩, 감자, 밀, 옥수수, 배, 사과, 살구 등을 재배하며 목축을 겸하고 있다. 그러나 벼와 양파, 수박 등은 재배가 불가능하다고 한다. 한때 수박을 재배했으나 탈라스 계곡 하류 지역에 대형 저수지*가 건설된 이후 단맛이 사라져 더 이상 재배하지 않는다고 한다.

---

* 계곡 하류에는 1976년 키로프 저수지가 건설되었고, 이와 비슷한 시기에 탈라스 알라따우 정상 부근에 키르기즈에서 제일 큰 똑따쿨 저수지가 건설되었다.

키로프 저수지

탈라스 강의 지류인 우르 마랄 강변에는 키르기즈스탄 5대 암각화 유적지 중 하나인 잘티락 타쉬 암각화 군락이 자리 잡고 있다. 1956년 발견된 이곳의 암각화는 길이 60미터, 높이 8~10미터에 이르는 병풍바위에 암각되어 있다. 병풍바위는 탈라스 강의 물빛이 바위에 반사되어 빛나 보이기 때문에 키르기즈 어로 '빛나는 바위'라는 뜻의 잘티락 타쉬란 이름이 붙여졌고, 그래서 여기 새겨진 암각화도 잘티락 타쉬 암각화라고 한다. 암각화가 두 겹으로 음각되어 있다는 것과 커다란 단일 바위에 새겨져 있다는 것이 특징이다.

탈라스 강의 발원지가 있는 탈라스 계곡에서 반정착형 목축을 하는 사람들이 유르타^{보오즈 우이} 생활을 한다. 탈라스의 옛 이름은 '아틀라흐^{Atlax}'이다. 지금은 사용하지 않지만 탈라스가 가장 발전하던 시절에 쓰던 이름이다.

탈라스는 고대부터 접근하기 어려운 전략적 요충지이자 계곡 내에서 자급자족이 가능했기에 천혜의 요새였다.

마나스의 고향

키르기스스탄에서 탈라스 문화가 차지하는 위치는 독특하다. 이곳은 특히 구술 문화의 본산이라 할 수 있다. 중앙아시아 전체에서 가장 유명한 영웅 서사문학 〈마나스Manas〉의 탄생지가 바로 탈라스이다. 또한 소비에트 문학의 대표자이자 중앙아시아 문학의 상징인 징기스 아이트마토프의 고향도 탈라스이다. 탈라스 주의 주도 탈라스 시 외곽에는 마나스 오르도콤플렉스가 조성되어 영웅 신화를 유적화했고, 마나스 오르도에서는 마나스치 경연 대회가 해마다 열린다. 마나스치는 마나스의 영웅담을 노래로 전하는 전업 이야기꾼이다.

탈라스 계곡의 수많은 자연물과 기념비들은 마나스라는 이름과 연결되어 있다. 마나스 오르도의 망루가 있는 작은 산은 마나스 수파이고, 오보 협곡에는 마나스의 경주마 툴파르가 숨어 있다고 여겨진다. 또한 쿨란 쿠룩 협곡은 마나스의 망아지가 풀을 뜯는 곳이라 한다. 심지어 에치켈리 뚜에는 마나스의 무덤이 비밀리에 조성되어 있다고 믿어진다.

탈라스 계곡에서 오랫동안 마나스 서사 문학의 기원을 연구 조사한 러시아의 고고학자 A. N. 베른쉬탐은 "탈라스는 키르기즈 민족이 정착한 곳 중에서 가장 오래된 지역이다. 기원전 1세기경, 키르기즈 민족이 도래한 천산의 초기 거주지인 만큼 자신들의 땅을 지키고 가꾸려는 의지와 투쟁 정신이 가장 강한 지역이라는 의미를 갖는다."라고 말했다. 그래서 마나스와 같은 영웅이 필요했을 것이다.

마나스 오르도 한쪽에는 방문하는 자들이 기원하는 무덤, 즉 마나스 굼

1 마나스 굼바스 앞에서 기도를 드리는 키르기즈 사람들
2 마나스 무덤으로 여겨지는 굼바스
3 마나스 수파의 공동묘지

바스가 있다. 키르기즈 인은 마나스 굼바스에 마나스가 묻혔다고 믿고, 민간 신앙의 장소로 삼았다. 마나스 굼바스는 마나스의 든든한 후원자이자 동반자인 부인 카니케이의 명령으로 조성되었으며, 그녀는 마나스가 묻힌 성지를 보호하고자 묘비에 '마나스의 부인이 묻힌 곳'이라 적었다. 물론 이러한 이야기는 민간에 전해 오는 이야기일 뿐이다. 소비에트 고고학자 M. E. 마송이 발굴을 통해 밝힌 무덤의 진짜 주인공은 1334년에 죽은 에미르 바부키의 딸이라고 한다.

마나스의 유래는 분명치 않으나 구술 속에는 대체로 기원후 250년에서 1500년대까지의 시기가 나타난다. 때문에 이 시기가 마나스의 설정 및 발생과 관련이 있다고 본다. 구술에는 마나스의 가계, 마나스의 탄생, 사랑, 결혼, 투쟁, 그의 활약으로 인한 키르기즈 민족의 독립, 그의 죽음에 이르기까지 키르기즈 민족의 생활과 문화가 고스란히 언급되어 있다.

마나스는 1880년대부터 본격적인 채록 작업이 이루어져 지금까지 40여 채록본이 존재하는데, 그중 가장 적은 분량은 9천 행이며, 1972년까지 채록된 최대 분량의 채록본은 총 148,557행에 달한다. 당시 글로 기록하지 않고, 녹음기로 녹음한 분량이 약 9,700미터나 된다고 한다.

탈라스 계곡의 남단 탈라스 알라따우는 수려한 자연경관과 풍부한 수자원을 갖추고 있다. 이 탈라스 알라따우를 넘어 남하하면 키르기즈의 남부 도시 잘랄라바드에 도착한다. 수많은 산들을 넘고 넘어 모험을 즐기는 사람들이 도전할 만한 코스이다.

탈라스 외곽에 조성된 마나스 오르도는 마나스 영웅 신화를 유적화한 곳이다. 곳곳에 마나스 입상, 마나스 호위병 등이 서 있으며, 해마다 마나스치 경연 대회가 열리는 곳이다.

+ 탈라스 계곡은 키르기즈 민속놀이의 보고이기도 하다. 굴렁쇠 굴리기, 말 타기, 제기차기, 돌차기, 공기놀이, 그네 타기와 같은 민속놀이들이 어린이에게 전승되고 있다. 우리에게서 사라진 전통 민속놀이를 키르기즈스탄에서 만날 수 있다는 것이 놀랍고, 그 놀이 방식이 비슷하다는 것이 다시 한 번 놀랍다.

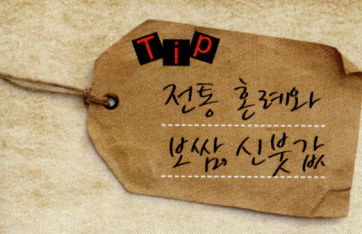

· 보쌈 문화

탈라스 문화에서 빼놓을 수 없는 것이 보쌈 문화이다. 결혼 적령기에 접어든 청년이 마음에 드는 젊은 아가씨를 납치해 결혼하는 일종의 납치혼이다. 그러나 보쌈 결혼, 즉 신부 납치는 현실적으로 드물고 장려되지도 않으며, 간혹 칼름^{Kalym}, 통혼권과 밀접한 관련이 있는 전통 문화라고 할 수 있다. 사랑하는 남녀가 신붓값을 지불할 수 없을 때 취한 방법으로, 신랑의 경제력과 관련된 결혼 문화의 일종이다.

오늘날에는 주로 전통적인 유목 사회의 특징을 가진 사회에서 나타난다. 그러나 보쌈 결혼에 여자의 의사가 반영되지 않은 것은 아니다. 사전에 여성과 합의가 이루어져 있을 때 의례적으로 보쌈을 행한다.

· 칼름

가부장제 사회인 중앙아시아 유목민의 결혼은 반드시 부모의 동의하에서 진행된다. 신랑의 아버지는 신부 측에 결혼 지참금^{신붓값}인 칼름을 지불해야 하는데, 이는 딸을 시집보내면서 발생하는 노동력 상실에 따른 보상이다. 옛날에는 신랑의 아버지뿐 아니라 전체 씨족이 칼름을 지불하기도 했다. 가족 중 누군가의 결혼이 확정되면, 친척에게 약간의 도움을 기대하는 것이 하나의 전통으로 계승되었다. 이로써 신부는 남편 씨족의 구성원으로 거듭나고, 자녀들은 부계 대가족의 일원이 된다. 이처럼 중앙아시아 유목민의 결혼은 주고받는 관계 속에서 의례가 지속된다.

칼름으로 지급되는 재물의 양은 상당하다. 20세기 초반에 부유한 사람의 칼름은 말, 소, 낙타 등 가축 수백 마리였다. 여기에 9가지의 선물과 양 천 마리가 추가되기도 했다. 일반적으로는 50마리의 가축과 양 100마리, 가난한 사람의 칼름은 25마리의 가축과 양 50마리 정도이다. 오늘날에는 지역에 따라 차이는 있으나 미국 달러로 지불하는 것이 관행이며, 키르기즈 유목민의 경우 미화 2천 달러 정도면 평균 칼름에 해당한다. 한편 법적으로 중혼이 불허되나 관습적으로는 일부다처가 실행된다. 칼름을 많이 지불할 용의가 있다면, 가난한 신부 측에서는 마다할 용의가 없다. 키르기즈의 유목적 관습에서 부유한 남성은 부인을 여럿 둘 수 있다. 또한 경제력만 뒷받침된다면, 남성 노동력이 많이 필요한 유목 사회에서 다산, 그것도 아들 생산이 관습적으로 장려된다.

· 결혼 풍습

키르기즈에서는 오늘날까지 중매결혼이 널리 받아들여지고 있다. 곧 태어날 아이를 두고 부모들이 미리 결혼에 대한 동의_{묵시적 합의}나 약속을 하는 경우도 있다. 이러한 상호 간의 동의가 있으면 칼름을 지불하지 않거나 지불하더라도 아이가 성인이 될 때까지 적은 액수를 지불한다. 특히 부유한 자들은 아이가 어릴 때 양가 어른이 결혼 약속을 하는 경우가 많다. 이처럼 중앙아시아 유목민에게 결혼이란 양가의 사회적 관계의 재구성과 완성, 후손의 출산과 계승에 대한 사회적 약속인 것이다.

만약 신부가 결혼식을 거절하거나 다른 남자와 도망을 간다면, 엄청난 벌금을 물어야 한다. 이런 경우 신부의 부모는 낙타 6두, 말 60두, 차판 60벌, 양 60두, 현금 6만 숨을 신랑에게 지불해야 한다. 또 신부를 데리고 도망을 간 남자는 말 27두, 낙타 3두를 중매쟁이에게 내야 한다. 만약 그렇지 않으면 그 남자는 부정_{不淨}에 대한 대가로 죽임을 당한다.

아버지는 아들이 태어나는 순간부터 일찌감치 결혼을 준비한다. 신뢰할 수 있는 사람을 보내 잠재적인 미래의 신부가 속한 집안들에 대해 정보를 수집하고, 이를 통해 적합한 대상을 선택하면 가장 존경받는 사람들을 신붓감의 아버지에게 보낸다. 신붓감의 아버지가 긍정적인 답변을 한다면, 결혼식 준비는 바로 시작된다. 남자 집안은 신부

쪽에 말을 선물하고, 여자 집안은 선물을 가져온 사람들에게 양고기를 대접하고 차판을 선물하는 등 선물을 주고받으며 결혼이 잘 진행된다는 것을 보장한다.

예비 신랑은 14~15세가 되면 친구들과 함께 예비 신부의 집에 방문할 수 있다. 신부 쪽에서는 유르타를 특별히 설치하고 맛있는 음식을 대접하며, 저녁에는 신부 어머니의 동의하에 예비 신부가 참석하는 잔치를 벌인다. 이 잔치를 키즈 오우인이라고 하고, 보통 사흘에 걸쳐 진행된다. 잔치와 함께 여러 가지 경기가 펼쳐지는데, 노래 자랑, 경마 등 경쟁할 수 있는 것이 주를 이룬다. 이러한 과정이 마무리되면 두 사람은 비로소 결혼한 부부로 탄생한다.

갓 결혼한 부부는 부모가 있는 유르타를 방문하여 부모의 축복을 받는다. 부부가 유르타로 들어서기 전에 커다란 외투를 입구에 놓는다. 제일 먼저 이 외투를 밟고 지나가는 사람이 가장家長이 된다는 것을 의미한다. 결혼 잔치가 끝난 뒤 신랑은 신부를 자신의 마을로 데리고 갈 수 있으며, 신부는 자신의 부모님 집에서 6개월간 더 머무를 수도 있다. 이런 경우 남편은 15일, 20일 간격으로 신부를 만나러 온다.

신부가 신랑의 집으로 가는 것은 특별한 행사이며, 독특한 의례들이 수반된다. 예를 들면, 신부가 사는 마을의 여성들은 신부가 떠날 때 작별의 슬픈 노래를 부르고, 한 명씩 차례로 신부에게 차판을 입혀 준다. 신랑의 집으로 떠나는 신부는 자신이 갖고 있던 많은 보석을 두르고, 아름다운 털모자를 쓰며, 값비싼 검은 장갑도 착용한다. 남편의 마을에 도착하면, 신부는 착용하고 있던 모든 장신구와 의복을 벗는다. 또한 신부는 지금까지 착용하고 있던 모자를 벗고 기혼녀가 쓰는 모자로 바꿔 쓰며, 자신이 썼던 모자는 미래의 딸이 결혼할 때까지 보관한다.

신부가 남편의 마을에 다다르면, 마을 여성들이 신부를 드넓은 목초지에서 맞이한다. 그러면 신부는 말에서 내려와 길을 막고 있는 여성들에게 목초지를 통과하는 대가로 자신의 반지를 건넨다. 이 소식을 전해들은 남편은 급히 마을로 달려가 신부의 아버지가 선물한 유르타를 설치한다. 시어머니는 유르타 안에 앉아서 신부의 발아래 던질 달콤한 사탕 한 뭉치를 가지고 그녀를 기다린다. 젊은 부부는 자신들의 유르타에 스스로 불을 지펴야 한다. 절대로 다른 유르타에서 불씨를 빌려서는 안 된다.

이제 결혼 피로연이 열릴 때까지 신부는 남편의 유르타에서 다른 남자들과 떨어져 지낸다. 유목민의 풍습에 따르면, 고향을 떠난 신부는 조상 혼령의 보호를 받을 수 없다. 그녀는 사악한 눈동자에 노출되고, 악한 혼령으로부터 무방비 상태에 놓이게 되기 때문이다. 신부가 얼굴을 천으로 가리고 시아버지의 유르타를 방문하면, 시어머니는 유르타 입구에서 신부의 손에 양의 비계를 놓아 준다. 신부는 여신 우마이 오나를 기쁘게 하기 위해 이 비계를 불에 던져 넣는다. 이러한 행위는 신부가 남편 씨족의 혼령으로부터 보호를 받기 위함이다. 유르타 안으로 들어가면서 신부는 존경의 표시로 인사를 하고, 시아버지는 새 신부를 맞이해 자리에 앉히고 양고기를 대접한다. 이 시간 이후로 신부는 시부모의 유르타를 자유롭게 방문할 수 있게 된다. 또한 이때부터 그녀는 얼굴 가리개를 열어도 되며, 남편 씨족의 혼령들로부터 보호를 받을 수 있다.

탈라스 전투

서기 751년 여름, 탈라스 평원에서 전쟁이 발발했다. 압바스 왕조의 지압 이븐 살리흐 장군이 이끄는 아랍 연합군이 당나라의 안서도호부를 공격할 것이라는 정보를 입수한 당나라는 고선지 장군의 지휘로 공격을 시작했다. 닷새 동안 치러진 전투에서 당나라군은 패퇴했다. 당시 탈라스 일대를 사실상 지배하고 있던 토착 세력 카를륙의 외교적 승리였다. 아랍군이라는 외세를 이용해 사사건건 자신들을 지배하고 복속시켰던 당나라의 세력을 물리친 것이다.

탈라스 전투가 실제 일어났던 지역에 대해서는 역사학자 사이에서도 의견이 나누어진다. A. N. 베른쉬탐 등 러시아 고고학자들은 키르기즈 탈라스 계곡 내의 주반떼뻬, 우취 꾸르간, 악 꾸르간 등이 유력하다고 보며, 카자흐스탄 잠불 지역에서는 옛 성터를 꼽는다. 이들 모두 탈라스 강변을 끼고 있다.

탈라스 전투가 남긴 결과는 대단했다. 중국은 탈라스 전투 이후 중앙아시아에서 세력이 위축되어 더 이상 서역에 대한 지배력을 갖지 못했다. 중앙아시아 지역에는 이슬람교가 전파되어 중앙아시아의 이슬람화가 진행되었다. 또한 아랍에는 당시 포로로 잡힌 두환(杜環)이란 사람에 의해 제지술이 전래되었다. 탈라스 전투 후 100년간 외세의 간여 없이 카를륙은 실크로드 상의 거점 도시 탈라스를 지배하며 상업적 이익을 계속해서 추구할 수 있었다.

뽕나무 껍질을 이용해 종이를 만드는 과정

오쉬 Osh

오쉬와 오쉬 계곡

키르기즈스탄 남부의 최대 도시 오쉬는 키르기즈스탄에서 두 번째로 크고, 가장 유서 깊은 고대 도시이자 역사적으로 실크로드의 중개지 역할을 했던 무역 도시이다. 도심의 시장은 2천 년 동안 악부라 강변에 자리 잡고 번영을 누렸다. 지난 2000년 10월 도시 창건 3천 년 기념행사가 열렸다.

    오쉬의 창건은 마케도니아의 알렉산드로스, 선지자 솔로몬(술레이만), 성서의 최초 인간 아담에게까지 거슬러 올라간다. 가장 오랫동안 전해져 온 술레이만 이야기에 따르면, 어느날 술레이만이 바위 날에 손을 벤 뒤 "호쉬!"라고 소리쳤다고 한다. 호쉬는 "이제 그만해!"라는 뜻이며, 여기서 오쉬의 지명이 유래했다는 이야기가 있다. 그러나 오늘날 오쉬는 우즈벡 어로 음식을 뜻하며, 특히 쁠로프를 지칭할 때 많이 사용한다.

    무역 도시 오쉬는 동서를 잇는 실크로드에서 중요한 십자로의 역할을 했다. 낙타 대상들은 파미르 알라이의 높은 봉우리를 넘어 남쪽으로 향할 때나 중앙 천산을 넘어 동쪽으로 향할 때 오쉬에서 머물며 무사히 여행을 마치기를 기원했다. 대상들은 중국의 비단, 타지키스탄의 광물, 인도의 설탕과 염료, 이란의 은제품 등을 사다 팔았다. 2000년대 들어 중국의 카쉬가

+ 해발 1,000미터에 위치한 오쉬의 중심 지역은 우즈베키스탄과의 국경선에서 불과 5킬로미터 떨어져 있다. 키르기즈와 우즈벡은 지리적 근접성 못지않게 밀접한 관계를 갖고 있다. 오쉬 전체 인구 30만 중에서 우즈벡 민족이 대다수를 차지하는데, 완전한 키르기즈의 도시도 아니고, 그렇다고 우즈벡적인 도시도 아니라는 느낌이 든다.

달리면서 피땀을 흘린다는 천마는 한혈마라고 불리기도 했는데, 이 천마는 아라반 계곡, 술레이만의 뚜, 중국으로 가는 실크로드 길목에서 마주치는 암각화에 잘 묘사되어 있다.

르에서 서역으로 가는 신실크로드가 오쉬를 지나는 것은 오늘날에도 여전히 이곳이 지리적 십자로이기 때문이다.

오쉬 지역에 사람이 살기 시작한 것은 아주 옛날부터이다. 청동기 시대에 술레이만의 뚜 주변에서 정착한 생활을 하였고, 석기와 청동기를 사용하였다. 오늘날 투르크메니스탄의 명마 아할테케를 능가하는 천마가 있었다는 소그드 인의 왕국 대원^{다이웬}은 2천 년 전에 이미 오쉬 지역에 존재했다.

실크로드뿐 아니라 오쉬는 역사적으로도 중요한 현장에 있었다. 10세기에서 12세기에 걸쳐 오쉬 지역을 다스렸던 투르크계 카라하니드^{카라한} 제국의 지방 정부가 있었던 곳이 오즈곤^{Ozgon}이다. 또한 우즈베키스탄의 안디잔에서 태어난 아미르 티무르의 후손 술탄 바부르^{1483~1530}는 12살의 나이에 오쉬 지역을 물려받아 통치했다. 그는 1504년 유목 우즈벡 사이바니에 의해 오쉬에서 추방되어 남동부 지역으로 쫓겨나 인도 북부에서 모굴 제국을 건설했다. 하지만 바부르는 죽을 때까지 아름다운 고향 오쉬에 대한 향수에 젖어 있었다고 한다.

키르기즈 민족은 소비에트가 붕괴된 이후 오쉬 계곡이란 지명을 사용하고 있는데, 오쉬 계곡은 페르가나 계곡에 포함되는 작은 지역일 뿐이다. 오쉬에 사는 키르기즈 민족과 우즈벡 민족은 오쉬라는 지명을 강하게 주장하는 경향이 있는데, 이는 오쉬의 지리적 정체성을 자신들의 민족적·문화적 정체성과 연결시키기 위한 것이라고 생각된다. 따라서 오쉬에 가면 가급적 오쉬 계곡이라는 용어를 사용하는 것이 좋다.

술레이만의 뚜

오쉬 중앙에 위치한 산이 술레이만의 뚜이다. 뚜는 키르기즈 어로 산이란 뜻이니, 곧 '술레이만의 산'이란 의미이다. 술레이만은 이슬람교에서 성자로 칭송되는 인물로, 성경에서는 솔로몬이라고 한다.

해발 1천 미터의 키치 알라이 산맥 줄기에 있는 술레이만의 뚜는 너비 120미터, 직경 160미터 정도에 불과하지만, 이 작은 산 일대는 고대부터 성스러운 곳으로 여겨졌다. 불교의 흔적뿐만 아니라 16세기 이슬람 성원을 비롯해 많은 고대 예배 장소, 신단, 암각화가 있다. 하나의 바위산이 신앙의 대상으로 믿어져 온 경우이다. 그래서 지난 1,500년간 지역 주민과 이 지역을 통과하는 여행자, 대상 행렬들이 성스러운 산으로 추앙해 왔으며, 이슬람교 및 이슬람교 도래 이전 다양한 종교를 믿는 사람들이 순례지로 삼았다.

다섯 개의 봉우리와 네 면에는 술레이만의 무덤 터로 추정되는 성소가 있다. 또한 사람, 동물, 기하학적 형상을 새긴 암각화로 장식된 111개에 이르는 고대인의 성소와 동굴이 존재한다. 오늘날에도 이 중 17개는 신앙의 장소로 사용되고 있다. 이곳을 찾는 사람들은 주로 불임, 두통, 요통을 앓는 환자들이며, 여기서 기도를 하면 낫는다고 생각한다.

한편 1510년 모굴 제국의 건국자 술탄 바부르가 창건했다는 이슬람 성원이 술레이만의 뚜 정상에 두 곳이 있는데, 계단을 통해서만 올라갈 수 있다. 페르가나 계곡과 오쉬 시 전체가 한눈에 들어오는 이곳은 20세기 말에 재건되어 많은 지역민들이 찾아 예배를 드린다.

산에 대한 숭배는 키르기즈에 유난히 발달되어 있으며, 특히 술레이만의 뚜는 이 지역에 유행하던 여러 민간 신앙이 이슬람교의 전래 이후에도 남아 믿어지는 대표적인 사례라 할 수 있다. 동굴 박물관을 향해 올라가다 보면, 바위틈에 난 나무에 형형색색의 천을 달아 치성을 드리고 있다. 지난 2009년 6월 술레이만의 뚜 전체가 유네스코 세계문화유산으로 지정되었다.

✛ 소비에트 시절에는 술레이만의 뚜 동굴 속에 박물관을 지어 오쉬의 역사를 고고학적 유물을 통해 전시했다.

잘랄라바드

페르가나 계곡 내에는 우즈베키스탄 영토만 있는 것은 아니다. 사실상 키르기즈스탄의 영토가 우즈베키스탄의 페르가나 계곡을 머금은 형국이다. 그러나 천산 자락 아래쪽으로는 대부분 키르기즈의 땅이기 때문에 웬만한 자연경관은 키르기즈에 속해 있다. 특히 우즈베키스탄의 샤히마르돈에서 잘랄라바드Jalal-Abad에 이르는 키르기즈의 천산에는 수많은 호수들과 아름다운 자연경관이 펼쳐져 있다.

잘랄라바드는 잘랄라바드 주의 주도이자 키르기즈 남부에서 두 번째로 큰 도시이다. 얼마 전 물러난 쿠르만벡 바키예프 대통령의 고향이기도 하다. 오쉬와는 그렇게 멀지 않지만, 훨씬 더 키르기즈의 색채가 강한 지역이다.

잘랄라바드 북쪽으로는 탈라스 주나 송쿨로 갈 수 있는 길이 있다. 탈라스 계곡으로 가는 길을 따라가 보면, 아슬란봅이란 산촌이 나타난다. 우즈베키스탄의 데나우와 같은 분위기를 풍기는 산속의 마을이다. 산 정상에 호수가 있고, 거기서 흘러내리는 실개천이 제1, 제2 폭포를 만들어내어 장관을 연출한다. 폭포 아래에는 우즈벡과 키르기즈 사람들의 휴식처이자 휴양지가 조성되어 있다. 호두나무 숲이 일품이며, 계곡물 위에 집을 지어 중앙아시아에서는 좀체 볼 수 없는 수상 가옥들이 있다.

✛ 커다란 바위 절벽에 난 구멍으로 물줄기가 뿜어 나오는 압사르사이 폭포는 이미 민간 신앙의 대상이 된 지 천 년이 넘은 듯하다. 주변에 키르기즈의 전통 토속 신앙이 자리 잡고 있어 오가는 사람들에게 기복을 할 수 있는 기회를 제공한다.

4장 타지키스탄

+ 판지켄트 *Panjikent*

+ 파미르 *Pamir*

+ 두샨베 *Dushanbe*

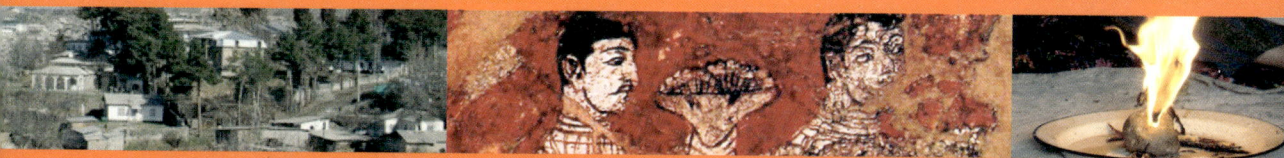

+ 후잔드 *Khudjand*

타지키스탄
Tajikistan

파미르의 페르시아 문화, 타직의 정열과 순수

중앙아시아 5개국 중 유일하게 독립한 이후 최근까지 내전의 아픔을 겪은 나라가 타지키스탄이다. 중앙아시아의 왼쪽 아래에 자리 잡은 타지키스탄은 중국, 아프가니스탄, 파키스탄, 키르기즈스탄, 우즈베키스탄과 국경을 마주하고 있다. 중국 및 키르기즈스탄과 국경을 접하는 지역은 천산산맥에 속해 있고, 파키스탄 국경과 맞닿은 지역은 파미르 고원으로 연결되는 그야말로 산악 국가이다. 국토의 91퍼센트가 산악 지대에 위치하며 7천 미터 이상의 험준한 봉우리도 두 개나 된다. 국토 면적은 우리나라의 1.5배이며, 서부는 평지, 동부는 산악 지대이다. 더구나 서부의 평지 부분도 산과 산 사이의 계곡, 험준한 산맥 사이로 좁게 뻗은 평지일 뿐이다.

타지키스탄이라는 국명은 '타직 민족이 사는 국가^{지역, 땅}'를 의미한다. 즉 타직 민족이 인구의 대부분을 차지한다. 타직 민족은 타지키스탄을 비롯해 중앙아시아 곳곳에서 상인으로 활약하고 있으며, 학계에서는 '페르시아의 후예'로 여겨지기도 한다. 타직은 마베른나흐르 지역에 살고 있는 아랍 인을 지칭하는 이란 어이며, 이란 인이 무슬림이 된 이후에는 아랍 인이나 무슬림이나 중앙아시아에서는 모두 타직 민족이라 칭했다. 즉 타직은 중앙아시아에 사는 이란계 무슬림을 통칭하는 민족 개념으로 확대 적용되었다.

수도 두샨베
정부 대통령제 공화국
민족 타직 인(79.9%), 우즈벡 인(15.3%), 러시아 인(1.1%), 키르기즈 인(1.1%)
종교 수니파 이슬람교(85%), 시아파 이슬람교(5%)
공용어 타직 어
면적 143,100㎢
인구 650만 명(2005년 기준)
통화 소모니(Somoni, TJS)
독립 소련으로부터 독립 1991년 9월 9일

- 후잔드
- 판지켄트
- 자랍샨 강
- 무그합
- 두샨베
- 바흐시 강
- 파미르 고원
- 코록

타지키스탄의 지리 환경과 문화

타지키스탄의 국토는 143,100제곱킬로미터로 대한민국의 1.5배, 한반도의 약 60퍼센트에 해당한다. 국토의 91퍼센트가 산악 지대에 위치하며, 경작 가능한 국토는 나라 전체에서 7퍼센트에도 이르지 못한다. 수도인 두샨베를 비롯하여 서부의 계곡과 평지에서 그나마 농경이 가능하고, 서북부 평야 지대는 수도 두샨베보다는 지리적으로나 문화적으로 차라리 우즈베키스탄에 더 가깝다. 인구 밀도나 경제적 생산력에서 본다면, 단연 서부 지역이 타지키스탄의 중심이다. 더구나 동부 지역에는 산악 유목민들이 많이 거주하고, 키르기즈 민족이나 중국과 긴밀히 연결되어 있어 문화적 색채도 남다른 구석이 있기 때문이다.

동부 산악 지역은 해발이 평균 3천 미터에 이른다. 동부에서도 북부는 천산 문화권에 속하고, 남부는 파미르 문화권에 속하며 문화와 언어가 다르다. 천산 문화권이든 파미르 문화권이든 동부 산악 지역은 겨울이 연평균 300일쯤 된다. 여름이라 하더라도 일교차가 극히 심하고, 강우량이 적어 저녁만 되면 한여름 추위를 감내해야 한다.

타직 민족은 예부터 농경과 상업에 종사해 왔다. 이는 유목민으로서의 성격이 강한 여타 중앙아시아의 민족과는 다른 길을 걸어왔다는 것을 뜻한다. 역사적으로 상업에 능해 '소그드 인의 후예*'라는 수식을 달고 다니며 타지키스탄을 비롯한 중앙아시아 곳곳에서 상인으로서의 능력을 마음껏 발휘하고 있다. 타직 인 중 셈법과 다중 언어 구사자들이 많다는 것은 이들이 상인으로서의 재능을 갖고 성장했다는 것을 의미한다.

언어적으로 페르시아계 언어에 속하는 타직 어는 투르크계 언어에 비해 표현이나 어휘가 풍부하다. 그래서 어려서부터 페르시아 어를 배운 사람들은 성장하는 과정에서 투르크계 언어를 훨씬 수월하게 배울 수 있다. 다만 정치적으로 타직 어보다 러

서북부 판지켄트나 후잔드에서는 수도 두샨베로 가려면 험난한 4천 미터급 봉우리를 넘어야 한다. 그러기에 특히 서부와 북부 지역은 우즈베키스탄의 사마르칸드나 타쉬켄트와 역사적·문화적 괘를 함께 해왔다.

시아 어가 더 우세하여, 여타 중앙아시아 국가의 지배층에서는 러시아 어를 먼저 배우고 집안이나 교우 관계에서 자신들의 언어를 일상 언어로 배우게 한다.

오늘날 페르시아^{Persia}라는 어휘는 고대 그리스 인이 지칭한 '파르스'에서 파생되었다. 파르스가 '페르시스'로 발전하고, 나중에 페르시아로 굳어진 것이다. 대부분 과거 페르시아가 이란만을 지칭한다고 생각하지만, 언어적 유사성을 가진 아프가니스탄, 파키스탄을 포함하는 문제, 이란에 대비되는 투란^{Turan} 문화권의 여러 언어권을 포함하는 것도 고려할 필요가 있다. 이들 지역에는 페르시아어계의 언어적·문화적 공동체가 형성되어 있기 때문이다.

언어적인 차이와 약간의 외모적 차이를 제외하면 페르시아계인 타직 민족은 투르크계 민족과 문화적으로 하나의 공동체와 정체성을 갖고 있다. 실정법보다 관습법 우위의 전통이 남아 있고, 투르크 민족 특히 우즈벡 민족과 어울려 살면서 많이 동화되었다. 우즈벡의 사마르칸드나 부하라는 인구의 60퍼센트가 타직 민족일 정도이다. 따라서 언어 이외의 요소로 두 민족의 차이를 언급하는 것은 사실상 어렵다. 또한 악사칼의 권위와 영향력이 지속되는 것으로 미루어 타직 민족에게도 오늘날까지 원로 존경 문화가 유지되고 있다는 것을 알 수 있다. 막자 상속**과 같은 씨족 공동체 문화 역시 남아 있다. 11세기 이후 이슬람화한 투르크계와 혼거 및 혼혈하며, 상부상조의 전통문화와 손님맞이를 중히 여기는 친선 문화, 중앙아시아의 여러 민족들처럼 앉아서 생활하는 좌식 문화가 기본이다.

정신문화에서도 기복 신앙으로 상징되는 민간 신앙이 근간을 이루며, 샤머니즘, 조로아스터교, 불교, 네스토리우스교, 이슬람교를 수용하고 발전하는 과정에서 샤머니즘적인 민간 신앙이 종교적 습합 과정을 거쳐 이슬람을 안고 있는 형국이다. 일찍이 타직 민족이 투란에서 천산, 파미르 고원을 넘나들며 생활했기 때문에 종교적 수용은 주변 민족보다 훨씬 더 융통성 있게 행해졌다는 특징이 있다.

---

* 실크로드에서 상인으로 중요한 역할을 한 민족이 소그드이다.
** 집안은 큰아들, 즉 장자를 중심으로 운영되며, 부모는 큰아들에게 가장 큰 도움을 준다. 막내아들은 부모와 가장 오랫동안 살아가므로 장자를 지원하고 남은 재산은 막내아들에게 유산으로 남겨 준다. 한국 사회에서 큰아들이 부모의 지원과 재산을 가장 많이 받는 것과 다른 관습이다.

두샨베 *Dushanbe*

중개 지역의 거점 두샨베

서중부의 히사르 계곡 중부에 위치한 두샨베는 타지키스탄의 수도이다. 도시의 최대 인구는 60만 명이며, 몇 해 전 도시 창건 2,500주년을 기념했다. 두샨베는 아랍 어로 '월요일'이라는 뜻이다. 현재의 두샨베 지역에서 매주 월요일에 시장이 열렸으므로 붙은 이름이다. 이름만큼 재미있는 두샨베는 장이 서는 날이면 사람들로 분주하기 그지없다. 인구 밀도가 낮은 타지키스탄에서 모처럼의 활기를 띠며 여행자의 발걸음을 붙잡는다.

두샨베는 서북부의 판지켄트나 후잔드에 비해 비옥한 지역은 아니나 전략적으로 중요한 위치에 있다. 타지키스탄 동부와 서부의 여러 민족들이 두샨베를 거점으로 응집하고 만나는 중개 지역이기 때문이다. 그렇기 때문에 판지켄트, 후잔드 등 친우즈벡적인 서북부의 도시보다는 두샨베가 수도로 더 적합하다. 더구나 두샨베 인근에 일찍이 불교문화가 꽃피웠던 아지나 떼빠, 할차얀 등이 위치하고 있어 문화적으로도 타지키스탄의 독자성을 보여 준다. 우즈베키스탄 남

두샨베
천산을 넘어오는 사람들과 파미르를 넘어오는 사람들이 두샨베에서 만나 교류를 했기에, 이곳은 실크로드의 중요한 간선이자 중개지였다.

부 수르한 다르야 계곡과 연결되어 있어 기원 전후에 수르한 다르야의 융성한 불교문화를 꽃피웠다. 두샨베 시내에는 반드시 관람해야 할 박물관이 여럿 있다. 국립 유물 박물관, 구르민즈 악기 박물관, 민족지학 박물관은 타지키스탄의 역사와 문화를 알려 주는 박물관들이다.

위대한 시인 루다키

10세기에서 13세기 초반까지 이슬람을 수용한 페르시아 문학의 전성기가 호라산을 비롯한 마베른나흐르에서 꽃을 피웠다. 그 중심에 페르시아의 위대한 시인 루다키858~941가 있다.

루다키는 우즈베키스탄의 사마르칸드에서 태어났지만, 원래는 페르시아 인이다. 그는 사마니드 왕조가 있던 부하라의 궁정 시인으로 활동했으며, 장님이었다고 한다. 대표작에는 인도 설화 〈칼릴라와 딤나〉가 있다.

루다키는 페르시아 문학 최초의 시인이었기에 페르시아 문학의 아버지로 칭송받으며, 피르다우쉬, 니자미, 우마르 하이얌, 루미로 계승되는 페르시아 문학의 전성기를 열었다. 그는 현재 타직뿐만 아니라 이란 본토에서도 유명한 시인으로 추앙받고 있다. 그는 여러 장르의 시에 뛰어났지만, 전혀 기교를 부리지 않는 소박한 작품으로 널리 알려졌다. 안타까운 것은 그의 작품들이 대부분 소실되었다는 점이다.

1991년 독립한 이후 타지키스탄 정부는 루다키를 기리기 위해 타지키스탄 전역의 거리와 공원, 지역에 그의 이름을 붙였다.

루다키
타자키스탄 정부는 루다키를 기리기 위해 나라 전역에 그의 이름을 붙였으며, 루다키가 출생한 사마르칸드에도 그의 동상이 세워져 있다.

바흐쉬 계곡의 보물 아지나 떼빠

바흐쉬 강을 끼고 있는 바흐쉬 계곡은 부하라 왕국의 동부에 속했던 곳이다. 과거부터 관개를 이용한 집약 농경이 발전했으며, 기원전 1,000년 전까지 소급해 그 흔적을 찾아볼 수 있다. 19세기에 들어서 여행자들이 이 지역을 지나가면서 우연히 고대 관개 체계의 흔적을 발견했는데, 계곡에는 고대 역사 유적이 무한정 퇴적되어 있었다. 그전까지 바흐쉬 지역은 잊힌 도시이자 마을이었다. 하지만 아지나 떼빠는 침묵하지 않고, 자신의 역사를 알리기라도 하듯이 지나가는 여행자를 불러 세웠다.

당연히 바흐쉬 지역에 대한 고고학적 조사가 시작됐다. 1947년 A. M. 벨레니츠키에 의해 중세 쿠탈Khuttal의 일부가 바흐쉬 지역이었다는 사실이 밝혀졌다. 쿠탈 유적은 바흐쉬 계곡의 역사를 층층히 쌓아올린 위에 형성된 문화이며, 바흐쉬 계곡의 지리를 적극적으로 활용한 유적이기도 하다. 따라서 쿠탈 유적에는 바흐쉬 계곡의 자연과 지리 정보가 함축되어 표현되어 있다고 할 수 있다.

1953년 타지키스탄 학술원 고고학연구소 B. A. 리트빈스키를 단장으로 한 고고학 및 동전학자들*이 본격적인 조사에 착수했다. 2년간에 걸쳐 꾸흐나 칼라, 쿰 떼빠 등을 발굴하였다. 이때 바흐쉬 계곡이 중앙아시아 남부의 비옥한 관개 농업의 번영기를 구가했다는 사실이 밝혀졌다. 그 중심

---

* 중앙아시아 고대 유적, 특히 실크로드의 도시에서는 항상 동전이 많이 출토된다. 이를 통해 고대 무역 관계와 무역의 범위를 가늠할 수 있기 때문에 동전 연구 전문학자들은 고고학 조사에 동참하는 전통이 있다.

에서 불교 사원이 발견된 것은 어쩌면 당연한 귀결인지도 모른다. 아지나 떼빠 유적도 바흐쉬 계곡의 중심지이자 계곡이 훤히 내려다보이는 언덕, 소위 명당자리에서 발견됐다.

바흐쉬 문화는 타지키스탄 서부 지역의 역사와 문화를 이해하는 데 상당히 중요하다. 기원전 4, 3세기 볼다이 떼빠에서 처음 관개를 이용한 농경이 시작되었다. 중앙아시아 남부 지역에서 불교가 유행하면서 바흐쉬 계곡에도 비옥한 농경문화를 바탕으로 불교 사원이 건축되었다. 기원후 1세기를 지나면서 농경과 도시는 비약적으로 발전했고, 중앙아시아의 불국토가 번영을 구가했다. 타지키스탄 서남부 지역은 우즈베키스탄 남부 지역과 더불어 쿠샨 왕조의 불교가 발흥하고 번창했던 지역이다. 심지어 테르메즈를 비롯한 우즈베키스탄 남부 지역의 불교가 쇠퇴했을 때에도 바흐쉬 계곡의 불교문화는 몇 세기는 더 전성기를 지속시킬 수 있었다.

❀ 바흐쉬 문화의 중심 아지나 떼빠

타지키스탄 남부에 위치한 아지나 떼빠Adzhina Tepa 유적은 언덕 위에 자리 잡은 기원후 7~8세기 불교 사원이었다. 뚜베 꾸르간 시에서 그리 멀지 않은 곳, 바흐쉬 강의 완만한 물줄기를 해자 삼아 삼면이 둘러싸인 언덕에 위치하고 있다.

아지나 떼빠는 타지키스탄 고고학계에 엄청난 반향을 불러일으켰다. 너도나도 바흐쉬 계곡을 탐사하기 시작했고, 1961년 이래 이 지역을 조사하지 않은 고고학자는 학자 축에도 끼지 못했다. 적어도 청동기 시대부터 중세까지 역사 유적이 존재하였다는 것이 밝혀졌기 때문이다. 그런 만큼 아지나 떼빠는 타지키스탄뿐 아니라 중앙아시아 불교 유적으로 엄청나게 중요하며, 불교 고고학자들에게 기본적인 현장 학습장이었다.

바흐쉬 지역에서 출토된 후기 구석기 유적들은 타지키스탄 남부의 무스테리안 문화*와 연결되는 것이 밝혀졌다. 또한 청동기 유물도 많이 출토됐는데, 이 때문에 바흐쉬 지역의 청동기 문화를 바흐쉬 문화라고 명명했다.

아지나 떼빠는 두 구획으로 나뉘어 있다. 중앙부는 사발 모양의 낮은 저지대를 형성하고, 남동부와 북서부로 양분되어 있다. 건물은 대부분 바흐쉬의 비옥한 퇴적물인 찰흙으로 만들어졌다. 건물 내부는 크고 작은 방으로 이루어졌으며, 방 벽에는 벽감이 잘 남아 있다. 중앙에는 14미터에 달하는 정사각형 모양의 스투파 기단이 남아 있다. 많은 소조 불상이 벽감과 대좌 위에 있는데, 특히 12미터가량의 머리가 없는 거대한 열반상도 발견되었다. 또한 화려하고 다양한 모티브의 벽화가 발견되어 아지나 떼빠의 번영기를 되짚어 볼 수 있다.

---

* 구석기 시대에 석기를 가공하는 양식적 표현 중 프랑스 무스테리안 지역에서 특징적으로 나타난 석기 공작 양식. 구석기 후기에는 나뭇잎 모양으로 석기를 정교하게 눌러 떼어내는 기술이 발달했다.

✢ 아지나 떼빠는 '악마의 언덕'이라는 뜻이며, 불교에서 악마는 악귀나 귀신을 뜻한다. 중앙아시아의 불교는 중생의 해탈을 중요시하는 대승불교인 만큼, 유적에 악마라는 단어가 등장하는 것이 불가사의하다. 중앙아시아에 새로운 종교가 유입될 때 아지나 떼빠도 명을 다했다. 토하리스탄과 연결되었던 아지나 떼빠는 폐허가 되어 과거의 영예조차 남지 않게 되었다. 아지나 떼빠의 많은 유물과 출토품은 현재 러시아 에미르타주 박물관에 소장되어 있다.

판지켄트 *Panjikent*

중앙아시아의 **심장**

우즈베키스탄의 사마르칸드에서 약 60킬로미터, 차로 한 시간 거리에 위치한 판지켄트는 옛날 중앙아시아의 심장부에 해당하는 소그드 문화권에서도 중심지 역할을 했던 곳이다. 일찍이 선사 문명이 시작됐으며, 불교, 네스토리우스교, 조로아스터교, 마니교가 함께 번영했다.

판지켄트가 쇠퇴하게 된 계기는 아랍 세력의 도래와 관련 있다. 야망에 찬 판지켄트의 소그드 인은 종교적 관용을 허용하지 않는 아랍 세력에 저항하였다.* 압바스 왕조의 아랍 세력이 사마르칸드를 침략하고 판지켄트 지역을 정복하려 했을 때 가장 극렬하게 저항했던 도시도 판지켄트이다.

판지켄트라는 지명은 8세기 초 문헌에 처음 등장한다. 소그드에서 유명한 동부 지역에 위치한 도시 판지켄트는 소그드 인이 거주하는 소그디아나_{사마르칸드, 판지켄트, 후잔드 등을 아우르는 지역}의 일부로, 거주민들은 이란계 언어를 사용하고 당시 페르시아와 밀접한 관련을 갖고 있었다고 한다. 판지라는 지역명에 도시를 뜻하는 '-켄트'가 붙어 오늘날 판지켄트가 되었다.

판지켄트 주변에는 부하라까지 흘러가는 장장 877킬로미터의 자랍산 강이 흐르고 있다

---

* 중앙아시아의 아랍 세력은 이교도의 종교적 우상을 파괴하고 중단시켰는데, 대표적인 것이 판지켄트와 아프라시얍의 유적이다.

오늘날의 판지켄트 신시가지 전경

　　판지켄트의 마지막 왕은 소그드의 지방 영주이자 지역의 왕이었던 데바스티치^{Devastich}였다. 그는 소그드의 수도였던 사마르칸드의 지배자와 대립하는 관계였으며, 아랍 세력이 도래하면서 회복될 수 없는 피해를 입었다. 결국 판지켄트의 주민들은 왕과 함께 770년경 도시를 버리고 무그산으로 도피했다. 훗날 이들이 갖고 있던 두루마리 문서가 발견되었는데, 이것이 〈무그산 소그드 문헌〉*이다. 판지켄트 유적은 최근까지 절반가량 발굴되었다. 데바스티치가 살았던 궁전은 왕이 거주하는 궁전인 동시에 종교 의식을 치를 수 있는 사원이었고,** 커다란 정원도 가지고 있었다. 지금까지 발굴된 결과를 통해 판지켄트의 규모를 짐작할 수 있다. 도시

　곳곳에 8개의 주요 도로와 수많은 골목이 있고, 도로와 골목 곳곳에서 수많은 상점, 바자르, 공방들이 발굴되었다.

　특히 2층이나 3층의 복층 건물이 150여 채나 있었다는 것이 흥미롭다. 장인부터 귀족까지 다양한 계층의 사람들이 소유했던 복층 건물은 고난도의 공사를 요구하는 것으로, 지진이 잦은 지역에 복층 건물을 짓는다는 것은 경제적으로 부유했음을 의미한다. 복층 건물의 1층은 상점, 2층은

* 무그산 소그드 문헌을 통해 소그드 문자와 언어가 해독되었고, 이로써 소그드 문화의 실체가 드러났다. 돈황 석굴에서도 소그드 문헌이 추가로 발굴되었다.
** 당시 판지켄트는 정교일치 사회였으며, 불교와 조로아스터교가 동시에 활동하고 있었다.

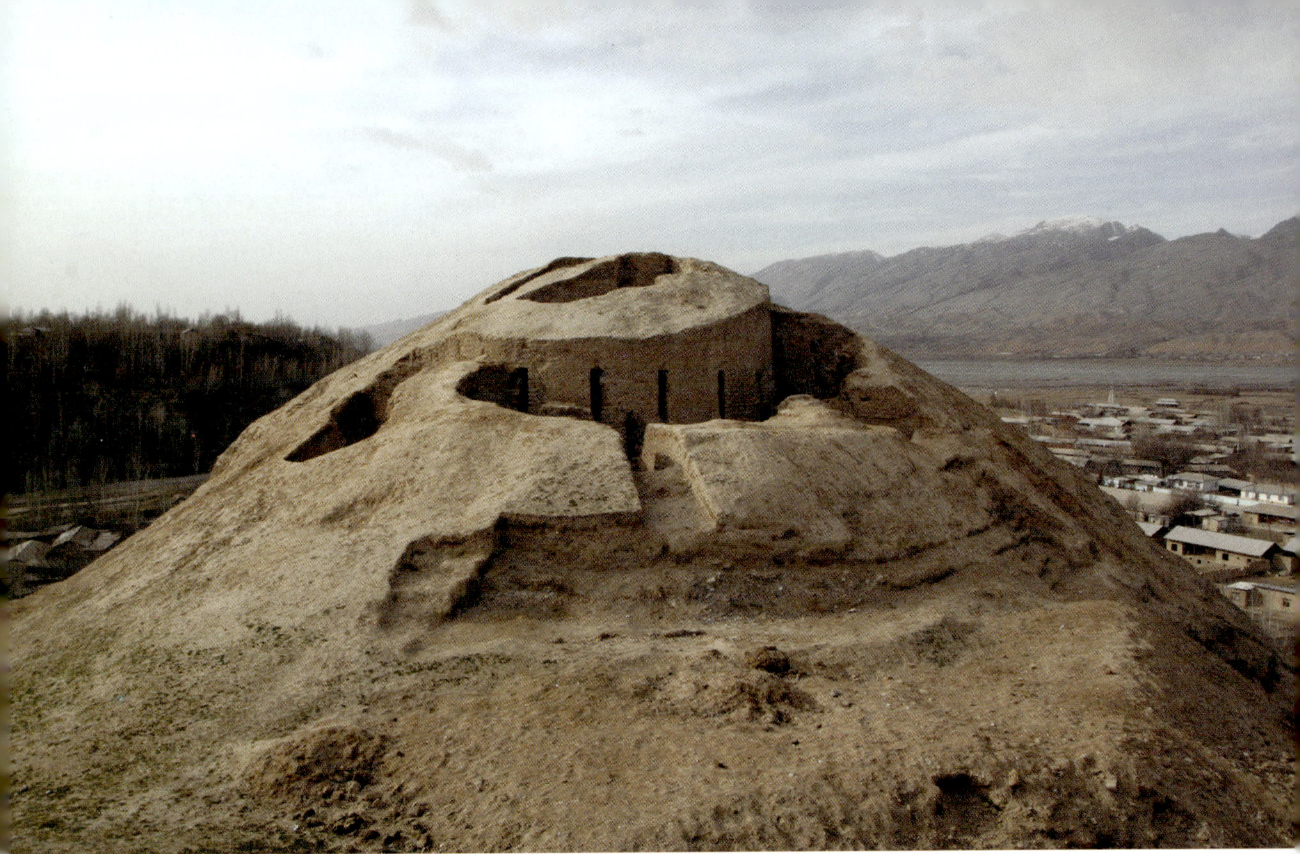

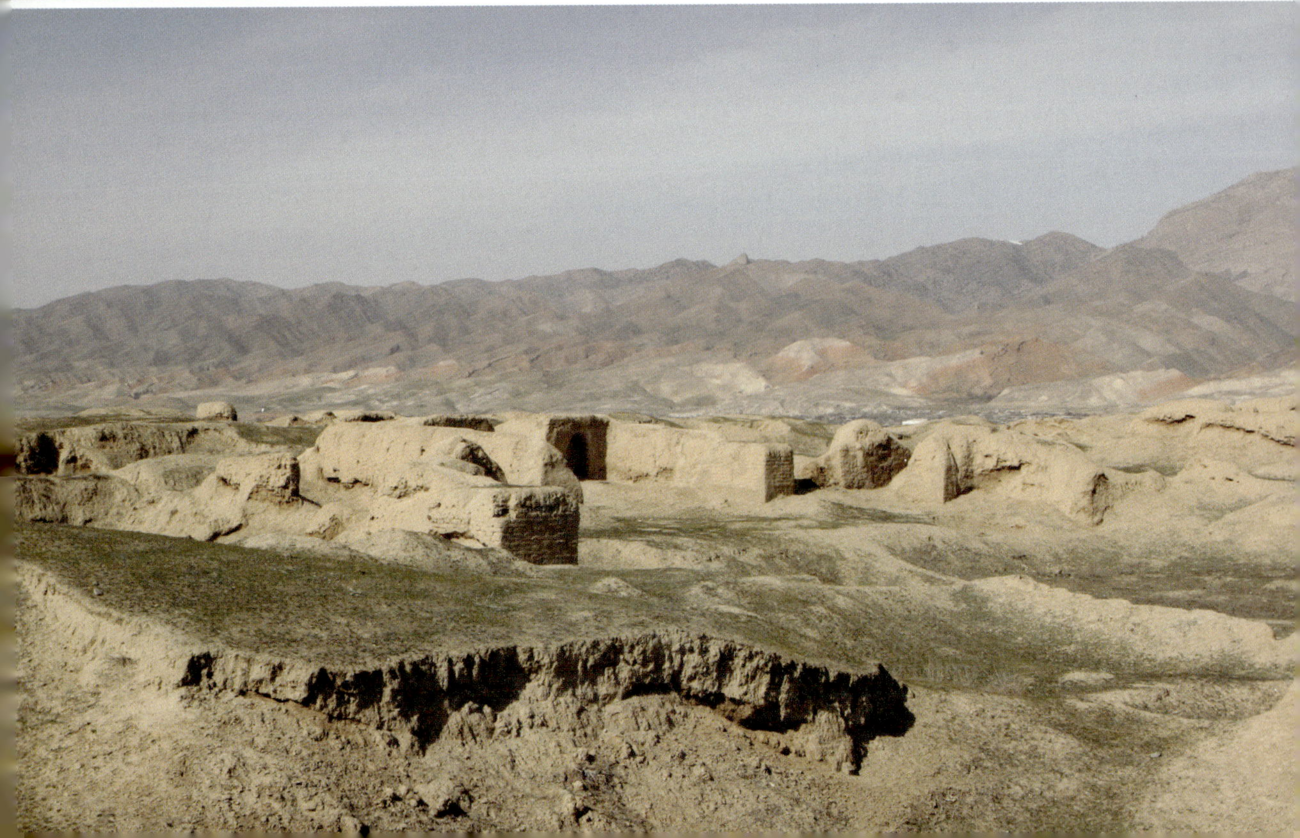

거주 공간이었을 것으로 여겨지므로 당시 상업이 활성화됐음을 보여 준다. 이로 미루어 판지켄트는 실크로드에서 사마르칸드에 버금가는 번영을 구가했다고 할 수 있다.

판지켄트 시내 거리는 통로들이 미로처럼 연결되어 있고, 그 주위로 외곽 도로들이 나 있다. 옹기종기 몰려 있는 가옥과 가옥 사이는 햇빛과 먼지를 막기 위한 차양 시설로 덮여 있다. 그래서 마치 골목에 천장이 있는 것만 같다. 조밀하게 모여 있으나 절대 좁지 않다. 집집마다 창고, 목욕 시설, 거실이 넓게 갖추어져 있으며, 부유한 집에는 화려한 나뭇조각과 벽화로 치장된 접견실도 있다.

판지켄트 유적의 발굴에 참여했던 서구 학자들은 판지켄트를 '중앙아시아의 폼페이', '동양의 작은 피렌체'라 칭송하였다. 판지켄트의 건축 문화와 벽화와 나뭇조각에 남겨진 소그드 인의 수준 높은 문화에 감탄이 절로 나온다.

+ 부잣집 접견실에는 아프라시압 벽화와 마찬가지로 회반죽을 하여 벽에 고정시킨 다음 다양한 안료를 사용하여 벽화를 그렸는데, 아프라시압 궁전에 뒤지지 않는 수준을 보여 준다. 불행히도 많은 벽화들이 훼손되고 소실되었지만, 판지켄트를 평생 연구한 보리스 마르샥 박사는 벽화를 토대로 판지켄트 사람들이 상당한 야망을 갖고 있었다고 평가했다.

후잔드 *Khudjand*

가장 **동쪽**에 위치한 **알렉산드리아**

소비에트 시절 '레닌의 도시'라는 뜻인 레닌아바드로 불린 후잔드는 역사 속에서도 이미 오래전에 등장한 실크로드의 중심 도시이다. 더구나 '가장 동쪽에 위치한 알렉산드리아'라는 주장이 말해 주듯, 후잔드는 마케도니아의 알렉산드로스와 관련이 있는 도시로 2,500년 동안 지속되었다.

후잔드를 남북으로 가로질러 관통하는 강이 유목 기마 민족의 무대였던 시르 다르야다. 강의 남쪽에서 보면 서쪽으로 다리가 놓여 있는데, 그 다리의 북안에는 레닌 동상이 서 있다. 남쪽에는 알렉산드로스와 사카 인이 서로 공격하는 자세를 취하고 있다. 고대 유목 기마 집단과 동방으로 영향력을 확대하려는 마케도니아의 젊은 왕이 한판 승부를 펼칠 기세다.

이 전쟁에서 서양은 승기를 잡고, 동방에 대한 공략을 막 시작하려 하였다. 알렉산드로스는 기원전 4세기 중엽, 후잔드에서 엄청난 살육을 행했지만, 이 참혹한 전쟁 뒤에도 후잔드는 번영을 누렸다. 칭기즈 칸에 의해 다시 한 번 초토화되기 전까지 후잔드는 누구나 탐을 내는 도시였다.

후잔드는 타지키스탄에서 드문 곡창 지대이다. 페르가나에서 흘러내려 오는 물을 막아 저수지를 만들어 관개수로를 이용한 농업이 발달했다. 그러나 지금은 물 관리를 체계적으로 하지 못한 탓에 해마다 인접 국가와 물 분쟁을 치르고 전력난에 시달리는 것이 타지키스탄의 현실이다. 지난 2004년 겨울에는 우즈베키스탄과 키르기즈스탄과 인접한 국경에서 수십 명의 동사자가 발생하기도 했다. 또한 소비에트 시절 이미 페르가나와 타쉬켄트를 연결하는 철로가 건설되어 1990년대 중반까지 운행되었다. 양국의 사이가 원활했다면, 지금도 이 철도를 타고 사람들이 왕래했을 것이다.

그래도 후잔드는 타쉬켄트가 등장하기 전부터 시르 다르야 문화의 중심지였다. 후잔드 중심가에 위치한 푸시킨 광장*의 카몰리 후잔드 극장은 14세기 후잔드 태생의 유명한 작가의 이름을 따 지은 극장으로, 지금도 활발히 이용된다. 판즈샨베 바자르, 세이흐 마슬리하딘 모스크, 성 바실리 러시아정교 성당, 빅토리아 공원이 후잔드의 도시 생활을 윤택하고 있는 상징들이다.

'가장 동쪽에 위치한 알렉산드리아'라는 주장에 걸맞게 후잔드에서 헬레니즘 양식의 유물들이 발굴되었다. 2천 년을 견딘 어도비 벽돌과 교역을 보여 주는 고대 그리스와 박트리아의 동전들이 다량 출토되었다. 또한 후잔드 주변의 아름다운 산정 호수 카이락쿰Kairakkum과 겨울 정원 같은 아르봅Arbob 궁전도 빼놓을 수 없는 방문지이다.

* 소비에트 시절 러시아 유명인의 이름을 거리 이름에 붙이던 관행이 아직까지 남아 지금도 사람들은 옛 거리 이름으로 부르고 있다.

파미르 *Pamir*

풍요로운 천국 **파미르 고원**

타지키스탄 동부 지역은 인류학자나 언어학자에게 아주 매력적인 곳이다. 고대 문화의 흔적이 남아 있기 때문이다. 위구르 민족, 키르기즈 민족이 만나 교류하며 살아간 오랜 역사를 가진 곳이다. 뿐만 아니라 아프간의 파쉬툰 족, 타직 족, 파키스탄 인이 이 지역에서 만나 과거 그랬듯이 물물 교환을 하며 역사의 맥을 잇기도 한다.

동부 파미르에서 제일 큰 도시는 아프가니스탄과 국경을 접한 지역에 위치한 코록^{Khorog}과 중국 쪽 국경에 자리한 무그합^{Murghab}이다. 둘 다 인구 밀도가 상당히 적은 산악 지대에 자리 잡고 있다. 또한 계곡과 계곡 사이에 위치해 중앙유라시아의 전형적인 도시 지형을 갖추고 있다. 삭막한 산 등성이에 한줄기 오아시스처럼 강물이 계곡을 적시고, 그 계곡의 중턱에 빈약하나마 농경이 가능한 곳에 사람들이 거주한다. 인류의 생존 능력이 얼마나 강인한지 알게 해 준다.

험준한 산악 지역에 살고 있는 거주민들은 지형의 장점 덕분에 외세의 침략을 덜 받았다. 중앙아시아를 정복하려 한 알렉산드로스도, 칭기즈 칸도 파미르의 험준한 산세를 공략하지 못했다. 다만 당나라 고선지 장군만

이 파미르 고원을 넘었을 뿐이다. 그만큼 이 지역은 정복으로 얻을 수 있는 경제적·정치적 이점이 거의 없다시피 하므로 침략자나 정복자에게는 큰 매력을 가진 곳은 아니다.

대신 오랜 기간 중앙아시아에 영향을 끼친 불교 및 이슬람교가 토착 신앙과 결합해 파미르 고원의 산세와 연결되었다. 즉 샤머니즘 위에 불교적 요소와 이슬람교적 요소가 덧씌워진 형국이다. 그래서 파미르 고원에 가면 중앙아시아 민간 신앙의 원형적 문화 형질을 발견할 수 있다.

이슬람교가 사막에서 태동한 종교라면, 불교는 비옥한 농경지를 바탕으로 출발했다. 이러한 종교들은 중앙아시아의 험준한 산세에서 큰 호응을 얻지 못했다. 타지키스탄 서부 지역에서는 농경과 사막형 지형 및 기후 덕에 열렬한 반응을 얻었지만, 동부 파미르 지역에서는 사정이 달랐다. 이들 종교는 자연과 더불어 수천 년간 형성된 토착 신앙을 대신해 파미르 거주민들의 마음속으로 깊숙이 자리 잡을 수 없었다.

파미르 고원을 방문할 때에는 북부 지역에서든 남부 지역에서든 남북을 횡단하는 산악 실크로드를 따라가면서 산악 지역에 살고 있는 거주민들의 문화와 자연, 인류의 위대함을 느낄 수 있어야 한다. 어느 한국인 여행자는 파미르 고원을 넘나드는 여행을 끝내고 이렇게 말했다.

"살아오면서 풍요로운 도시 문명 속에서 천국을 갈구해 왔는데, 파미르 고원에 다녀오니 진정한 천국에 다녀온 기분이었다."

1 산악 유목민의 민간 신앙과 이슬람교가 습합된 성소를 알려 주는 방울과 말총
2 타직 민족의 민간 치료 장면. 목화솜 뭉치를 태워 환자에게 붙은 악령을 쫓는다.

+ 타지키스탄의 동부 파미르 지역에 험준한 산세와 삭막한 지형만 있는 것은 아니다. 북쪽으로는 고원 지대에 유목이 가능한 목초지가 펼쳐져 있고, 곳곳에 낙원과 같은 산정 호수들이 아름답게 늘어서 있다. 살구나무, 호두나무를 비롯한 유실수들도 빼곡히 자라고 있다. 제정 러시아 당시 동부 파미르에 반한 산악인들이 줄기차게 이곳을 찾아왔다. 윌리 리크메르 Willi Rickmer Rickmers 같은 독일인 산악인은 한동안 파미르에 눌러 살다시피 했다. 파미르를 사랑한 비러시아 인이었다.

5장 투르크메니스탄

+ 아쉬하바드 Ashgabat

+ 투르크멘바쉬 Turkmenbashi

+ 꾼야 우르겐치 Kunya-urgench

+ 마리 Mary

+ 니사 Nisa

투르크메니스탄

Turkmenistan

사막의 한혈마 아할테케, 투르크멘의 정수

중앙아시아 5개국 중에서 유일한 사막의 나라가 바로 투르크메니스탄이다. 남부의 건조한 사막형 저지대, 북부의 카라쿰, 남서부는 각각 고원 지대를 형성하고 있고, 서부는 카스피 해에 면해 있다. '검은 사막'이란 뜻을 가진 카라쿰 사막의 대부분이 투르크메니스탄 영토에 속해 있고, 붉은 노을이 아름다운 키질쿰 사막은 우즈베키스탄 남서부와 접한 지역에 위치한다.

오늘날 투르크멘의 영토는 과거 호라산이 위치한 지역이고, 투란이 시작되는 지역과 겹친다. 즉 이란과 중앙아시아를 연결하는 실크로드의 길목으로 수많은 물자가 오갔으며, 지금도 중앙아시아의 물품이 터키나 아랍으로 나아가기 위해서는 투르크멘을 지나야 한다. 이런 이유로 투르크멘은 중앙아시아 국가 중 비교적 이른 시기에 이슬람을 접할 수 있었다. 조로아스터교, 불교, 네스토리우스교, 샤머니즘 등 다양한 종교가 유행했다가 이슬람을 받아들인 후 샤머니즘만이 토착 신앙으로 지금까지 남아 있다.

오늘날 투르크메니스탄에는 사회주의적 속성과 폐쇄성이 아직도 강하게 작용하고 있다. 이 나라를 방문할 때는 정보요원들이 일정을 감시하고 세워 준다. 일정대로만 허가가 되고 사전에 허가된 곳만 방문할 수 있다.

수도 아쉬하바드
정부 대통령제
민족 투르크멘 인(85%), 우즈벡 인(5%), 러시아 인(4%)
종교 이슬람교(89%), 동방정교(9%)
공용어 투르크멘 어
면적 488,100㎢
인구 4,833,000명(2005년 기준)
통화 마나트(Manat, TMM)
독립 소련으로부터 독립 1991년 12월 8일

투르크메니스탄의 지리 환경과 문화

중앙아시아 남서부에 위치한 투르크메니스탄은 이란, 아프가니스탄, 우즈베키스탄, 카자흐스탄과 국경을 마주하는 드넓은 영토를 가지고 있다. 한반도 면적의 두 배에 달한다. 주로 북부와 서부가 사막 지대를 형성하고 있지만, 동남부와 남부에는 해발 2,800미터의 카페트닥 산맥이 길게 동서로 늘어서 있고, 꾸기땅 따우 산지는 해발 3,139미터에 이르는 고산준봉을 형성한다. 이들 산맥과 봉우리는 이란과 아프가니스탄으로 이어지는 국토의 자연 국경선을 이룬다. 또한 북부의 아무 다르야는 투르크메니스탄과 우즈베키스탄을 나누고, 북서부의 저지대 불모지는 카스피 해를 절반으로 나누는 자연 경계선을 만든다.

투르크멘의 자연환경은 사람들의 거주지를 제한해 왔다. 유목을 하는 거주민들은 주로 남부의 카페트닥 산맥 북쪽과 북부의 아무 다르야 주변에 살고 있고, 남부 지역과 사막 여러 곳에 형성된 오아시스 마을에도 사람들이 살고 있다. 다른 지역은 사람이 살기에는 벅찬 자연과 기후이다. 북부에는 아무 다르야라는 큰 강이 있지만, 남부에는 무르가프, 테젠, 아트렉이라는 군소 강들이 있다. 이 중 무르가프와 테젠 강은 강의 꼬리가 없는 무미천無尾川이다. 이 강들은 하나같이 동부의 고지대에서 서부의 저지대를 향해 흘러가는데, 작은 강들은 오아시스를 만들어 사람들에게 거주할 수 있는 공간을 만들어 주기도 하지만, 사막으로 흘러들어 증발해 버리기도 한다. 마치 중국 신강의 타클라마칸 사막으로 들어가면 자연이든 생물이든 빠져나오지 못하는 것처럼 사막에 갇혀 사라지는 것과 비슷하다.

투르크메니스탄은 사막 내지 사막형 지형이 전 국토의 95퍼센트에 해당한다. 경작이 가능한 곳은 4.5퍼센트이고, 그중에서도 농경지는 0.14퍼센트에 불과하다. 불모지나 황무지가 국토의 대부분을 차지한다. 무엇보다 사막형 기후로 연중 일교차가 아주 크고, 기온 차이 역시 뚜렷하다는 특징을 갖고 있다. 한여름 낮에는 너무 뜨거워 땀조차 말라 버리지만, 밤에는 겨울 추위가 엄습한다.

투르크멘 민족은 언어적·문화적으로 투르크계에 속한다. 그렇기 때문에 중앙아시아 투르크계

민족들이 가지고 있는 전통문화 유산을 고스란히 갖고 있다. 씨족적 전통 집단을 중심으로 한 관습법이 살아 있고, 씨족의 연장자인 원로를 존경하는 문화적 습속까지 그대로 간직하고 있다. 투르크계 민족에게는 공통적으로 여성의 노동력이 절대적이지만, 남아를 선호하는 풍습이 남아 있다. 물론 씨족 간 상부상조하는 전통은 오늘날 집단 공동체에서도 나타난다. 친선이나 손님을 귀하게 여기는 풍습 또한 여타 투르크계 민족들과 대동소이하다. 생활 곳곳에 정착한 유목민에게도 유목 문화의 습속이 남아 있으며, 좌식 문화, 가축을 보호하고, 특히 말을 신성한 동물로 여기는 말 신앙이 발달해 있기도 하다. 또한 민간 신앙을 완전히 버리지 않고 생활 곳곳에서 전승하고 있다.

한편 기원전부터 투르크멘 지역에 살았던 거주민들은 이란과 불가근불가원의 관계를 형성하고 있었다. 이들은 끊임없이 이란의 영향을 받았고, 호레즘 문명으로 일컬어지는 호라산과 투란 중간 지대의 통제 아래 있었다. 그 결과 투르크멘 민족이 형성된 이후에도 이란의 호라산 영역에는 투르크멘 민족이 무려 200만 명 이상 살고 있다. 호라산의 투르크계 민족으로는 가장 많은 비중을 차지한다. 그러나 이란 사람과의 인종적 혼혈은 왕성하게 진행되지 않은 것 같다. 투르크멘 민족으로서의 자부심이 강하게 뿌리내리고 있었기 때문이다.

오늘날의 투르크멘 민족이 역사에 처음 등장한 것은 기원후 10세기경으로, 알 막디시라는 학자는 이슬람을 수용한 투르크계 민족을 '투르크멘'이라 지칭했다. 당시 카라쿰 사막 일대와 카자흐스탄의 서남부 지역에 거주하던 투르크계 카를륵이 역시 투르크계 민족인 오구즈와 연합하였는데, 이들 중에서 시르 다르야 하류에 살면서 이슬람을 수용한 사람들이 오늘날 투르크멘의 직계 조상인 것이다.*

한편 투르크멘은 여러 가지 의미를 갖고 있다. '나는 투르크이다', '신실한 투르크', '신성한 투르크', '투르크 중의 투르크', '가장 투르크다운 투르크', '순수한 피를 가진 투르크' 등이다. 모두 투르크릭^{투르크性}을 강조한 의미이다. 칭기즈 칸이 중앙아시아를 정복하고 호레즘이 몽골 군대의 수중에 떨어진 이후 투르크멘이 본격적으로 사용되기 시작했다. 오구즈나 카를륵이란 명칭이 혼용되던 이전과는 달리 비로소 투르크계의 일파로 투르크멘이란 민족 정체성이 확립되기에 이른다.

카스피 해와 관련해 흥미로운 사실은 투르크멘 민족이 역사적으로 바다라는 공간을 십분 활용했다는 것이다. 투르크멘 민족이나 카자흐의 서부 지역에 거주하는 민족들은 원래 유목민이었지만, 카스피 해를 적절히 활용해 가며 새로운 환경에 자신들의 전통문화를 적응시킨, 어로를 겸한 유목민이었다. 유목과 어업은 유목과 농경보다 더 이질적이고 상이하다. 그러니 투르크멘 민족이 카스피 해에서 어로에 종사하는 것을 보면, 문화를 자연환경에 적용하는 것이 유목에 대한 고정관념에 불과하다는 것을 알 수 있다.

---

*11세기 중반에 쓰인 마흐무드 알 카쉬카르의 《투르크나메》에도 투르크멘은 오구즈 및 카를륵을 지칭한다고 나와 있다. 투르크나메는 투르크 민족의 구비 문학, 역사, 민족 분포, 민속에 관한 방대한 자료를 기록한, 투르크학을 처음으로 집대성한 역작이다.

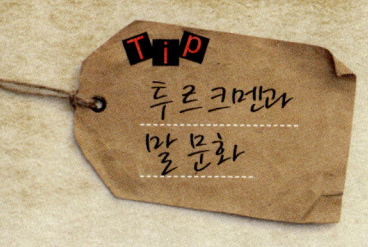

투르크 민족에게 있어 말은 떼려야 뗄 수 없는 삶의 중요한 부분이다. "나는 당신을 말이라고 호명하지 않는다. 대신 나는 당신을 나의 형제라고 부른다. 또한 내가 어려움에 처할 때, 나를 도와주는 친구이자 동료와 같은 존재라고 부른다." 이 말은 투르크메니스탄의 신화에 등장하는 주인공 밤시 베이렉 데데 코르쿠트가 한 말이다. 또한 기원전 5세기에 쓰인 책 《압피안 Appian》에는 이렇게 기록되어 있다.

투르크메니스탄 니사의 말은 아름답기가 그지없다. '말들의 왕'이라 칭할 만하다. 아름다운 외모 못지않게 용맹하고 기병으로 빠르게 움직인다. 고삐를 통해 주인의 말을 싹싹하게 잘 듣는다. 이 말의 코는 둥글게 생겼고, 머리를 꼿꼿이 들고 충성을 다해 바람을 가른다.

중국에서는 서역 대원의 '완벽한 말'을 의미했고, 그 빠름에 놀라 천마天馬라고 했다. 투르크메니스탄에서는 이를 '오구즈 말'이라고 지칭했다. 당시 오구즈 말은 로마에까지 알려져 있었고, 5세기경 로마의 전쟁 전략가 베게트시우스 Vegetsius 는 이렇게 기록했다.

오구즈 말은 놀라울 정도로 민첩하며, 지칠 줄 모르는 에너지를 갖고 있다. 큰 키에 아름다운 목덜미와 머리는 부드럽게 이어져 있다. 말의 머리는 가슴에 닿을 만큼 길고 부드러운 곡선을 자랑한다.

페르시아의 왕 키루스는 오구즈 말을 얻기 위해 메디나에 무력을 사용하지 않는다는 조건하에 메디나의 공주와 결혼해야만 했다. 키루스는 이 말을 얻어 여러 전투에서 승리를 맛보았다. 그래서 중국에서도 호시탐탐 이 말을 얻기 위해 기회를 노렸다고 한다. 이 땅에서 투르크멘 민족은 악훈 Ak Hun, 하얀 훈 족으로 일어나 이 독특한 말을 사육했다.

아할테케는 눈 주위가 검은 색이며, 마치 아몬드처럼 생긴 눈썹을 갖고 있다. 몸은 반들반들한 유약을 바른 듯 빛난다. 털은 가늘고 부드럽다. 매력적이고 고상한 동작은 아주 아름다운 자태를 뽐낸다. 아할테케는 냉정하면서도 지적이고, 감성적이다. 주인 외의 말은 잘 듣지 않으며 항상 충성을 다한다. 사막에 잘 적응하며, 강인하고 거친 동시에 엄청난 힘을 갖고 있다. 낙타보다 더 빠르게, 물과 먹을 것이 없어도 수백 킬로미터를 거뜬히 달린다.

중앙아시아 역사에 등장하는 전설적인 말은 전투력과 기동력, 지구력을 훌륭하게 갖춘 말이었다. 이에 적합한 오구즈 말은 투르크메니스탄의 아할테케Akhalteke라고 한다. 아미르 티무르 시대에 투르크멘 민족의 일부가 남서쪽으로 이주했는데, 그때 일부가 다시 투르크메니스탄으로 돌아와 아할 오아시스 지역에 정착했다. 이들을 테케 부족의 아할 씨족이라 불렀으며, 따라서 이들의 말을 부족 이름을 붙여 아할테케라고 부르게 되었다.

아미르 티무르는 말의 뛰어난 기동력을 바탕으로 세계사에 위대한 제국을 건설했다. 인도에서 시작해 서쪽으로는 아나톨리야 반도 끝까지, 몽골 초원에서 시작해 남러시아, 크림 반도, 헝가리까지 제국의 영토로 삼았다. 1870년대부터 오늘날에 이르기까지 러시아는 호레즘과 부하라에서 끊임없이 전쟁을 치렀다. 이때 투르크멘의 아할테케는 러시아 군대에 맞서 강렬하게 저항했고, 심지어 러시아 탱크와 중장비로 무장한 러시아 병사들에 맞서 치열한 전투를 벌였다.

아할테케에 대한 찬사는 적국에도 널리 알려졌다. 제정 러시아 당시 쿠반 코사크 군대의 사령관 타만 아르쳅스키는 1880년대 자신이 경험한 것을 이렇게 기록했다.

나는 말을 갈아타며 매일 170킬로미터를 가야 했다. 그러나 투르크멘의 말을 타면서 원정 기간 내내 말을 갈아타지 않고 다녔다. 더구나 우리는 정찰을 목적으로 우회하여 먼 길을 돌아왔음에도 투르크멘 말은 거뜬했다. 보통 말 등에는 기수만 타는 것은 아니다. 커다란 매트가 두 개나 놓이고, 무거운 긴 옷과 다양한 마구들이 기수보다 더 무겁다. 아할테케는 세상에서 가장 빨리 달릴 수 있으며, 추운 지역과 더운 지역 양쪽 모두에서 잘 생존할 수 있다. 일교차가 심한 중앙아시아의 기후 조건에서도 잘 적응한다.

말 연구자로 유명한 독일계 미국인 V. O. 비트 박사는 1937년 자신의 연구에서 아할테케에 대해 이렇게 기술했다.

당시 페르시아 주재 영국 대사였던 말콤은 "이 세상 어떤 말도 투르크멘 말만큼 더 빨리 더 멀리 달릴 수 없다."라고 말했다. 더구나 잘 훈련된 투르크멘 말은 하루에 250킬로미터를 거뜬히 달릴 수 있다. 1935년, 투르크멘 마을 사람들이 투르크메니스탄의 수도 아쉬하바드에서 모스크바까지 말을 타고 갔는데, 84일 만에 목적지에 도달하였다. 아할테케는 물이 없는 카라쿰 사막을 사흘이면 건널 수 있었다.

투르크멘 학자들은 많은 난관에 처하면서도 아할테케의 혈통을 보호하려 했으나 쉽지 않았다. 1949년경, 메르브와 아쉬하바드의 말 사육장은 현상 유지되고 있었으나 말의 수는 두 배나 감소했다. 1954년에는 아쉬하바드 사육장에 물 공급이 중단되었고, 1956년에는 40마리만 남았다. 아할테케는 멸종 위기에 놓였고, 소비에트는 아할테케를 완전히 멸종시키기로 결정을 한 것 같았다.

투르크메니스탄의 전 투르크멘바쉬, 즉 전 대통령 사파르무랏은 소비에트 정부의 결정을 뒤집었다. 그는 국영 투르크멘 말 육성회사를 설립하고, 이 특별한 말 종류를 육성하기 위한 계획을 수립했다. 그런 다음 국제 아할테케 사육자 연합을 조직하여 직접 연합회 회장에 취임하였다. 매년 4월 마지막 일요일은 아할테케의 날로 지정하여 축하하고 있다. 그의 아할테케 애호는 남달라 국기에도 아할테케를 그려 넣었다.

출처: 장준희, 〈중앙아시아 말 문화의 현재와 미래〉, 《세계의 말 문화 I —몽골·중앙아시아》, 한국마사회·마사박물관, 2009, pp.253~265

아쉬하바드 Ashgabat

사막 속 **사랑의 도시**

투르크메니스탄의 수도 아쉬하바드는 '사랑의 도시'이다. 아쉬하는 투르크멘 어로 사랑, 바드는 아랍 어로 도시를 의미한다. 그러나 아쉬하바드는 사랑의 도시라는 이름과는 거리가 먼 황량한 사막의 오아시스 도시에 불과하다. 그나마 사막 한가운데 정주가 가능한 비교적 물이 풍부한 곳에 자리 잡고 있을 뿐이다. 중앙아시아의 여타 지역과 비교하면 형편없지만, 투르크메니스탄에서는 비옥한 지역으로 여길 수 있는 곳이다.

아쉬하바드가 위치한 해발 2,800미터의 카페트닥 산맥에는 여러 식물이 자라고, 계곡에는 건천이지만 물이 흘러내린다. 그중에서도 아쉬하바드 동쪽에 위치한 아나우 마을은 예로부터 최적의 농경 지역이었고, 이곳에서 고대 문명이 발생했다. 지금의 아나우 마을을 과거의 영화를 누렸던 자연환경과 비교하는 것은 무리이다. 지금 같은 사막화의 한가운데 있었다면, 아나우 문화 나마즈가 문화는 애초에 태동하지 않았을 것이다.

아나우 문명은 기원전 5천~기원전 2천 년까지 융성했던 원시 농경 문화이다. 당시 자연환경이 오늘날과 달랐을 가능성이 절대적이지만, 투르크메니스탄의 선사 문화가 이미 신석기 시대부터 존재했다는 것을 의미한다. 좀 더 구체적으로 아나우 문화는 신석기 시대 말기에 해당하며, 이미 동기 문화를 태동시키고 있었다.

　19세기 말부터 발굴이 시작된 이후 지금까지 아나우 마을 일대에서 발굴된 나마즈가 떼뻬, 카라 떼뻬, 몬주 클레이 떼뻬, 알트인 떼뻬 등 여러 유적에서 토우, 토기와 채문 토기 수십 점이 출토되었다. 아나우 마을의 문화층은 최소 3미터 이상의 깊이에서 발견되었는데, 오랜 세월의 풍상에 못 이겨 토층이 유적들을 덮고 있었다. 발굴된 여성 토우와 채문 토기에 표현된 양식을 보았을 때 아나우 문화는 메소포타미아 문화와 유사한 점을 보인다. 그러므로 전적으로 유목 문화적 양상을 보이는 아무 다르야 북방 지역과는 다른 문화였다고 생각할 수 있다.

　아나우 문화를 기점으로 주변에 문화가 전파되기 시작했다. 집단 취락지가 형성되면서 상하수도 시설 및 공동체 규칙, 상부상조 등 공동체 문화가 태동했고, 이것이 주변 도시 문화에 큰 영향을 끼쳐 마르기아나, 박트리아 등으로 발전해 나갈 원동력이 되었다.

마리

사막의 오아시스 실크로드

중앙아시아 실크로드의 길목에 위치한 마리는 중앙아시아에서 가장 큰 카라쿰 사막에 위치한 오아시스 도시이다. 교역의 중심지로서 언제나 다양한 사람들이 오갔고, 이곳에서 종교, 정치, 경제, 문화, 철학 등을 공유했다. 물품뿐만 아니라 정신과 사상을 주고받았으니, 마리야말로 물질적·정신적 실크로드의 한복판이었다고 할 수 있다.

마리는 한때 '메르브'라고 불렸으며, 고대 도시에서 번성했던 역사를 한 움큼 쥐고 1999년 유네스코 문화유산으로 등재되었다. 사막의 도시이자 오아시스 도시 마리에는 일반 건축물과는 달리 사막의 혹독한 일교차를 극복할 수 있는 과학적이고 예술적인 건축물이 세워졌다. 오늘날 메르브 역사문화공원에서 이 흔적을 찾을 수 있다.

4천 년 이상의 역사를 가진 이 도시에는 도시를 방어하는 요새 시설과 당시의 영화를 보여 주는 건축물들이 남아 있다. 또한 방어벽으로 둘러싸인 4개의 도시 구획이 보존되고 있다. 그중 에르크 칼라는 페르시아의 대제국 아카메네스 제국의 영광을 보여 주기에 손색이 없다. 또한 술탄 칼라는 셀주크 제국 시기에 만들어진 성채 중 가장 규모가 크다고 할 수 있다.

오아시스 도시를 오가는 대상들의 주요 교통수단은 낙타였다.

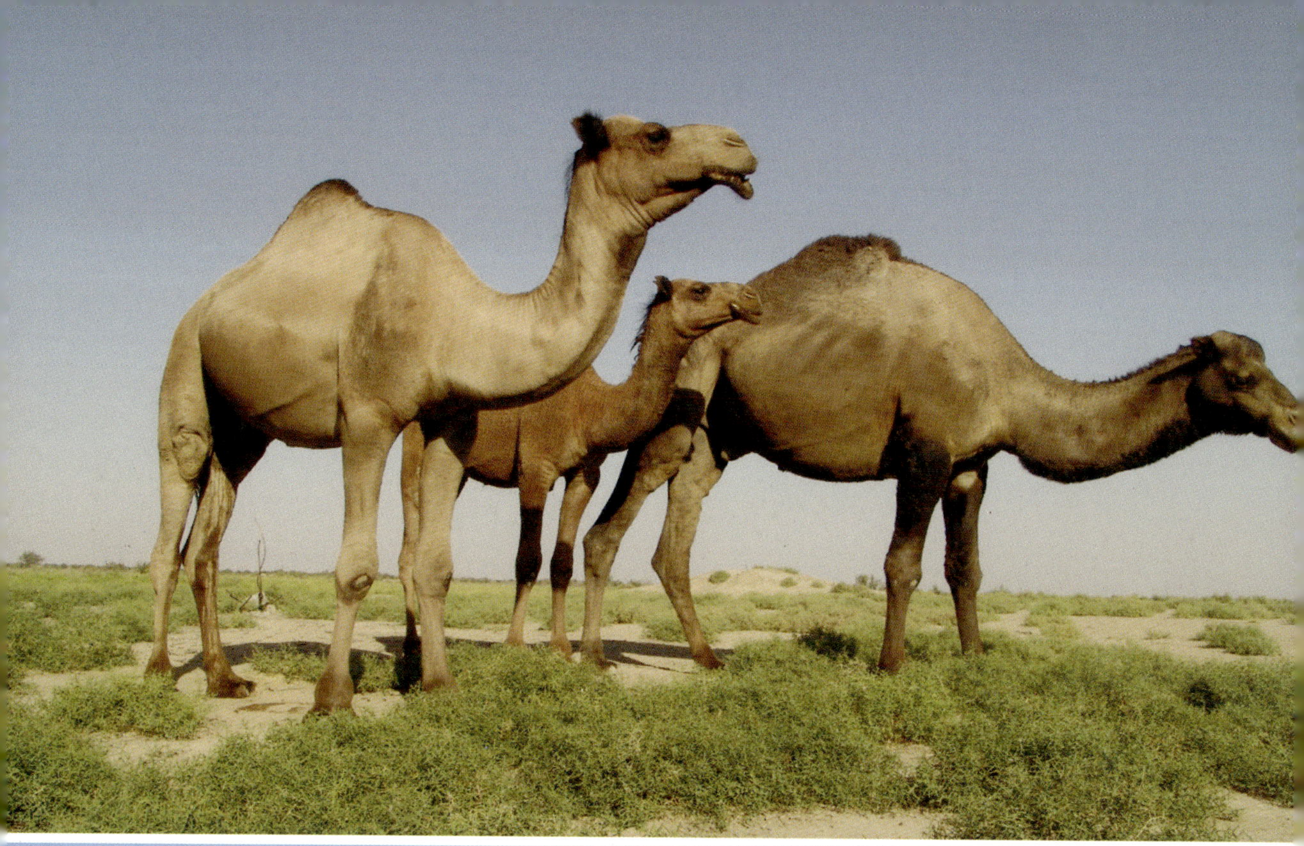

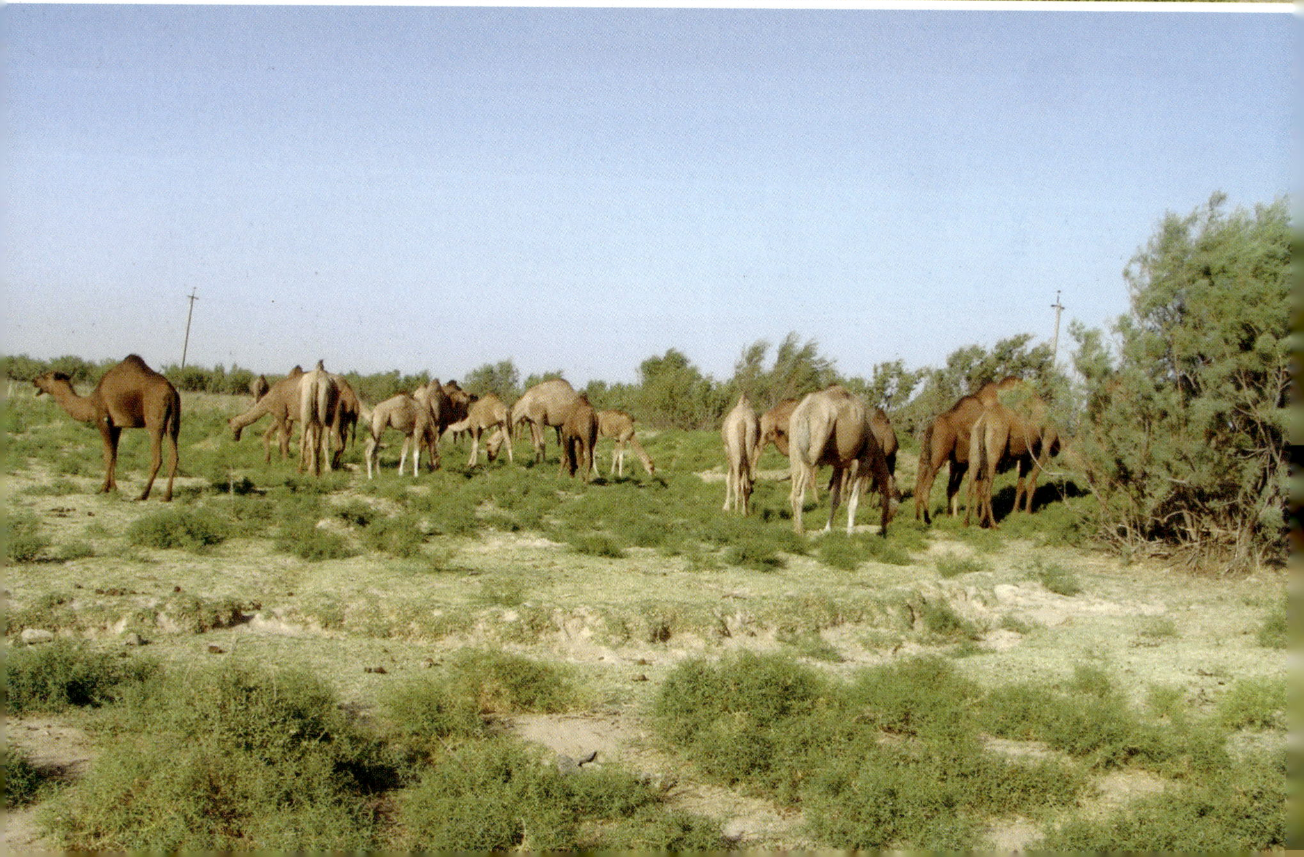

투르크멘바쉬 *Turkmenbashi*

카스피 해의 **항구 도시**

아제르바이잔을 비롯한 북부의 카자흐스탄, 남부의 이란, 북서부의 러시아로 향하는 뱃길이 있는 도시가 투르크멘바쉬이다. 카스피 해 연안에 자리 잡은 이 항구 도시는 황량하고 메마른 투르크메니스탄에서 가장 아름다운 도시가 아닐까 싶다.

투르크멘바쉬는 '투르크멘의 수장, 어버이, 대통령'이란 뜻을 가지고 있다. 대통령보다 '투르크멘바쉬'라고 불리기를 좋아했던 니야조프 전 투르크멘 대통령이 이름을 붙였다.

  카스피 해는 역사상 중요한 위치를 차지한 곳이다. 카스피 해 동남단에 구석기 유적지가 있고, 이곳에서 카스피 해 남단을 따라 이란, 카프카즈 지역으로 연결되는 엘브루즈 산맥 북단의 실크로드가 나 있기도 하다. 이란의 유리가 이곳 카스피 해 남단의 루트를 타고 카스피 해 좌우로 전파되었을 가능성이 큰 글래스 루트 유리의 전파길, 유리로로 여겨지는 지역이기도 하다. 투르크멘바쉬에서 카스피 해 연안을 따라 이란으로 들어간다면, 한국인 최초로 글래스 루트 여정을 밟는 셈이다.

투르크멘 민족의 삶

꾼야 우르겐치 *Kunya-urgench*

호레즘 왕국의 중심

꾼야 우르겐치는 우즈베키스탄의 우르겐치가 생기기 전에 있었던 고대 도시이다. 그래서 꾼야 우르겐치라는 이름도 '오래된꾼야 우르겐치'란 뜻이다. 우즈베키스탄 서부에 있는 우르겐치에서 그리 멀지 않으며, 우즈벡의 우르겐치가 신도시라면, 꾼야 우르겐치는 유서 깊은 고대 도시이다.

칭기즈 칸의 몽골 군대에게 정복당하기 전까지 전성기를 구가한 꾼야 우르겐치는 실크로드에서 교역을 지원한 고대와 중세의 무역 도시였다. 또한 아케메네스 제국의 북방 영향권에 놓여 있던 호레즘 왕국의 중심 도시였으며, 선사 시대부터 층층이 퇴적된 동서 교역의 행정적·정치적 중심이자 북방 유목 문화권과 경계를 이루는 접점이었다. 호레즘 너머 북방은 중앙유라시아 유목민의 무대였다.

지난 2005년 세계문화유산으로 등재된 역사 유적은 대부분 11~16세기에 이르는 시기에 건축된 건축물들이다. 곳곳에 세워진 웅장한 규모와 높이를 자랑하는 이슬람 양식의 건축물 일색이라 아쉬운 감도 있지만, 지금도 발굴 중이기 때문에 이슬람 이전의 영화를 보여 주는 도시 유적이 계속해서 나타날 것으로 보인다.

+ 꾼야 우르겐치는 우즈베키스탄과 투르크메니스탄의 자연 하천 경계를 이루는 아무 다르야 강 연안에 위치하는 곳이다. 이 도시에서 강은 북상하여 아랄 해로 흘러가기 위해 물줄기의 방향을 튼다. 이곳에서부터 비옥한 강변의 저지대를 형성하고 있다.

니사 *Nisa*

파르티아 왕국의 수도

아름다운 도시 니사는 투르크메니스탄의 수도 아쉬하바드에서 남서 방향으로 약 20킬로미터 떨어진 곳에, 기원전 3세기부터 기원후 3세기까지 존재했다. 고대 파르티아 왕국의 수도였던 이 도시는 동서 교역을 통해 발전해 나갔으며, 한때 로마, 중국과 대등한 관계를 형성하며 중앙아시아와 지중해의 가교 역할을 했다.

이란 페르시아와 북방의 유목 문화가 혼합된 왕국이 파르티아이다. 여기에 헬레니즘 문화의 영향이 그대로 남아 있어 동서의 문화유산을 고스란히 간직했다는 특징을 가지고 있다. 즉 니사는 고대 아시아적 문화와 고대 유럽적 문화가 융합된 문화적 용광로라고 할 수 있다. 페르시아 문화의 영향을 받으면서 시르 다르야 북방 초원의 유목 문화를 흡수했고, 급기야 마케도니아의 알렉산드로스 이후 헬레니즘 문화가 유입되었기 때문이다. 그래서 니사에서는 동서의 다양한 문화적 유산들을 쉽게 찾아볼 수 있다. 중국 역사서에 '안식安息'으로 등장하는 파르티아는 한때 동남쪽으로 인도와 경계를 이루고, 동북쪽은 아무 다르야, 서쪽으로는 카프카즈의 아르메니아와 메소포타미아를 포함하는 대제국을 건설했다.

파르티아 미술품
파르티아 미술은 그레코 오리엔트, 그레코 페르시아 미술이라고도 하며, 주로 기원후 1~3세기경에 발달했던 미술 양식이다. 오늘날 이란, 이라크, 시리아, 중앙아시아 일부 지역을 중심으로 하며, 고대 서양의 미술 전통과 동양의 미술 전통이 절묘한 균형을 이루고 파르티아 민족의 취향, 풍습, 종교관 등이 가미된 융합 미술이었다.

로마 제국과 대치하기도 했던 파르티아는 기원후 사산조 페르시아에 정복당하기까지 무역을 통해 엄청난 부를 축적했다. 이 번영을 바탕으로 파르티아 미술이 발전했다. 고대 그리스 문화를 수용했지만, 문화적 주체와 중심은 페르시아 문화이며 아시아적인 사고와 정신세계를 이루고 있었다. 오늘날 남아 있는 유물로는 조소와 회화, 모자이크 등이 있으며, 동양적인 문화 유산이라 할 수 있다.

오늘날 남아 있는 니사 성채는 왕궁과 상업 지역으로 나누어져 있다. 성채에서는 여러 모양의 유리병과 그릇, 고대 그리스 어가 아닌 아케메네스 왕조의 아람 문자로 포도주 출납을 기록한 석판 등이 발굴되었다. 이들 중 상아로 만든 뿔잔 등은 파르티아의 대표적인 유물로 널리 알려졌다. 유네스코는 지난 2007년 니사 성채 전체를 세계문화유산으로 지정하였다. 니사의 존재는 고대 페르시아의 영향력이 있었다는 증거이자 투르크멘이 호라산 문화권에 있다는 방증이기도 하다. 그래서 중앙아시아 페르시아 문화의 실체를 보려다면 반드시 니사를 방문해야 한다. 찬란한 페르시아 유적을 투르크멘에서 만난다는 두근거림은 투르크멘 사막의 열기보다 강렬하게 다가올 것이다.

니사 성채
왕궁과 상업 지역으로 나누어진 니사 성채는 2007년 유네스코 세계문화유산으로 지정되었다.

문명의 실크로드를 걷다

장준희 지음

초판 1쇄 발행 · 2012. 4. 26.
초판 2쇄 발행 · 2014. 3. 15.

발행인 · 이상용 이성훈
발행처 · 청아출판사
출판등록 · 1979. 11. 13. 제9-84호
주소 · 경기도 파주시 교하읍 문발리 출판문화정보산업단지 507-7
대표전화 · 031-955-6031
팩시밀리 · 031-955-6036
홈페이지 · www.chungabook.co.kr
E-mail · chunga@chungabook.co.kr

Copyright ⓒ 2012 by 장준희
저자의 동의없이 사진과 내용의 일부를 인용하거나 발췌하는 것을 금합니다.

ISBN 978-89-368-1027-6   03900

* 값은 뒤표지에 있습니다.
* 잘못된 책은 구입한 서점에서 바꾸어 드립니다.
* 본 도서에 대한 문의사항은 홈페이지나 이메일을 통해 주십시오.